安徽卷

中华农业文明研究院文库 中国农业文化遗产丛书

中国传统村落记忆

王思明 主编

李 明 著

中国农业科学技术出版社

江苏省社会科学基金项目（15SHB003）阶段性成果

《中国传统村落记忆》编委会

顾　问	任继周　刘　旭
主　编	王思明
编　委	曹幸穗　樊志民　闵庆文　苑　利　李建军
	郑友贵　王建革　衣保中　张法瑞　倪根金
	王景新　惠富平　盛邦跃　严火其　李　群
	沈志忠　包　平　卢　勇　丁晓蕾　夏如兵
	朱　绯　李　明　刘馨秋　李昕升　伽红凯
	何红中　吴　昊

总 序

中国自古以农立国，农耕文化是中华文明的根脉，而传统村落是农业文化的载体，丰富多样的农业文化大多以各种形态、各种组合融合于村落。传统村落镌刻着农业、农村和农民发展的历史印记，积淀了数千年的农耕精华，是认识和传承中华农业文明的重要物质基础。

然而，近百年来，随着工业化和城市化的快速发展，经济和社会结构发生重大变化，农村人口日渐减少，传统村落逐渐消失，传统农业生产和生活方式、农业文化、乡风民俗、特色民居面临彻底湮没的威胁，承载着中国五千年文明的传统村落正处于被终结的过程之中。如果我们不能留住历史的脚步，我们是否应当留存一些历史的记忆？有鉴于此，十多年前南京农业大学中华农业文明研究院着手中国农业文化遗产的调查工作，并利用这些宝贵资料陆续编撰出版了《江苏农业文化遗产调查研究》《江苏茶文化遗产调查研究》《中国农业文化遗产名录》《中国农业文化遗产保护研究》等专著。2016 年，我们又启动了《中国传统村落记忆》丛书的编撰工作。

"欲将开物以成务，必先分类而知名。"传统村落的调查研究也是农业文化遗产系统的调查研究。但哪些算是农业文化遗产？我们在梳理古今中外相关学术成果的基础上，提出了一个更为系统全面的概念和分类体系。我们认为农业文化遗产是历史时期人类农事活动中发明创造、积累传承的具有历史、科学和人文价值的物质、非物质及物质与非物质融合的综合体系。这里的农业是大农业的概念，在生产领域包括农、林、牧、渔各个门类；在生产环节上既包括

农业的产中，也包括农业的产前和产后；在参与要素上，既包括农业活动的主体、对象，也包括农业生产的环境，实际上是一个农民、农业生物、农业技术、农业环境及农业制度与文化"五位一体"的一个综合体系。根据农业文化遗产的主要特点又分为10个类别，即：农业物种、农业遗址、农业工程、农业景观、农业聚落、农业工具、农业技术、农业文献、农业特产和农业制度与民俗等。我们的调查研究及丛书的撰写大多以此为理论依据展开。

以往学界对于传统村落的研究也有不少，我们的丛书与以往的偏重单项或某一方面文化遗产的研究不同，更加综合和系统。例如因工作重心的不同，住房城乡建设部和国家文物局系统较关注古桥、古井、古祠、古庙和古民居等建筑文化遗产，重其形，而缺其魂；文化和旅游部系统多注重民间艺术和技艺等非物质文化遗产内容，但对农村经济活动的主体——农业生产关注不多。我们的调查研究希望将物质与非物质文化融为一体，将农业、农村、农民融为一体来进行分析。

为了挖掘传统村落的文化价值和传承意义，住房城乡建设部等部门于2012年、2013年、2014年和2016年先后进行了四批中国传统村落的评选工作，共有4 153个村落入选名录；文化部做了系统的非物质文化遗产的普查工作；农业部也在全球重要农业文化遗产（GIAHS）推介和保护的同时于2012年启动了中国重要农业文化遗产（NIAHS）的遴选工作，截至目前已经有4批91个农业文化遗产点入选。这些标志着中国对传统村落的关注日渐提高，工作成效显著。随着人们对传统村落认识的不断深入，其蕴藏的丰富历史信息和文脉特征正正日益凸显。

习近平总书记要求我们在新农村建设中要留得住绿水青山，记得住乡愁。乡愁，是珍贵灿烂的农业遗产，是丰富的物质农业文化形态和多彩的非物质农

业文化内涵，也正是传统村落所承载的乡土文化和农耕文明的记忆。如何保护好祖先留下的遗产，为子孙后代留存这厚重的"乡愁"，是我们面临的巨大挑战。

中国幅员辽阔，农业历史悠久，传统村落由不同民族在不同的历史时期和自然环境中创造出来，具有文化与自然遗产的多元价值和丰富的文化多样性。同时，由于区域自然地理条件、经济发展水平、社会文化背景以及城镇化发展水平等不同因素的影响，造成各地传统村落留存状态存有巨大差异。因此，对各地传统村落进行系统挖掘、记录和梳理，既是留存村落记忆的重要途径，也是开展研究、保护与利用工作的基础。

《中国传统村落记忆》丛书是中国第一部以传统村落文化资源调查为主要内容的大型学术著作。它以传统村落为对象，系统梳理传统村落资源，将物质与非物质农业文化遗产融为一体，使之形神兼备，同时深入挖掘农业遗产价值，抢救留存传统村落记忆，旨在成为中华文脉赓续和文化创新的基础学术工程。

《中国传统村落记忆》丛书约30卷，以省区市为单位，以已经入选中国传统村落名录的村落为基础，系统梳理传统村落的文化构成及历史积淀。各卷基本内容包括区域自然环境、历史变迁，重点探讨该省区市传统村落的数量、分布、特征和特色；对该省区市最具代表性和典型性的村落进行个案描述，注重不同类型村落典型性的选择，突出重点，突出特色；同时搜集反映村落文化遗产典型特征和特色的照片或图片，以期呈现传统村落的真实面貌。传统村落中近现代发展起来的工业类文化遗产、城镇化文化遗产不属于调查和收录范围。

留存历史的记忆不是要回到过去，而是要不忘初心，传承中华民族的文化

精华；回溯历史的痕迹也不是要固守过往的生产和生活方式，而是要汲取先人的经验和智慧，构建一个经济、社会和生态更加和谐且可持续发展的世界。以传统村落为载体的传统农耕文化是人类数千年智慧的结晶，在今天乡村振兴战略的实施中可以发挥独特的作用：天、地、人、稼和谐统一的思想理念是今天可持续发展的理论基石；因地制宜、用养结合的生产体系是今天绿色发展的技术指南；数千年创造积累的农业品种资源是今天农业创新的重要物质基础；注重礼仪和人文的乡村社会是今天构建和谐社会珍贵的文化资源。可见，传统村落和传统文化不仅关乎过去，更加关系未来，我们留存历史记忆，传承传统文化，也就是守护我们的精神家园。

王思明

2018年9月

目录

第一章 传统村落保护理论与实践概述

第一节 对传统村落概念认知的变迁……………………………………… 003
 一、学术界对传统村落相关概念界定的变化……………………… 004
 二、政府对传统村落相关概念界定的变化………………………… 007
第二节 传统村落保护对象理解的变迁…………………………………… 008
 一、学术界对传统村落保护研究重心的变化……………………… 009
 二、政府对传统村落保护重心表述的变化………………………… 011
第三节 传统村落保护对策的变迁………………………………………… 013
 一、学术界对传统村落保护对策研究的变化……………………… 013
 二、政府对传统村落保护措施的变化……………………………… 015
小　　结……………………………………………………………………… 020
 一、传统村落概念的界定…………………………………………… 020
 二、传统村落保护的对象…………………………………………… 021
 三、传统村落的保护利用…………………………………………… 021

第二章 安徽传统村落概况

第一节 安徽省的区域划分………………………………………………… 026
第二节 安徽传统村落的概念……………………………………………… 028

第三节　安徽传统村落的格局类型……………………………………029

　　一、块状村落…………………………………………………………029

　　二、条带状村落………………………………………………………030

　　三、象形村落…………………………………………………………030

　　四、阶梯状村落………………………………………………………031

第四节　安徽传统村落的空间分布……………………………………032

　　一、入选中国历史文化名村的安徽传统村落区域分布……………033

　　二、入选中国传统村落名录的安徽传统村落区域分布……………034

　　三、入选安徽省传统村落名录的村落区域分布……………………034

第五节　安徽传统村落的区域文化特征………………………………036

　　一、徽州文化…………………………………………………………036

　　二、皖江文化…………………………………………………………036

　　三、涡淮文化…………………………………………………………037

第六节　安徽传统村落的保护…………………………………………038

　　一、安徽传统村落的文化遗产保护…………………………………038

　　二、安徽传统村落入选相关保护名录情况…………………………041

　　三、其他相关保护工作………………………………………………043

第三章　皖南徽州地区传统村落

第一节　皖南徽州地区概况……………………………………………050

第二节　皖南徽州地区传统村落的历史演化…………………………053

　　一、早期形成时期……………………………………………………054

　　二、稳定发展时期……………………………………………………054

　　三、勃兴鼎盛时期···055
　　四、衰落时期···056
第三节　皖南徽州地区传统村落的特点···056
　　一、择地而居···057
　　二、聚族而居···058
　　三、以贾代耕···060
　　四、村落布局紧凑，建筑类型丰富··061
第四节　皖南徽州地区传统村落分布与保护情况···065
　　一、入选中国历史文化名村情况··065
　　二、入选中国传统村落名录情况··066
　　三、入选安徽省传统村落名录情况··070
第五节　皖南徽州地区代表性传统村落···076
　　一、西递村···076
　　二、宏　村···086
　　三、呈坎村···096
　　四、唐模村···105
　　五、南屏村···112
　　六、龙川村···120
　　七、棠樾村···127
　　八、渔梁村···137
　　九、屏山村···144
　　十、石屋坑村···150

第四章 皖南宣池地区传统村落

第一节 皖南宣池地区概况 …………………………………… 159
第二节 皖南宣池地区传统村落分布与保护 …………………… 160
　一、入选中国历史文化名村情况 …………………………… 160
　二、入选中国传统村落名录情况 …………………………… 160
　三、入选安徽省传统村落名录情况 ………………………… 162
第三节 皖南宣池地区代表性传统村落 ………………………… 165
　一、查济村 …………………………………………………… 165
　二、黄田村 …………………………………………………… 171
　三、江　村 …………………………………………………… 178

第五章 皖中丘陵地区传统村落

第一节 皖中丘陵地区概况 …………………………………… 187
第二节 皖中丘陵地区传统村落分布与保护 …………………… 188
　一、入选中国历史文化名村情况 …………………………… 188
　二、入选中国传统村落名录情况 …………………………… 188
　三、入选安徽省传统村落名录情况 ………………………… 189
第三节 皖中丘陵地区传统村落的特点 ………………………… 190
　一、圩堡村落最具特色 ……………………………………… 190
　二、村落民居类型主要为江淮民居 ………………………… 192
第四节 皖中丘陵地区代表性传统村落 ………………………… 193
　一、洪疃村 …………………………………………………… 193

二、启明村……………………………………………………… 202
　　三、龙岗村……………………………………………………… 208

第六章　沿江平原地区传统村落

第一节　沿江平原地区概况……………………………………………… 215
第二节　沿江平原地区传统村落分布与保护…………………………… 217
　　一、入选中国传统村落名录情况……………………………… 217
　　二、入选安徽省传统村落名录情况…………………………… 218
第三节　沿江平原地区代表性传统村落………………………………… 219
　　一、西河老街…………………………………………………… 219
　　二、龙潭肖村…………………………………………………… 223

第七章　皖西山地丘陵地区传统村落

第一节　皖西山地丘陵地区概况………………………………………… 229
第二节　皖西山地丘陵地区传统村落分布与保护……………………… 230
　　一、入选中国传统村落名录情况……………………………… 230
　　二、入选安徽省传统村落名录情况…………………………… 231
第三节　皖西山地丘陵地区传统村落的特点…………………………… 233
　　一、民居以"皖西大屋"为代表……………………………… 233
　　二、重视风水，聚族而居……………………………………… 234
第四节　皖西山地丘陵地区代表性传统村落…………………………… 235
　　一、姚冲村姜湾………………………………………………… 235

二、大地村……………………………………………………………… 238

三、团林村……………………………………………………………… 241

第八章　皖北平原地区传统村落

第一节　皖北平原地区概况………………………………………………… 249

第二节　皖北平原地区传统村落分布与保护……………………………… 252

第三节　皖北平原地区传统村落的特点…………………………………… 253

第四节　皖北平原地区代表性传统村落…………………………………… 254

  隐贤老街……………………………………………………………… 254

第一章
传统村落保护理论与实践概述

传统村落作为一种人类聚居的空间，承载着传统的生产和生活，更是一种传统文化的活态遗产。村落的建立与发展伴随着人类社会发展的漫长时期，是在长期的农耕文明传承过程中逐步形成的，蕴藏着丰富的历史信息和文化景观。20世纪30—40年代，社会学家最早对村落进行研究，研究内容包括村落的起源、变迁规律，同时也涉及村落社会结构、基本观念、民俗信仰、生产生活方式，等等。此后，建筑学、政治学、地理学、历史学、民族学等不同学科都对村落有一定的研究，形成多学科交叉的研究特点。

中国传统村落是中国农耕文明精粹，是几千年农业文明历程的历史见证，同时也是中华民族记忆和传统文化的载体。学者对传统村落的研究始于20世纪80年代，其主要着眼于传统村落景观、传统村落旅游，90年代才真正着眼于传统村落保护，包括古建筑、文化景观、文化空间等方面的保护。目前，传统村落已逐渐成为学者们在理论和实践方面的研究热点。

在现代化进程中，传统村落日益受到冲击，传统村落保护问题被提上政府议事日程，并受到国家领导人的高度重视。2015年年初，习近平总书记在云南大理乡村调研时强调了传统村落保护的重要性，指出：新农村建设一定要走符合农村实际的路子，遵循乡村自身发展规律，充分体现农村特点，注意乡土味道，保留乡村风貌，留得住青山绿水，记得住乡愁。近年来，我国已经逐渐形成了"古村落""中国历史文化名村"和"传统村落"等多层面的传统村落保护体系。一方面，政府对传统村落保护实践的需求促进了传统村落保护理论的发展；另一方面，学者们的研究成果为政府部门的保护实践工作提供了理论基础。

第一节　对传统村落概念认知的变迁

随着城镇化以及新农村建设进程的推进，学者们对传统村落的关注度越来越高，传统村落最初通常强调其历史久远性，进而从各个学科的角度对其有针对性地定义，体现出多学科参与传统村落研究的特点，对传统村落的概念梳理是为了更好地对其保护，多学科参与能够促进传统村落保护的全面性。除学界的关注，政府对传统村落概念界定也存在一个变化的过程。最初文件中提到的概念认为，传统村落应具备传统资源，进而突出其物质和非物质的文化遗产特色，后来逐渐强调传统村落的民族、地域元素。

一、学术界对传统村落相关概念界定的变化

"村落"一词，起源很早，《史记·五帝本纪》记载"一年而所居成聚，二年成邑，三年成都"。① 注释中称"聚，村落也"。村落，是指以户为组成单位、以土地为经营对象、以相应的生物为主要价值资源的人类聚居空间和形态。关于"聚落"，《汉书·沟洫志》中记载："或久无害，稍筑室宅，遂成聚落。"② 在英文里"聚落（settlement）"主要是指规模较小或孤立的社区及村庄③。美国社会学家罗吉斯在《乡村社会变迁》中用聚落续谱表示聚落发展演替的次序——美国社会农村与城市之间的联系，认为相邻的两种聚落形态之间没有确切的界限。④ 聚落是聚落地理学的研究对象，是人类进行生产生活等各类社会活动的中心，包含各种生产劳动场所，也包含各种社会活动空间，因此，可认为聚落是人类社会活动的中心，也是经济活动的中心。⑤ 村落则更多是社会学的研究对象，是历史上自然形成的农村居民点，是由家族、亲族及其他社会集团结合地缘关系形成的共同体，是社会的基本单位。⑥

学者们从社会学、建筑学、风景园林学以及工商管理等学科对传统村落相关概念进行了界定（表1-1）。1989年，何重义等学者在《楠溪江风景区古村落保护与

---

① 《史记》卷一《五帝本纪》。
② 《汉书》卷二九《沟洫志》。
③ Webster's New World Dictionary of the American Language（second college edition）."settlement"，1984：1078.
④ [美]埃弗里特·M.罗吉斯，拉伯尔·J.伯德格著《乡村社会变迁》，王晓毅，王地宁译．杭州：浙江人民出版社1988年出版，第167页。
⑤ 宋金平：《聚落地理专题》，北京：北京师范大学出版社，2001年，第1页。
⑥ 杨影，王東著《徽州文化（中国文化知识读本）》，吉林出版集团有限责任公司，长春：吉林文史出版社2010年出版，第35页。

开发探索》中较早提到了古村落的相关内涵，认为"古村落具有悠久的历史文化、众多的文物古迹、承袭古制风情古朴的建筑群、浓郁的乡土环境等，其不仅具备重要的历史文化价值，而且是珍贵的旅游资源。"① 2003年，章锦河从村落旅游方面对古村落进行了界定，认为古村落是独特的人居空间，具有悠久的历史，是地域文化的印记，是历史的微缩景观，有很高的旅游开发价值。② 冯淑华在《古村落旅游解说系统探讨》（2005）一文中提出，在风景园林学的学科背景下，古村落是一种拥有特殊景观形态和文化内涵的乡村人文景观，较完整地保留了某一个时代或几个时期的历史风貌，有较高的历史价值。③

表1-1 学者对传统村落相关概念的表述

时间（年）	作者	文献名称	学科背景	相关概念
1995	罗来平	新安江上一明珠——历史文化名村呈坎	社会学	历史文化名村是历史悠久、文化积淀深厚，保存古建筑丰富的古村
1997	刘沛林	古村落：亟待研究的乡土文化课题	建筑学	古村落是指地域基本未变，环境、建筑、历史文脉、传统氛围等均保存较好的村落
2003	章锦河	古村落旅游地居民旅游感知分析——以黟县西递为例	工商管理（旅游管理）	古村落是一种独特的人居空间，有着悠久的历史，璀璨地域文化的印记，是历史的微缩景观，具有极高的旅游开发价值
2005	冯淑华	古村落旅游解说系统探讨	风景园林学	古村落是一种具有特殊景观形态和文化内涵的乡村人文景观，一般都较完整地保留了某一时代或几个时期的历史风貌，具有较高的历史价值
2008	车震宇	传统村落旅游开发与形态变化（著作）	工商管理（旅游管理）	传统村落是民国时期已建村，保留了较长的历史沿革，目前村落中农业人口占60%以上，并仍然从事农业生产的村落

---

① 何重义，业祖润，孙明，等：《楠溪江风景区古村落保护与开发探索》，《北京建筑工程学院学报》，1989年第02期。
② 章锦河：《古村落旅游地居民旅游感知分析——以黟县西递为例》，《地理与地理信息科学》2003年第02期。
③ 冯淑华：《古村落旅游解说系统探讨》，《商业研究》2005年第08期。

(续表)

时间(年)	作者	文献名称	学科背景	相关概念
2014	刘大均 胡 静 陈 君 许贤棠	中国传统村落的空间分布格局研究	社会学（风俗学）	传统村落具有一定发展历史、延存至今、且保留较为完整的乡村聚落形式，也是地域传统文化、民俗风情的重要载体，在反映传统文化遗产方面具有很强的代表性和典型性
2014	汪 欣	传统村落与非物质文化遗产保护研究——以徽州传统村落为个案（著作）	社会学（文化遗产学）	传统村落是以血缘为纽带、以家族为单位的同宗同族的村落

较早使用"传统村落"这个术语的是殷永达，他于1991年在《论徽州传统村落水口模式及文化内涵》一文中提到了传统村落[1]，但未给以解释说明；此后，学者们开始尝试对传统村落的内涵加以界定，朱晓明《论传统村落中聚居环境的变迁》（1999）中提到："传统村落是最基层的聚居单位和文化单元，认为传统村落世代相继，富有特点，其中包含大量明清遗存的村落，因此又可称为古村落，并通过它来研究聚居环境的变迁。"[2] 近年来，越来越多的学者从社会学角度对传统村落的内涵加以说明，刘大均等在《中国传统村落的空间分布格局研究》一文中认为，"传统村落具有一定发展历史、延存至今、且保留较为完整的乡村聚落形式，也是地域传统文化、民俗风情的重要载体，在反映传统文化遗产方面，具有很强的代表性和典型性。"[3] 刘沛林认为，中国传统村落空间形象独具特色，是一种在中国传统"天人合一"哲学思想指导下的、强调人与自然和谐统一的聚居空间。这种聚居空间既有着"世外桃源"般的意境追求，也有着诗画般的理想境界。[4] 从文化地理学

---

[1] 殷永达:《论徽州传统村落水口模式及文化内涵》，《东南文化》1991年第02期。
[2] 朱晓明:《论传统村落中聚居环境的变迁》，《同济大学学报（社会科学版）》1999年第01期。
[3] 刘大均，胡静，陈君子，等:《中国传统村落的空间分布格局研究》，《中国人口·资源与环境》2014年第02期。
[4] 刘沛林著《古村落：和谐的人聚空间》，上海：上海三联书店1997年出版，第1-2页。

来讲，中国传统村落是一种多维立体的文化景观，其空间形象特征明显，令人过目难忘，表现出清晰的文化图像。这种文化图像被称为"意象"，是想象中的景观图像，也就是感觉中的心理图像。[①]

二、政府对传统村落相关概念界定的变化

政府部门文件中多次提过历史文化名村以及传统村落等相关概念（表1-2）。2003年，建设部、国家文物局在公布第一批中国历史文化名镇（村）的通知中提出："历史文化名村是指保存文物特别丰富并且具有重大历史价值或革命纪念意义，能较完整地反映一些历史时期的传统风貌和地方民族特色的村"，[②]强调历史文化名村的文物丰富性。2012年，政府文件中对传统村落进行了多次概念界定，依据形势的需要，政府文件中对传统村落的概念界定存在一个变迁的过程。住房城乡建设部、文化部、国家文物局、财政部《关于开展传统村落调查的通知》中提到传统村落应具有较丰富的传统资源，四部门《关于切实加强中国传统村落保护的指导意见》中的传统村落定义侧重其物质形态和非物质形态文化遗产，中共中央、国务院《关于加快发展现代农业进一步增强农村发展活力的若干意见》首次提到传统村落的民族、地域元素。

表1-2 政府文件中对传统村落相关概念界定

相关文件	发布日期	概　念
建设部　国家文物局关于公布中国历史文化名镇（村）（第一批）的通知（建村〔2003〕199号）	2003年10月8号	历史文化名村是指保存文物特别丰富并且具有重大历史价值或革命纪念意义，能较完整地反映一些历史时期的传统风貌和地方民族特色的村

[①] 刘沛林著《古村落：和谐的人聚空间》，上海：上海三联书店1997年出版，第2页。
[②] 建设部，国家文物局：《关于公布中国历史文化名镇（村）（第一批）的通知（建村〔2003〕199号）》2003年10月08日。

(续表)

相关文件	发布日期	概　念
住房城乡建设部　文化部　国家文物局　财政部关于开展传统村落调查的通知（建村〔2012〕58号）	2012年4月16日	传统村落是形成较早，拥有较丰富的传统资源，具有一定历史、文化、科学、艺术、社会、经济价值，应予以保护的村落
住房城乡建设部　文化部　国家文物局　财政部关于切实加强中国传统村落保护的指导意见（建村〔2012〕184号）	2012年12月12日	传统村落是拥有物质形态和非物质形态文化遗产，具有较高的历史、文化、科学、艺术、社会、经济价值的村落
中共中央　国务院关于加快发展现代农业进一步增强农村发展活力的若干意见（中发〔2013〕1号）	2012年12月31日	传统村落指有历史文化价值和民族、地域元素的传统村落和民居

中央政府文件并未对古村落给予明确界定，地方政府文件《苏州市古村落保护办法》最早提出古村落的内涵，认为古村落是指民国以前建村，具有特色的传统风貌与格局，传统街巷与两侧古建筑保存较为完整，文物古迹丰富，具有传统风貌的河道水系、地貌遗迹以及民间传统文化的村落。地方政府较早提出古村落保护相关措施，许多仍然沿用古村落这一说法。

第二节　传统村落保护对象理解的变迁

学者和政府部门对传统村落保护对象的理解表现出传统村落价值所在，传统村落的价值主要体现在生态价值、社会价值、经济价值方面。生态价值主要包含传统村落的选址与周边自然环境的协调、建筑材料的生态性。社会价值包括历史文化价值，即传统村落的历史文化遗存考证、研究及传承方面。传统村落的经济价值表现为传统资源的可持续再开发以及生态文化旅游的发展。传统村落的保护对象涉及复合系统的自然、社会、经济系统，人们对传统村落保护对象的理解从最初自然系统或社会系统方面出发，逐渐增强保护村落的经济系统方面，传统村落的保护对象越来越多元，存在复合系统的趋势。

一、学术界对传统村落保护研究重心的变化

20世纪90年代，学术界开始重视对传统村落保护的研究，由于学科背景等方面的差异，学者们对传统村落保护对象的理解存在差异（表1-3）。2002年吴文智在《旅游地的保护和开发研究——安徽古村落（宏村、西递）实证分析》中，明确了传统村落的保护对象为景观实体、文化和生活空间环境，侧重村落的自然、社会系统。许抄军、刘沛林等《古村落民居保护与开发的产权分析》（2003）、楼庆西《中国古村落：困境与生机——乡土建筑的价值及其保护》（2007）分别在产权经济学、建筑学的学科背景下，提出保护传统村落的古建筑，以保存村落完整的历史风貌。21世纪，学者更加注重传统村落的系统性保护，张凯、闵庆文等在《传统侗族村落的农业文化涵义与保护策略——以贵州省从江县小黄村为例》（2011）一文中提出传统村落的保护对象为生产方式、居住习惯、风俗以及自然环境，即传统村落的保护应从复合系统视角出发，不仅需要保护其社会系统、自然系统方面，同时也要考虑村落的经济系统层面。

表1-3 学者在相关文献中对传统村落保护对象的理解和研究

时间（年）	作者	篇名	学科背景	涉及系统	保护对象
2002	吴文智	旅游地的保护和开发研究——安徽古村落（宏村、西递）实证分析	工商管理（旅游管理）	自然系统 社会系统	景观实体、文化、生活空间环境
2003	许抄军 刘沛林 周晓君	古村落民居保护与开发的产权分析	应用经济学（产权经济学）	社会系统	古民居
2007	楼庆西	中国古村落：困境与生机——乡土建筑的价值及其保护	建筑学	社会系统	建筑

（续表）

时间（年）	作者	篇名	学科背景	涉及系统	保护对象
2009	孙克勤	北京门头沟区古村落遗产资源保护与开发	社会学（文化遗产学）	自然系统 社会系统	建筑遗址、历史文化、自然环境
2011	张凯 闵庆文 许新亚	传统侗族村落的农业文化涵义与保护策略——以贵州省从江县小黄村为例	社会学（文化遗产学）	自然系统 经济系统 社会系统	生产方式、居住习惯、风俗、自然环境
2015	刘馨秋 王思明	中国传统村落保护的困境与出路	社会学（文化遗产学）	经济系统 社会系统	农业生产生活方式、建筑、民俗

在中国知网数据库中，对"古村落""历史文化名村"以及"传统村落"的篇名检索发现，学术界对传统村落的相关研究存在一个变化过程（图1-1）。使用"古村落"的研究成果数量处于整体上升的趋势，幅度较大，即便是在2012年9月，传统村落保护和发展专家委员会第一次会议决定，将习惯称谓的"古村落"改为"传统村落"，学者们使用"古村落"的频率依旧处于上升趋势，论文成果具有一定的滞后性，再者，很多学者已经习惯称为"古村落"。

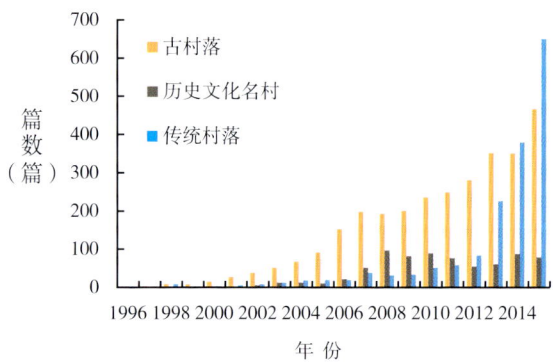

图1-1　1996—2015年"传统村落"相关文献总量年度变化规律

罗来平1995年即提到历史文化名村，1998年刘沛林在《论"中国历史文化名村"保护制度的建立》一文中提出可以参照历史文化名城的相关保护政策，对那些具有风格古朴、建筑独特、文化气息浓厚、有典型性和代表性的古村落以"历史文化名村"的形式加以保护。① 在这之后,历史文化名村逐渐进入学者们的研究视野。2003 年以前,对历史文化名村的相关研究每年只有寥寥几篇。自建设部和国家文物局于 2003 年共同颁布了《中国历史文化名村或中国历史文化名镇评选办法》之后,历史文化名村的相关研究逐渐起步。

传统村落因其特殊的历史文化特性,一直处于学术界的研究范畴,尤其是 2012 年以来,人们对传统村落的研究成果出现了非常大的增幅,主要研究了传统村落的空间、建筑、景观、价值以及开发保护方面。最重要的原因是,2012 年 4 月,由住房城乡建设部、文化部、国家文物局、财政部联合启动了中国传统村落的调查。2012 年 9 月,为了突出其文明价值及传承的意义,将习惯称谓的"古村落"改为"传统村落",并成立了由建筑学、民俗学、规划学、艺术学、遗产学、人类学等专家组成的专家委员会,以评审"中国传统村落名录",与 2006 年成立的中国古村落保护与发展专业委员会相比,其组成人员的学科背景更加多元化,体现多学科参与的特点。

二、政府对传统村落保护重心表述的变化

2012 年,住房城乡建设部等四部门在发布的《关于切实加强中国传统村落保护的指导意见》中提到,对传统村落的保护应当是整体保护,不仅要改善农民的生产生活,还要保护及活态传承传统村落的文化遗产,② 保护内容侧重经济系统、社会系统的某些部分。同年,中共中央、国务院《关于加快发展现代农业进一步增强农村发展活力的若干意见》中强调保护具有历史文化价值的古民居。2013 年住房城乡建设部《关于印发传统村落保护发展规划编制基本要求(试行)的通知》以及 2014 年四部门《关于切实加强中国传统村落保护的指导意见》,着眼于对村落的空间形态以及自然环境的保护。总体看来,因部门职责、需求的不同,保护对象的

---

① 刘沛林:《论"中国历史文化名村"保护制度的建立》,《北京大学学报(哲学社会科学版)》1998 年第 01 期。
② 住房城乡建设部 文化部 国家文物局,财政部:《关于切实加强中国传统村落保护的指导意见(建村〔2012〕184 号)》,2012 年 12 月 12 日。

侧重点存在差异（表1-4），相同的是在这些政府文件中，基本都关注了社会系统层面。

表1-4 政府文件中体现的传统村落保护对象

相关文件	发布日期	保护对象	涉及系统	相关表述
住房城乡建设部 文化部 国家文物局 财政部关于切实加强中国传统村落保护的指导意见（建村〔2012〕184号）	2012年12月12日	注重村落的整体	经济系统 社会系统	改善农民生产生活 活态传承文化遗产
中共中央 国务院关于加快发展现代农业进一步增强农村发展活力的若干意见（中发〔2013〕1号）	2012年12月31日	民居	社会系统	对具有历史文化价值的传统村落和民居进行保护
住房城乡建设部关于印发传统村落保护发展规划编制基本要求（试行）的通知（建村〔2013〕130号）	2013年9月18日	自然景观环境、村落形态和公共空间	自然系统 社会系统	明确村落自然景观环境及其整体风貌的保护要求
住房城乡建设部 文化部 国家文物局 财政部关于切实加强中国传统村落保护的指导意见（建村〔2014〕61号）	2014年4月25日	整体空间形态与环境以及传统建筑	自然系统 社会系统	保护村落田园景观及与文化遗产相关的实物和场所
住房城乡建设部 文化部 国家文物局关于做好中国传统村落保护项目实施工作的意见（建村〔2014〕135号）	2014年9月5日	传统建筑	社会系统	开展传统建筑的保护和修缮工作
国务院关于进一步加强文物工作的指导意见（国发〔2016〕17号）	2016年3月4日	整体格局和历史风貌	社会系统	建筑保护 文物保护

第三节　传统村落保护对策的变迁

学界对传统村落保护对策以保护主体的不同可分为：政府、开发商和居民三个方面。政府层面，从最初的立法为起点，到订立产权等制度机制，最后在发展过程中继续推进法律法规的健全。开发商层面，传统村落的开发必须以保护性为前提，在开发的过程中提出可以对传统村落进行现代化改造，近年来，有学者提出对传统村落的保护需因地制宜，根据村落自身特色开展多种保护模式。居民层面，民众对传统村落的保护首要条件是培养其历史环境和保护意识，争取做到全民参与保护。学界对传统村落的保护对策逐渐更具针对性、可操作性。政府对传统村落保护开展了一系列工作，正式启动传统村落全面调查工作、建立传统村落名录制度、公布入选传统村落名录通知、建立传统村落档案等，保护方法多样化，保护内容多层次，保护措施日渐具体化。

一、学术界对传统村落保护对策研究的变化

研究传统村落有其深刻的历史和现实意义，村落形成于传统农耕社会，经历了多个历史时期的演变，至今仍然是一种具有生命力的人居环境。在进入21世纪时，我国自然村总数为363万个，而到了2010年，仅仅过去10年，总数锐减为271万个，10年内减少90万个自然村，对于我们这个传统的农耕国家可是个"惊天"数字。[1] 根据中国民间文艺家协会开展的普查显示，目前依旧保存与自然相融合的村落规划、代表性民居、经典建筑、民俗和非物质文化遗产的古村落，已经由2005年的5 000个锐减到如今的2 000~3 000个，[2] 传统村落的保护工作迫在眉睫，学者们从不同学科、不同视角对传统村落的开发利用及其可持续发展进行了深入研究，

---

[1] 冯骥才：《传统村落的困境与出路——兼谈传统村落是另一类文化遗产》，《民间文化论坛》2013年第01期。
[2] 胡群，孔令亚，卢晓虹：《走出一条古村落保护与新农村建设的和谐之路》，《浙江国土资源》2015年第02期。

并在此基础上提出可行性保护对策（表1-5）。

表1-5 学术界对传统村落保护对策的研究

时间（年）	作者	篇名	学科背景	保护对策
1998年	刘沛林	论"中国历史文化名村"保护制度的建立	建筑学	立法保护 培养居民历史环境意识 保护性开发 科学规划管理
2003年	许抄军 刘沛林 周晓君	古村落民居保护与开发的产权分析	应用经济学（产权经济学）	以村代管 引进开发商 全民参与
2004年	吴 冰 马耀峰	古村落旅游资源评价与保护研究——以陕西省韩城市党家村为例	工商管理（旅游管理）	旅游产品深度开发 产权制度 资金吸引机制 人力资源管理机制 政府监控指导
2011年	张 凯 闵庆文 许新亚	传统侗族村落的农业文化涵义与保护策略——以贵州从江县小黄村为例	社会学（文化遗产学）	整体性保护 开发中保护 现代化改造
2012年	白佩芳 杨豪中 周吉平	传统村落民俗活动空间分析及传承——以山西榆次后沟村为例	社会学（文化人类学）	保护乡土文化 发掘传统作坊 引进民俗
2015年	刘馨秋 王思明	中国传统村落保护的困境与出路	社会学（文化遗产学）	培养保护意识 健全法律法规 发展多种保护模式

　　刘沛林在《论"中国历史文化名村"保护制度的建立》（1998）中提出，对村落政府应采取立法的形式加以保护，居民应具备历史环境意识，开发商应做到保护性开发。许抄军、刘沛林等在《古村落民居保护与开发的产权分析》（2003）中，强调全民参与传统村落保护的必要性。吴冰、马耀峰在《古村落旅游资源评价与保护研究——以陕西省韩城市党家村为例》（2004）中提到建立产权制度、资金吸引机制以及人力资源管理机制等共同保护传统村落旅游资源的措施。张凯等人在分

析了贵州省从江县小黄村的农业文化内涵及其保护策略的基础上，增加了传统村落现代化改造这一保护对策。刘馨秋、王思明《中国传统村落保护的困境与出路》（2015）从文化遗产学的视角出发，提出传统村落保护应当因地制宜，发展多种保护模式。

此外，在政府的政策导向下，社会组织和学术界投入到传统村落保护实践的进程中，2014年6月，"留住乡愁——中国传统村落立档调查"项目在京启动，项目发起人为冯骥才，该项目由住房城乡建设部特别委托，中国民间文艺家协会、中国摄影家协会、中国文学艺术基金会共同组织实施。学者及相关部门对传统村落进行了丛书编制，以更好地记录传统村落。何锋、倪国华、吴兆民所著《徽州古村落文化丛书》（全十册），选择徽州10个村落，展现徽州文化的10个侧面，充分展示徽州文化形成、发展和蜕变的全过程。薛林平编著的《中国传统村落（第1辑北京传统村落）》结合北京独有的历史发展脉络，通过现场调研、测绘，分时代和历史时期，分析和研究了北京郊区的传统村落，并在具体村落的考察中形成单独的判断和思考。洪卜仁、靳维柏等的《厦门传统村落》选取了厦门6个区的31个代表性传统村落，并将其分为传统村落、少数民族村落以及客家村落三类。贵州省住房城乡建设厅编制《贵州传统村落（第一册）》全面系统地介绍贵州传统村落的数量、种类、分布、价值及其生存状态，包括村落基本信息、传统建筑、选址和格局、村落承载的非物质文化遗产、人居环境现状等是认定传统村落保护名录的重要基础，为构建科学有效的保护体系提供重要的依据。

二、政府对传统村落保护措施的变化

为保护传统村落，住房城乡建设部等部门多次印发关于传统村落保护发展工作、保护项目实施工作的指导意见、制定了传统村落评价认定指标体系（试行）以及关于传统村落保护发展规划编制基本要求（试行）等方面的系列法规政策（表1-6），提出传统村落保护的具体措施。2012年4月，住房城乡建设部等四部门发布《关于开展传统村落调查的通知》，正式启动传统村落的全面调查工作，2012年8月，《关于印发传统村落评价认定指标体系（试行）的通知》认定传统村落的保护等级指标体系，2012年12月，《关于切实加强中国传统村落保护的指导意见》提出建立传统村落名录制度。2013年7月住房城乡建设部、文化部、财政部《关于做好2013年中国传统村落保护发展工作的通知》中提到建立中国传统村落档案，完成保护发展规划编制的工作。2014年4月，四部门发布的《关于切实加强中国传统村落保护的指导意见》提出了传统村落保护的指导思想、基本原则和主要目标，主要任务，基本要求，保护措施，组织领导和监督管理，中央补助资金申请、核定与拨付等指导意见。2014年9月，住房城乡建设部、文化部、国家文物局发布《关于做好中国传统村落保护项目实施工作的意见》，对做好中国传统村落的规划实施准备等具体方面提出了明确要求。

表1-6 政府部门颁布的有关传统村落保护的政策文件

相关文件	发布时间	主要内容
住房城乡建设部 文化部 国家文物局 财政部关于开展传统村落调查的通知（建村〔2012〕58号）	2012年4月16日	正式启动传统古村落的全面调查工作
住房城乡建设部 文化部 国家文物局 财政部关于印发传统村落评价认定指标体系（试行）的通知（建村〔2012〕125号）	2012年8月22日	评价传统村落的保护价值，认定传统村落的保护等级指标体系
住房城乡建设部 文化部 国家文物局 财政部关于切实加强中国传统村落保护的指导意见（建村〔2012〕184号）	2012年12月12日	建立传统村落名录制度，推动保护发展规划编制实施，保护传承文化遗产，改善村落生产生活条件，加强支持和指导，加强监督管理，落实各级责任，加强宣传教育
中共中央 国务院关于加快发展现代农业进一步增强农村发展活力的若干意见（中发〔2013〕1号）	2012年12月31日	科学规划村庄建设，控制建设强度，方便农民生产生活，保持乡村功能和特色。制定专门规划，启动专项工程，保护有历史文化价值和民族、地域元素的传统村落和民居

（续表）

相关文件	发布时间	主要内容
住房城乡建设部 文化部 财政部关于做好2013年中国传统村落保护发展工作的通知（建村〔2013〕102号）	2013年7月1日	建立中国传统村落档案，完成保护发展规划编制，明确保护发展工作责任
住房城乡建设部关于印发传统村落保护发展规划编制基本要求（试行）的通知（建村〔2013〕130号）	2013年9月18日	为切实加强传统村落保护，促进城乡协调发展，根据相关规定，制定传统村落保护发展规划编制基本要求（试行），适用于各级传统村落保护发展规划的编制
住房城乡建设部 文化部 国家文物局 财政部关于切实加强中国传统村落保护的指导意见（建村〔2014〕61号）	2014年4月25日	提出传统村落保护的指导思想、基本原则和主要目标，主要任务，基本要求，保护措施，组织领导和监督管理，中央补助资金申请、核定与拨付等指导意见
住房城乡建设部 文化部 国家文物局关于做好中国传统村落保护项目实施工作的意见（建村〔2014〕135号）	2014年9月5日	对做好中国传统村落的规划实施准备、挂牌保护文化遗产、严格执行乡村建设规划许可制度、确定驻村专家和村级联络员、建立本地传统建筑工匠队伍、稳妥开展传统建筑保护修缮等方面提出了明确要求

住房城乡建设部、文化部、财政部2012年公布第一批中国传统村落646个，2013年公布第二批中国传统村落915个，2014年公布第三批中国传统村落994个，2016年公布第四批中国传统村落1 598个，共计四批4 153个中国传统村落列入中国传统村落名录，分布在全国31个省市（自治区）。受到地理环境的影响，全国传统村落空间分布密度差异明显，同时呈现南多北少的分布特征。一些经济发展较快的地区，其遗产保护的意识没有跟上经济发展的速度，结果导致传统村落破坏现象严重，还有一个重要原因是村落的保护较少从系统的角度出发，因此很难做到可持续传承。现在已有2 060个传统村落纳入中央财政支持范围（表1-7），根据要求，入选名录的传统村落需完成相应保护规划的编制，并通过住房城乡建设部等部门的技

术审查方可获得中央财政支持，中央财政补贴应用于改善居民生活和保护村落。中国传统村落名录自2012年开始公布实施，而中央财政支持保护的传统村落名单2014年才公布，在时间上存在一定的滞后性，但对传统村落的保护工作而言至关重要。

表1-7 传统村落名录及中央财政支持的传统村落名单通知文件

相关文件	发布时间	主要内容
住房城乡建设部 文化部 财政部关于公布第一批列入中国传统村落名录村落名单的通知（建村〔2012〕189号）	2012年12月17日	公布2012年第一批（646个）列入中国传统村落名录村落名单
住房城乡建设部 文化部 财政部关于公布第二批列入中国传统村落名录的村落名单的通知（建村〔2013〕124号）	2013年8月26日	公布2013年第二批（915个）列入中国传统村落名录的村落名单
住房城乡建设部 文化部 国家文物局 财政部关于公布2014年第一批列入中央财政支持范围的中国传统村落名单的通知（建村〔2014〕106号）	2014年7月16日	公布2014年第一批（327个）列入中央财政支持范围的中国传统村落名单
住房城乡建设部等部门关于公布第三批列入中国传统村落名录的村落名单的通知（建村〔2014〕168号）	2014年11月17日	公布第三批（994个）列入中国传统村落名录的村落名单
住房城乡建设部等部门关于公布2014年第二批列入中央财政支持范围的中国传统村落名单的通知（建村〔2014〕180号）	2014年12月17日	公布2014年第二批（273个）列入中央财政支持范围的中国传统村落名单
住房城乡建设部等部门关于公布2015年列入中央财政支持范围的中国传统村落名单的通知（建村〔2015〕120号）	2015年8月10日	公布2015年（491个）列入中央财政支持范围的中国传统村落名单
住房城乡建设部等部门关于公布2016年列入中央财政支持范围的中国传统村落名单的通知（建村〔2016〕99号）	2016年5月25日	公布2016年（750个）列入中央财政支持范围的中国传统村落名单
住房城乡建设部等部门关于公布第四批列入中国传统村落名录的村落名单的通知（建村〔2016〕278号）	2016年12月9日	公布2016年第四批（1 598个）列入中国传统村落名录的村落名单

(续表)

相关文件	发布时间	主要内容
住房城乡建设部等部门关于公布2016年第二批列入中央财政支持范围的中国传统村落的通知（建村〔2016〕297号）	2016年12月28日	公布2016年第二批（219个）列入中央财政支持范围的中国传统村落名单
住房城乡建设部等部门关于公布2017年列入中央财政支持范围和2018年拟列入中央财政支持范围中国传统村落名单的通知（建村〔2017〕109号）	2017年5月9日	公布2017年（600个）列入中央财政支持范围的中国传统村落名单，拟列入2018年第一批（444个）中央财政支持范围的中国传统村落名单
住房城乡建设部等部门关于公布2018年列入中央财政支持范围中国传统村落名单的通知（建村〔2018〕47号）	2018年4月28日	公布2018年（156个）列入中央财政支持范围的中国传统村落名单

除了中央政府部门对传统村落保护做出的政策发布外，各地方政府也相继出台传统村落保护条例（表1-8），地方保护办法中大部分还是使用"古村落"而不是"传统村落"的称呼，苏州市最早提出古村落保护办法，安徽黄山市、北京市、西藏拉萨市等地区也相继提出古村落保护办法，江苏省出台了《江苏省传统村落保护办法》，与中央保护文件一起形成多层次保护的特点。

表1-8 有关传统村落保护的地方性法规

实施时间	名称	内容
2005年6月8日	苏州市古村落保护办法	共26条，对古村落的内涵、保护内容、保护主体等做了规定
2009年12月21日	黄山市古村落保护利用暂行办法	总则、保护和利用规划、保护与利用管理
2010年4月7日	北京市门头沟区古村落保护办法	古村落的认定、规划、保护、开发、利用
2014年1月1日	苏州市古村落保护条例	总则、申报认定和规划编制、保护和利用、法律责任、附则（同时废止2005年6月8日的《苏州市古村落保护办法》）

（续表）

实施时间	名称	内容
2016年6月1日	拉萨市古村落保护条例	共五章三十四条，明确保护原则、认定条件和程序
2017年1月1日	龙岩市古民居古村落保护条例（草案）	共六章五十三条，包括总则、认定和规划、保护和管理、经费保障、法律责任和附则
2017年9月28日	江苏省传统村落保护办法	共六章四十三条，明确了保护工作责任主体，对传统格局、历史风貌、自然景观环境进行整体保护，将保护与开发有机结合

小 结

一、传统村落概念的界定

传统村落是一种活态文化遗产，作为一个由自然环境和人工环境共同组成的生存空间，是典型的"社会—经济—自然"三位一体的复合生态系统，是拥有自然环境和社会政治、经济、文化生活的活态社区。对传统村落的概念界定不仅要强调其"活态性"特征，还应当包括其系统性的存在形式。我们认为，传统村落是指民国以前建村，在村民与其所处村落环境长期协同发展中创造并传承至今的独特的自然生态、经济生产、社会生活系统，通常包括文化景观、民居建筑、道路水系、公共设施、乡风民俗等多种物质形态和非物质形态文化遗产，选址格局肌理保存较完整，具有较高的历史、文化、科学、艺术、社会、经济价值的活态村落。保护传统村落的关键在于保持其活态存在及系统更新。原住民是传统村落的重要组成要素，是村落文化的创造者和传承者，只有将人和文化遗产同时置于传统村落系统环境中，才能构成完整而平衡的传统村落生态系统。

二、传统村落保护的对象

传统村落由自然、社会、经济系统组成，系统之间有机结合，各子系统包含的要素内容丰富，要素组成的系统具有单个要素本身没有的属性和特征，对传统村落的整体保护研究不能将各要素、各子系统割裂开来，传统村落的保护对象包含于村落各系统中。村落地理位置、自然资源、生态环境等属于自然系统，村落的物产资源、生产工具、生产资料、生产技术以及经济产业等要素属于经济系统，村落的建筑、空间形态、宗族社会、民风民俗、历史文化等属于社会系统。传统村落的有效保护应注意系统的全面性，维护系统动态平衡发展。

三、传统村落的保护利用

传统村落在长期农耕文明传承过程中逐步形成，凝结着历史的记忆，反映着文明的进步。传统村落的保护应当注意其活态传承性和系统全面性，具体对策包括：第一，普及传统村落价值，培养民众自觉保护意识。政府对传统村落保护已经开展了系列工作，但一些村落并未达到理想的活态传统的趋势。传统村落保护由政府主导，但主体是村民，因此，保护工作的顺利进行，关键在人们对传统村落价值的正确理解及再此基础上产生的自觉保护意识。第二，健全法律法规，使保护工作有法可依。不仅需要培养人们的保护意识，同时需要相应的法律支持，确保传统村落得到有效保护，法律法规中对传统村落的阐释说明具有一定的政策导向性，促进人们对传统村落的深入研究。第三，开发利用遗产资源。传统村落旅游开发是其可持续发展与利用的重要方式，传统村落数量众多，在开发过程中应突出其地域文化特色，深入开发旅游产品，打造地方文化旅游品牌。

第二章
安徽传统村落概况

第二章 安徽传统村落概况

安徽省简称皖，缘于皖西有绵亘的皖山，皖水绕流其间，古为皖国，位于今皖西地区。汉以后沿建皖县、皖城、皖阳等县，安庆府旧治潜山为其中心，后古皖又为安庆府境而名（图2-1）。清康熙六年（1667年），安徽因江南省东西分置而建省，得名于明清时期的安庆府与徽州府之首字。清顺治十八年（1661年），江南省一分为二：江苏省，由江（宁）、苏（州）而来，省会驻地苏州，称江南右布政使司；安徽

图 2-1　安徽省行政区划图（安徽省测绘档案资料馆）

省，由安（庆）、徽（州）而来，省会驻地南京，称江南左布政使司。清康熙六年（1667年），改江南右布政使司为江苏布政使司，江南左布政使司为安徽布政使司。清乾隆二十五年（1760年），江南右布政史司左迁，迁至南京，南京成为江苏省省会。江南左布政史司左迁，迁至安庆，安庆成为安徽省省会。[①] 民国初年，今安徽境内设芜湖、安庆、淮泗三道，下辖60个县。民国二十一年（1932年），今安徽境内设10个行政督察区，下辖63个县。民国前期省会安庆，抗日战争时期先迁六安，再迁立煌（今金寨县），抗战胜利后迁合肥。解放初，今安徽设皖南、皖北两个行政区，皖北行署驻合肥，皖南行署驻芜湖。1952年，皖南、皖北行署合并成立安徽省人民政府，省会合肥。

安徽省现下辖合肥、淮北、亳州、宿州、蚌埠、阜阳、淮南、滁州、六安、马鞍山、芜湖、宣城、铜陵、池州、安庆、黄山16个地级市，105个县级行政区划

---

① 安徽省地方志编纂委员会编著《安徽省志·建置沿革志》，北京：方志出版社1999年出版。

单位（其中，6个县级市、55个县、44个市辖区），省会合肥市。安徽省与江苏、浙江、湖北、江西、山东、河南六省接壤，东西宽约450千米，南北长约570千米，总面积14.01万平方千米，约占中国国土面积的1.45%。2017年年末，全省户籍人口7 059.2万人，常住人口6 254.8万人。

安徽省位于低海拔地区，平均海拔119.3米。安徽地区是华北平原与华中丘陵山地的交接处，平原、台地（岗地）、丘陵、山地等类型齐全。全省可分成淮河平原区、江淮台地丘陵区、皖西丘陵山地区、沿江平原区、皖南丘陵山地5个地貌区。

第一节　安徽省的区域划分

安徽省襟江带淮，地跨长江、淮河两大水系，两者之间的狭长原野被称为江淮地区，而长江以南习惯上称为皖南，淮河以北习惯上称为皖北。其中，皖北地区是一望无际的大平原、土地肥沃；江淮地区丘陵起伏、河湖纵横；皖南山区峰峦绵延、川谷跌宕。3个地理区域自然环境差异巨大，从而形成了各自迥异的历史文化。总体看来，安徽省处于中国南北方过渡地带。从自然地理上划分，皖南地区属于南方，长江以北的江淮、淮北地区属于北方；从农业生产条件上划分，江淮、皖南地区属于南方，淮北地区属于北方。

安徽省地跨长江、淮河、新安江三大流域，其中长江流经安徽境内400千米，淮河流经省内430千米，新安江流经省内242千米。对应长江、淮河、新安江三大流域，结合平原、丘陵、山地等地貌，安徽省可以划分为淮北平原地区、江淮丘陵地区、沿江平原地区、皖南丘陵山地地区、皖西丘陵山地地区等。

如果综合经济、地理形势、区域位置等因素，安徽省可分为4个经济地理区域：一是淮北平原区，包括今两淮及凤台、濉溪县、阜阳市、宿州市、蚌埠市等及所辖的20个县市区域，总面积为38 195平方千米；二是中部丘陵区，包括合肥及所辖长丰、肥东、肥西县和六安（金寨、霍山县除外）、滁州市所辖市、县及庐江县，总面积36 183平方千米；三是沿江圩区，包括芜湖、马鞍山、铜陵、安庆、巢湖、宣州 6 个市及芜湖、铜陵、郎溪、当涂、繁昌、南陵、无为、和县、含山、怀宁、桐城、枞阳、宿松、望江 14 个县，总面积为 25 409 平方千米；四是皖西、皖南山区，包括金寨、霍山、广德、青阳、泾县、潜山、太湖、岳西、东至、歙县、休宁、黟县、祁门、绩溪、石台、宁国、旌德 17 县、黄山市的 3 个市区、贵池市，总面积 38 578 平方千米。①

  综上所述，综合地理、文化、经济等因素，并结合各区域传统村落的特点，本书将安徽省分为 6 个区域，即皖南徽州地区、皖南宣池地区、皖中丘陵地区、沿江平原地区、皖西山地丘陵地区和皖北平原地区（表 2-1）。其中，前两者又统称为皖南丘陵山地地区。

表 2-1　安徽省传统村落的区域划分

区域	地级市	区、县（市）
皖南丘陵山地地区	皖南徽州地区	黄山市	屯溪区、黄山区、徽州区、歙县、休宁县、黟县、祁门县
		（宣城市）	绩溪县
	皖南宣池地区	宣城市	宣州区、郎溪县、广德县、泾县、旌德县、宁国市
		池州市	贵池区、东至县、石台县、青阳县
皖中丘陵地区		合肥市	瑶海区、庐阳区、蜀山区、包河区、长丰县、肥东县、肥西县、庐江县、巢湖市
		滁州市	琅琊区、南谯区、来安县、全椒县、定远县、凤阳县、天长市、明光市

---

① 安徽省地方志编纂委员会编著《安徽省志·建置沿革志》，北京：方志出版社 1999 年出版。

（续表）

区域	地级市	区、县（市）
沿江平原地区	芜湖市	镜湖区、弋江区、鸠江区、三山区、芜湖县、繁昌县、南陵县、无为县
	马鞍山市	博望区、花山区、雨山区、当涂县、含山县、和县
	铜陵市	铜官区、义安区、郊区、枞阳县
皖西山地丘陵地区	安庆市	迎江区、大观区、宜秀区、怀宁县、潜山县、太湖县、宿松县、望江县、岳西县、桐城市
	六安市	金安区、裕安区、叶集区、霍邱县、舒城县、金寨县、霍山县
皖北平原地区	阜阳市	颍州区、颍东区、颍泉区、临泉县、太和县、阜南县、颍上县、界首市
	亳州市	谯城区、涡阳县、蒙城县、利辛县
	淮南市	大通区、田家庵区、谢家集区、八公山区、潘集区、凤台县、寿县
	淮北市	杜集区、相山区、烈山区、濉溪县
	宿州市	埇桥区、砀山县、萧县、灵璧县、泗县
	蚌埠市	龙子湖区、蚌山区、禹会区、淮上区、怀远县、五河县、固镇县

第二节　安徽传统村落的概念

安徽传统村落指安徽省境内民国以前建村，在村民与其所处村落环境长期协同发展中创造并传承至今的独特的自然生态、经济生产、社会生活系统，通常包括文化景观、民居建筑、道路水系、公共设施、乡风民俗、村志族谱等多种物质形态和非物质形态文化遗产，选址格局肌理保存较完整，具有较高的历史、文化、科学、艺术、社会、经济价值的活态村落。

安徽传统村落具体包括入选中国历史文化名村的安徽村落、入选中国传统村落名录的安徽村落、入选安徽省省级传统村落名录的村落。实际上，三者存在包含关系，即入选中国历史文化名村的安徽村落全部入选中国传统村落名录；入选中国传统村落名录的安徽村落也全部入选安徽省省级传统村落名录。

中国历史文化名村是由建设部和国家文物局共同组织评选的。自2003年以来，建设部和国家文物局共评选出六批共276个中国历史文化名村，安徽省共入选19个，占中国历史文化名村总数的6.9%。

中国传统村落名录是由住房城乡建设部、文化部、财政部等部门共同公布的。自2012年以来，已经公布了四批中国传统村落名录，4 153个传统村落入选。共有四批163个安徽传统村落被列入中国传统村落名录，占中国传统村落总数的3.92%。

安徽省省级传统村落名录由安徽省住房城乡建设厅、文化厅、文物局、财政厅联合公布。自2014年8月以来，安徽省省级传统村落名录已经公布了两批共363个传统村落，其中包括了安徽省的163个中国传统村落。

第三节　安徽传统村落的格局类型

根据不同的标准，安徽传统村落可以分为不同的类型。按景观可以分集居型村落和散居型村落；按村落成因可以分为原始定居型和移民型；按村落生态环境可以分为沿江平原型、沿溪流平原型、沿江山谷型和沿溪流山谷型；按产业基础可以分为传统农耕类传统村落和交通商贸类；按村落格局形态可划分块状村落、条带状村落、阶梯状村落和象形村落四种类型。

一、块状村落

块状村落一般位于山间盆地或谷地，村落格局呈现不规则多边形，村落平面的结构南北轴和东西轴大致等长，有些村落大致呈长方形。比较规则的块状村落不多见，内部往往伴有方格状结构。民居集中，紧凑占地少，内部房屋与房屋，街与巷的衔接呈现成熟性，形成一个封闭的整体。块状村落最初的布局常常是较为分散的组团型住宅，这些组团型单元渐渐地以河流或道路骨架聚集，发展成线性村落，线性村落发展到一定时期则开辟新的道路，平行的纵向道路经过横向巷道等的连接则形成"井"字形、"日"字形道路骨架，进一步发展成为网络形道路，形成块状村落。大部分安徽传统村落属于块状村落，主要分布于淮北平原、沿江平原地区。其原因一是块状村落是村落发展的成熟阶段，二是块状村落居住集中，建筑紧凑，用地节省。安徽传统村落大部分分布于山区，土地十分有限，因此在建设时，大都会将块状村落作为首选，最大限度减少建设用地，提高土地利用率。[①]

二、条带状村落

条带状村落又称线状村落，由于河流或山体的限制而使村落不得不向两头延伸，呈现带状分布。由于空间限定物的不同，带状村落可以分为山麓条带状村落和河流条带状村落。在实际情况中，村落的限定物不是单一的，往往是河流和山体共同限定村落的形态发展。

安徽省传统村落中带状村落数量仅次于块状村落，其原因一是古代陆路交通不便，水路运输占主要地位，在河流适当位置会出现货物交接处，随着时间推移逐渐发展成为沿着河流布局的带状村落；二是为了生活用水和防火之便，人们通常将房屋建在河流两岸。村落布局形态逐渐呈现出同河流走向一致的条带状；三是许多村落是由于躲避战乱而建，人们会将村落建设在与外界战火隔离的崇山峻岭之中，村落建设缺少大块平地，同时为了避免占用良田和防范洪涝灾害，村落便会沿着山麓建成狭长的带状。沿溪、沿路分布呈条带状的传统村落在全省均可见到。

三、象形村落

象形村落整体布局往往体现出某种特殊含义和精神向往，精心模拟一些有寓意的图案，反映着村落建造者的某种心理趋向。象形村落布局的特殊形态或为追念先祖功德，或为祈求富贵平安，或纯属堪舆之说。这种村落一般分布在地势较为平缓

---

① 江春雪：《安徽省传统村落地理研究》，湖南师范大学硕士论文，2016年，第45-46页。

开阔的山间盆地、山间谷地等地带。许多象形村落在规划建设中因势利导，自然生态与人文生态相结合，逐步完善人居环境，形成独特的"仿生"环境，如宏村的"牛"形、西递的"船"形、石家村的"棋盘"形，渔梁村的"鱼"形等。安徽象形村落集中分布在皖南徽州地区。象形村落的布局形态具有精神追求或者内涵，表明当时社会文化水平已经达到一定的高度。徽州传统村落多是由中原迁徙而来的衣冠大族所建，他们有着较高的文化素养与艺术修养，在自然环境的基础上，宗族发挥集体智慧，不惜钱财，将村落规划成具有特殊寓意的布局形态。这些"牛"形、"船"形等形态展示了当时村民已有较高的精神追求。

四、阶梯状村落

阶梯状村落指坐落在山坡的村落，依山就势，随着地形的起伏多呈现阶梯状分布，形成错落分明的村落景观。这种村落布局一般可以归纳为两种类型，一种是村落主要走向与等高线平行，村落走势多取决于山势的起伏变化，主干道呈弯曲状，曲率大体与等高线一致，巷道则与等高线垂直。此类村落因山势不同可以分为呈外凸的弯曲型与呈内凹的弯曲型。另一种类型是村落的主要走向与等高线垂直，村落主要街道呈现十分明显的高程变化，需设置台阶。村落建筑物呈跌落状，高低错落，富有节奏感，使得阶梯状村落在视觉上给人以美的享受（表2-2）。

表2-2 安徽传统村落格局形态类型

村落格局	典型村落名称	生态环境	主要村落建筑
块状村落	歙县郑村镇棠樾村	沿溪流平原	牌坊群、祠堂
	黟县碧阳镇南屏村	沿溪流平原	祠堂、民居、园林
	祁门县历口镇环砂村	沿河山间盆地	祠堂、民居
条带状村落	歙县徽城镇渔梁村	沿江平原	渔梁坝、老街、民居
	黟县宏村镇屏山村	沿溪流山谷	祠堂、民居
阶梯状村落	歙县深渡镇阳产村	半山腰	土楼
	黟县宏村镇塔川村	塔形山坡	民居
象形村落	黟县宏村镇宏村（牛形）	沿溪流平原	水系、祠堂、民居
	黟县西递镇西递村（船形）	沿溪流平原	牌坊、祠堂、民居、水口

安徽传统村落中阶梯状村落数量较少，主要分布于大别山区和皖南山区。主要原因为阶梯状村落一般坐落于高山，重山叠岭，地势险峻，对外交通不便，缺乏可耕土地，房屋建设难度较大，人们一般不愿意耗费大量人力、物力、财力在山坡上落户安家。

第四节　安徽传统村落的空间分布

安徽传统村落空间分布明显不均衡，南多北少，主要集中分布于皖南徽州地区、皖南宣池地区和皖西山地丘陵地区。而沿江平原地区、皖中平原地区明显偏少，皖北平原地区则极少。影响安徽传统村落空间分布主要有四方面因素：一是大部分安徽传统村落并非原住民所建，而由避战乱迁徙的移民建立。皖南地区多崇山峻岭，是远离战火的世外桃源，成为各地移民营造家园的集中区域。二是由于皖南、皖西山区远离现代城市和文化中心，交通条件差，经济不发达，较少受现代社会和文化的冲击，安定的社会与文化环境有利于传统村落特色的保存与延续，因此保存的传统村落较多，而相对开放的平原地区的传统村落在城镇化、现代化过程中更容易被"新村落"所取代，因此保存的传统村落较少。三是传统村落的民居建筑多木构架，稳固性较差，难以长期保存。明清时期江淮地区频发水患，因此现存具有价值的传统村落数量较少。[1] 四是受地形地貌、年平均降水量、森林覆盖率等自然因素影响。皖南丘陵山地地区森林覆盖率高达60%及以上，传统村落分布密度也最高，大别山区森林覆盖率38.28%，传统村落分布密度也较高；皖南徽州地区和皖南宣池地区多年平均降水量分别为1 822毫米和1 447毫米，明显高于其他地区，其传统村落分布密度显著高于其他地区。[2]

---

[1] 江春雪：《安徽省传统村落地理研究》，长沙：湖南师范大学硕士论文，2016年，第19-20页。
[2] 王乃举，王寒，陈晓华：《安徽传统村落空间格局分异测度》，《安徽师范大学学报（自然科学版）》2018年第01期。

一、入选中国历史文化名村的安徽传统村落区域分布

中国历史文化名村是由建设部和国家文物局共同组织评选的，保存文物特别丰富、且具有重大历史价值或纪念意义的，能较完整地反映一些历史时期传统风貌和地方民族特色的传统村落。

自 2003 年以来，建设部和国家文物局共评选出六批共 276 个中国历史文化名村，安徽省共入选 19 个，占中国历史文化名村总数的 6.9%。从区域分布来看，皖南徽州地区的中国历史文化名村分布最为集中，占安徽省总数的 78.9%；其次为皖南宣池地区，占安徽省总数的 15.8%，再次为皖中丘陵地区，占安徽省总数的 5.3%。而沿江平原地区、皖西山地丘陵地区、皖北平原地区则没有传统村落入选中国历史文化名村（表 2-3）。

表 2-3　入选中国历史文化名村的安徽传统村落区域分布

区域		所属市县	第一批	第二批	第三批	第四批	第五批	第六批	合计	所占百分比
皖南丘陵山地地区	皖南徽州地区	黄山市、宣城市绩溪县	2	1	3	2	2	5	15	78.9%
	皖南宣池地区	宣城市（除绩溪县外）、池州市	0	1	0	1	0	1	3	15.8%
皖中丘陵地区		合肥市、滁州市	0	0	0	0	0	1	1	5.3%
沿江平原地区		芜湖市、马鞍山市、铜陵市	0	0	0	0	0	0	0	0
皖西山地丘陵地区		安庆市、六安市	0	0	0	0	0	0	0	0
皖北平原地区		阜阳市、亳州市、淮南市、淮北市、宿州市、蚌埠市	0	0	0	0	0	0	0	0
合　计			2	2	3	3	2	7	19	100%

二、入选中国传统村落名录的安徽传统村落区域分布

自 2012 年以来，入选中国传统村落名录的安徽传统村落共四批 163 个。从入选中国传统村落名录的安徽传统村落的区域分布来看，呈现明显的"南多北少"特征。皖南徽州地区传统村落共入选 101 个，占总数的 62.0%；皖南宣池地区传统村落共入选 38 个，占总数的 23.3%；皖西山地丘陵地区传统村落共入选 17 个，占入选总数的 10.4%；沿江平原地区传统村落共入选 5 个，占入选总数的 3.1%；皖中丘陵地区传统村落共入选 2 个，占入选总数的 1.2%；皖北平原地区传统村落则无一入选（表 2-4）。皖南徽州地区传统村落是安徽传统村落的突出代表，也是徽文化的"活化石"，具有极高的保护和开发利用价值。

表 2-4 入选中国传统村落名录的安徽传统村落区域分布

区域	所属市县	第一批	第二批	第三批	第四批	合计	所占百分比
皖南徽州地区	黄山市、绩溪县	17	28	27	29	101	62.0%
皖南宣池地区	宣城市（除绩溪县外）、池州市	6	7	9	16	38	23.3%
沿江平原地区	芜湖市、马鞍山市、铜陵市	0	0	3	2	5	3.1%
皖中丘陵地区	合肥市、滁州市	0	0	2	0	2	1.2%
皖西山地丘陵地区	安庆市、六安市	2	5	5	5	17	10.4%
皖北平原地区	阜阳市、亳州市、淮南市、淮北市、宿州市、蚌埠市	0	0	0	0	0	0
合计		25	40	46	52	163	100%

三、入选安徽省传统村落名录的村落区域分布

目前，安徽省传统村落名录已公布两批共 363 个省级传统村落，其中包括了

163个安徽省中国传统村落。其中，皖南徽州地区传统村落共入选186个，占总数的51.2%，皖南宣池地区传统村落共入选76个，占总数的20.9%。皖西山地丘陵地区传统村落共入选62个，占总数的17.1%；沿江平原地区传统村落共入选14个，占入选总数的3.8%；皖中丘陵地区传统村落共入选20个，占总数的5.5%；皖北平原地区传统村落共入选5个，占总数的1.4%。从传统村落的市级区域分布来看，共10个地级市有省级传统村落分布，占13个地级市的76.9%。从传统村落的县级区域分布来看，共47个县区有省级传统村落分布，占105个县区的44.8%。总体来看，"南多北少"的分布特征非常明显，而且差距极大，皖南丘陵山地地区的所有县区均有省级传统村落分布，而皖北平原地区仅有约1/9的县区有省级传统村落分布，其他地区处于中间水平（表2-5）。

表2-5 入选安徽省传统村落名录的传统村落区域分布

区域	所属市县	2014年列入安徽省第一批传统村落名录的村落数量		2016年列入安徽省第二批传统村落名录的村落数量		合计	所占百分比
皖南徽州地区	黄山市、绩溪县	114	黄山市（108）、绩溪县（6）	72	黄山市（60）、绩溪县（12）	186	51.2%
皖南宣池地区	宣城市（除绩溪县外）、池州市	51	宣城市（除绩溪县外）（21）、池州市（30）	25	宣城市（除绩溪县外）（20）、池州市（5）	76	20.9%
沿江平原地区	芜湖市、马鞍山市、铜陵市等	7	芜湖市（3）、铜陵市（4）	7	芜湖市（4）、马鞍山市（1）、铜陵市（2）	14	3.9%
皖中丘陵地区	合肥市、滁州市	9	合肥市（6）、滁州市（3）	11	合肥市（11）	20	5.5%
皖西山地丘陵地区	安庆市、六安市	46	安庆市（21）、六安市（25）	16	安庆市（12）、六安市（4）	62	17.1%
皖北平原地区	阜阳市、亳州市、淮南市、淮北市、宿州市、蚌埠市	1	淮南市（1）	4	亳州市（3）、阜阳市（1）	5	1.4%
合计		228		135		363	100%

第五节　安徽传统村落的区域文化特征

安徽传统村落历史悠久，文化底蕴深厚。根据"全国传统村落管理信息系统"有关资料的统计，安徽传统村落半数以上始建于元代以前。安徽省虽然是一个独立的行政区域，但新安江、长江、淮河将全省区分为不同地理区域，在漫长的历史进程中，逐步演化并形成了徽州文化、皖江文化、涡淮文化三大区域文化，徽州文化、皖江文化主导的是儒家文化，涡淮文化主导的是道家思想。

一、徽州文化

徽州文化亦可称为新安文化或徽文化，与之对应的区域是皖南徽州地区。徽州文化内容博大精深，包括徽州宗族和土地制度、徽商、新安理学、徽州朴学、徽州教育、徽州科技、徽派建筑、徽州文房四宝、新安医学、新安画派、徽戏、徽菜、徽州方言、徽州民俗、徽州文学、徽州工艺等，涉及中国传统社会精神文化、制度文化、物质文化各个层面。徽州文化植根于皖南徽州地区的传统村落，其聚族而居的文化特征，不仅造就了徽州同姓血缘家族的凝聚力，而且由血缘而地缘，形成了浓郁的乡土观念。由朱熹所创的新安理学是徽州文化存在和发展的指导思想和精神支柱。兴文重教、扶贫济困、勤俭持家、以众帮众，已成为徽州宗族文化以及乡土文化的重要特征和鲜明性格，并随着徽商的足迹遍布江南（苏南、浙东）和淮扬地区。

二、皖江文化

皖江文化最初以安庆、桐城为中心，以古皖文化和桐城文化为标识。后来不断扩展，今天大多数学者认同皖江文化圈的范围大体接近于现在的皖江城市产业带。即与皖江文化对应的区域大致包括皖西山地丘陵地区、皖中丘陵地区、沿江平原地区和皖南宣池地区。皖江文化内容涉及文学、戏曲、书法、绘画、科技、宗教、政治、经济、民俗等众多领域。其中，以禅宗二祖、三祖为代表的佛教文化；以桐城派为代表的古典文学流派，以张英、张廷玉、陈独秀为代表的政治文化；以京剧、黄梅戏、徽剧为代表的戏曲文化；以李公麟、邓石如为代表的书画文化；以敬敷书院、桐城中学、国立安大为代表的教育文化；以方以智、梅文鼎为代表的科技文化；以及近代芜湖开埠以来形成的商埠文化等，都是皖江文化的亮点。唐宋以来，皖江大批移民带来了外来文化，并不断与本土文化相融合。皖江文化大量植根于皖西山地丘陵地区、皖中丘陵地区、沿江平原地区和皖南宣池地区的传统村落，其思想观念比较解放、善于创新，常常得风气之先，是皖江文化的重要特征。随着封建社会后期经济中心南移以及近代西学东渐，这一地区的开放度更高、包容性更强、创新意识也更浓。

三、涡淮文化

涡淮文化对应的区域是皖北平原地区。"涡"指涡河，是淮河的众多支流中的一条，全长380千米，发源于河南省尉氏县，流经安徽亳州、涡阳、蒙城，在怀远县城附近注入淮河。道家学派是涡淮文化的一个标识性群体，在涡河河畔，先后诞生了老子、庄子，西汉时参与集体著述《淮南子》的淮南八公、在茅仙洞修炼得道的茅盈、茅固、茅衷三兄弟，五代宋初的亳州陈抟老祖等，有著名的道教三宫——鹿邑太清宫、亳州道德中宫、涡阳天静宫。此外，还有以三曹父子为代表的建安文学流派，以谯沛名士嵇康、刘伶为代表的魏晋玄学流派，以戴逵及戴勃、戴嗣父子为代表的绘画艺术世家等，这些都是涡淮文化的文化标识。流行于阜阳、淮北的梆子戏，沿淮两岸的泗州戏、凤阳花鼓和花鼓灯等，也是涡淮文化的典型标识。涡淮文化历史悠久，深深根植于皖北平原地区的传统村落之中，追求人与人之间的相对平等，较少俗礼和严密等级观念，体现了老子自然主义的价值取向。

第六节　安徽传统村落的保护

一、安徽传统村落的文化遗产保护

总体来看，安徽省传统村落保护工作非常突出。20世纪80年代以来，徽州地区传统村落的价值得到社会的认同，对安徽传统村落的保护工作也逐渐开展，安徽传统村落中的许多建筑被国务院公布为全国重点文物保护单位。20世纪90年代开始，安徽省传统村落被纳入国家文物保护体系。据作者不完全统计，安徽传统村落中的全国重点文物保护单位有33处。其中，第三批全国重点文物保护单位中有2处，第四批全国重点文物保护单位中有3处，第五批全国重点文物保护单位中有5处，第六批全国重点文物保护单位中有10处，第七批全国重点文物保护单位中有13处。这些全国重点文物保护单位主要分布在皖南地区，其中黄山市有22处，宣城市有7处，池州市有2处，合肥市有1处，六安市有1处（表2-6）。

表2-6　安徽省传统村落中的全国重点文物保护单位

传统村落名称	名称	年代	批次	时间
宣城市绩溪县瀛洲镇龙川村	龙川胡氏宗祠	明至清	第三批	1988年1月
黄山市徽州区潜口镇潜口村	潜口民宅	明	第三批	1988年1月
黄山市徽州区呈坎镇呈坎村	罗东舒祠	明	第四批	1996年11月
黄山市歙县郑村镇棠樾村	棠樾石牌坊群	明、清	第四批	1996年11月
黄山市徽州区西溪南镇西溪南村	老屋阁及绿绕亭	明	第四批	1996年11月
黄山市徽州区呈坎镇呈坎村	呈坎村古建筑群	明、清	第五批	2001年6月
黄山市歙县徽城镇渔梁村	渔梁坝	唐至清	第五批	2001年6月
宣城市泾县桃花潭镇查济村	查济古建筑群	元至清	第五批	2001年6月
黄山市黟县宏村镇宏村	宏村古建筑群	明、清	第五批	2001年6月
黄山市黟县西递镇西递村	西递村古建筑群	明、清	第五批	2001年6月
黄山市休宁县海阳镇溪头村	溪头三槐堂	明	第六批	2006年5月
宣城市旌德县白地镇江村	江村古建筑群	明至清	第六批	2006年5月

（续表）

传统村落名称	名称	年代	批次	时间
黄山市黟县碧阳镇南屏村	南屏村古建筑群	明至清	第六批	2006年5月
黄山市歙县许村镇许村村	许村古建筑群	明至民国	第六批	2006年5月
宣城市泾县榔桥镇黄田村	黄田村古建筑群	清	第六批	2006年5月
黄山市祁门县闪里镇坑口村	祁门古戏台	明至清	第六批	2006年5月
黄山市歙县雄村乡雄村村	竹山书院	清	第六批	2006年5月
合肥市肥西县铭传乡启明村	刘铭传故居	清	第六批	2006年5月
黄山市歙县郑村镇郑村村	郑氏宗祠	明	第六批	2006年5月
六安市霍邱县马店镇李西圩村	李氏庄园	清	第六批	2006年5月
黄山市歙县郑村镇棠樾村	棠樾古民居	明至民国	第七批	2013年3月
黄山市休宁县商山镇黄村	黄村进士第	明	第七批	2013年3月
宣城市绩溪县瀛洲镇龙川村	奕世尚书坊和胡炳衡宅	明至清	第七批	2013年3月
黄山市歙县三阳乡叶村	洪氏宗祠	明至清	第七批	2013年3月
黄山市歙县北岸镇北岸村	北岸吴氏宗祠	清	第七批	2013年3月
池州市青阳县陵阳镇所村村	太平山房	明至清	第七批	2013年3月
宣城市绩溪县上庄镇上庄村	上庄古建筑群	明至民国	第七批	2013年3月
池州市青阳县陵阳镇上章村	上章李氏宗祠	清	第七批	2013年3月
黄山市歙县昌溪乡昌溪村	员公支祠	清	第七批	2013年3月
黄山市歙县昌溪乡昌溪村	昌溪周氏宗祠	清	第七批	2013年3月
黄山市歙县北岸镇北岸村	北岸廊桥	清	第七批	2013年3月
黄山市黄山区甘棠镇兴村	兴村程氏宗祠	清	第七批	2013年3月
宣城市泾县桃花潭镇厚岸村	王稼祥故居	1906年	第七批	2013年3月

安徽传统村落中还传承着大量的非物质文化遗产，并陆续入选各级非物质文化遗产名录。2006年以后，安徽传统村落中有非物质文化遗产许多入选国家级非物质文化遗产名录，仅皖南徽州地区就有徽州三雕（木雕、砖雕、石雕）、徽剧、徽墨制作技艺、歙砚制作技艺、徽州民歌、徽派传统民居建筑营造技艺、祭祖习俗（徽州祠祭）、竹刻（徽州竹雕）等非物质文化遗产入选。其中，中国传统木结构营造技艺（徽州传统建筑营造技艺）2009年被列入联合国教科文组织的人类非物质文化遗产代表作名录（表2-7）。

表 2-7　安徽传统村落中的国家级非物质文化遗产

名　称	流传地区	入选保护名录	批　次	项目类别	公布时间
徽州三雕	黄山市	国家级非遗名录	第一批	传统美术	2006年5月
徽剧	黄山市	国家级非遗名录	第一批	传统戏剧	2006年5月
庐剧	合肥市、六安市	国家级非遗名录	第一批	传统戏剧	2006年5月
黄梅戏	安庆市	国家级非遗名录	第一批	传统戏剧	2006年5月
泗州戏	宿州市、蚌埠市	国家级非遗名录	第一批	传统戏剧	2006年5月
目连戏	祁门县	国家级非遗名录	第一批	传统戏剧	2006年5月
巢湖民歌	巢湖市	国家级非遗名录	第一批	传统音乐	2006年5月
当涂民歌	马鞍山市	国家级非遗名录	第一批	传统音乐	2006年5月
宣纸制作技艺	泾县	国家级非遗名录	第一批	传统技艺	2006年5月
徽墨制作技艺	绩溪县、歙县、黄山市屯溪区	国家级非遗名录	第一批	传统技艺	2006年5月
歙砚制作技艺	歙县	国家级非遗名录	第一批	传统技艺	2006年5月
宣笔制作技艺	宣城市	国家级非遗名录	第二批	传统技艺	2008年6月
绿茶制作技艺（黄山毛峰、太平猴魁、六安瓜片）	黄山市徽州区、黄山区、六安市裕安区	国家级非遗名录	第二批	传统技艺	2008年6月
红茶制作技艺（祁门红茶制作技艺）	祁门县	国家级非遗名录	第二批	传统技艺	2008年6月
徽派传统民居建筑营造技艺	黄山市	国家级非遗名录	第二批	传统技艺	2008年6月
徽州民歌	黄山市	国家级非遗名录	第二批	传统音乐	2008年6月
大别山民歌	六安市	国家级非遗名录	第二批	传统音乐	2008年6月
灯舞（东至花灯舞）	东至县	国家级非遗名录	第二批	传统舞蹈	2008年6月
柳编（霍邱柳编）	六安市霍邱县	国家级非遗名录	第三批	传统美术	2011年6月
柳编（黄岗柳编）	黄岗	国家级非遗名录	第三批	传统美术	2011年6月
华佗五禽戏	安徽省亳州市	国家级非遗名录	第三批	传统体育	2011年6月
豆腐传统制作技艺	安徽省淮南市	国家级非遗名录	第四批	传统技艺	2014年7月
祭祖习俗（徽州祠祭）	黄山市祁门县	国家级非遗扩展名录	第四批	民俗	2014年7月
竹刻（徽州竹雕）	黄山市徽州区	国家级非遗扩展名录	第四批	传统美术	2014年7月
傩舞（跳五猖）	安徽省郎溪县	国家级非遗扩展名录	第四批	传统舞蹈	2014年7月

二、安徽传统村落入选相关保护名录情况

2000年，安徽省黄山市黟县的西递、宏村作为皖南传统村落的杰出代表被列入了世界遗产名录，西递、宏村也是目前国内仅有的被列为世界文化遗产的传统村落。

截至目前，安徽省被公布为中国历史文化名村的传统村落有19个，占全部六批276个中国历史文化名村的6.88%。其中，第一批中国历史文化名村于2003年10月8日公布，共12个，安徽省入选2个；第二批中国历史文化名村于2005年9月16日公布，共24个，安徽省入选2个；第三批中国历史文化名村于2007年5月31日公布，共36个，安徽省入选3个；第四批中国历史文化名村于2008年10月30日公布，共36个，安徽省入选3个；第五批中国历史文化名村于2010年07月22日公布，共61个，安徽省入选2个；第六批中国历史文化名村于2014年3月10日公布，共107个，安徽省入选7个（表2-8）。

表2-8　安徽省被公布为中国历史文化名村的传统村落名单

所属地区	村落名称	时间	批次
黄山市	黟县西递镇西递村	2003年10月	第一批
	黟县宏村镇宏村	2003年10月	第一批
	歙县徽城镇渔梁村	2005年9月	第二批
	徽州区潜口镇唐模村	2007年5月	第三批
	歙县郑村镇棠樾村	2007年5月	第三批
	黟县宏村镇屏山村	2007年5月	第三批
	徽州区呈坎镇呈坎村	2008年10月	第四批
	黟县碧阳镇南屏村	2008年10月	第四批
	休宁县商山乡黄村	2010年7月	第五批
	黟县碧阳镇关麓村	2010年7月	第五批
	歙县雄村乡雄村	2014年3月	第六批
	徽州区呈坎镇灵山村	2014年3月	第六批
	祁门县闪里镇坑口村	2014年3月	第六批
	黟县宏村镇卢村	2014年3月	第六批

（续表）

所属地区	村落名称	时间	批次
宣城市	旌德县白地镇江村	2005年9月	第二批
	泾县桃花潭镇查济村	2008年10月	第四批
	泾县榔桥镇黄田村	2014年3月	第六批
	绩溪县瀛洲镇龙川村	2014年3月	第六批
滁州市	天长市铜城镇龙岗村	2014年3月	第六批

自2012年我国启动传统村落保护工作以来，目前共有四批4 153个传统村落被列入中国传统村落名录。安徽省积极组织开展传统村落普查、申报和保护工作，全省共有四批163个传统村落被列入中国传统村落名录，占中国传统村落总数的3.92%。其中，2012年12月，25个安徽传统村落被列入第一批中国传统村落名录；2013年8月，40个安徽传统村落被列入第二批中国传统村落名录；2014年11月，46个安徽传统村落被列入第三批中国传统村落名录；2016年12月，52个安徽传统村落被列入第四批中国传统村落名录。目前，安徽省的中国传统村落总数位于云南、贵州、浙江、山西、湖南、福建、四川、江西之后，在全国省区中排第9位。虽然安徽省的中国传统村落数量排名不算高，但是其价值和品位却非常高，并且独具特色（表2-9）。

表2-9 中国传统村落数量排名前10位的省区

地区	第一批	第二批	第三批	第四批	合计	比例	排名
云南省	62	232	208	113	615	14.81%	1
贵州省	90	202	134	119	545	13.12%	2
浙江省	43	47	86	225	401	9.66%	3
山西省	48	22	59	150	279	6.72%	4
湖南省	30	42	19	166	257	6.19%	5
福建省	48	25	52	104	229	5.51%	6
四川省	20	42	22	141	225	5.42%	7
江西省	33	56	36	50	175	4.21%	8
安徽省	25	40	46	52	163	3.92%	9
广西壮族自治区	39	30	20	72	161	3.88%	10

三、其他相关保护工作

2012年，安徽省根据国家住建部等部委的统一部署，全面开展了传统村落普查工作，目前全省共有648个传统村落的信息录入了《全国传统村落管理信息系统》。到2018年年底，安徽省将完成500个左右传统村落档案建立和保护发展规划编制工作。

2012年起，安徽省启动了省级传统村落保护利用发展工作，先后分两批共认定省级传统村落363个。其中，2014年8月，有228个传统村落被列入安徽省第一批传统村落名录；2016年1月，有135个传统村落被列入安徽省第二批传统村落名录。

2014年，国家文物局启动了"全国重点文物保护单位和省级文物保护单位集中成片传统村落整体保护利用工作"，在列入国保省保集中成片传统村落整体保护利用项目的270个传统村落中，安徽有24个，占总数8.9%，名列全国第四，其中查济村、呈坎村、许村村被列入2014年首批51个实施村落。[①]

自2014年起，住房城乡建设部等部门启动了通过中央财政支持中国传统村落保护利用的工作。5年来，其中的大部分中国传统村落已被列为保护对象，中央财政对传统村落保护发展给予了大力支持，已对前四批名录中的3 155个中国传统村落给予了每个村庄300万元的财政资金扶持。目前，安徽省已有八批113个传统村落获得了共计3.39亿元的中央财政资金支持。这些中央财政资金主要用于传统建筑保护利用示范、防灾减灾设施建设、历史环境要素修复、卫生等基础设施完善和公共环境整治、文物保护、国家级非物质文化遗产代表性项目保护等，使传统村落适合现代生产生活需求，实现活态传承（表2-10）。

[①] 安徽省文物局：《安徽省传统村落整体保护利用进行时》，《中国文化报》2015年01月17日。

表 2-10　安徽省列入中央财政支持范围的中国传统村落

批　次	数　量
2014 年第一批列入中央财政支持范围的中国传统村落	28
2014 年第二批列入中央财政支持范围的中国传统村落	34
2015 年列入中央财政支持范围的中国传统村落	3
2016 年第一批列入中央财政支持范围的中国传统村落	9
2016 年第二批列入中央财政支持范围的中国传统村落	6
2017 年列入中央财政支持范围的中国传统村落	11
2018 年第一批列入中央财政支持范围的中国传统村落	12
2018 年第二批列入中央财政支持范围的中国传统村落	10
合　计	113

安徽省整合省、市、县各级财政资金用于传统村落保护，发挥保护资金的叠加作用，将省级文物和非物质文化遗产专项经费约 1/3 用于传统村落保护，还统筹部分美好乡村建设、徽派建筑、农村危房改造等经费，同时吸引社会资本参与传统村落保护利用，将 67 个中国传统村落纳入安徽省美丽乡村中心村建设。2014 年，黄山市实施了徽州古建筑保护利用工程，共投入资金 9.8 亿元，提升整治古村落 40 个，修缮古建筑 150 幢，打造新型业态 150 处。[①]

2017 年 6 月 7 日，《安徽省历史文化名城名镇名村保护办法》经安徽省人民政府第 110 次常务会议通过，自 2017 年 8 月 1 日起施行，安徽现有的 19 个中国历史文化名村、25 个省级历史文化名村被纳入保护范围。

近年来，安徽省传统村落传统格局、历史风貌基本上得以保存和延续，大多数传统建筑得到了有效保护。但总体看发展不平衡，一些地方保护意识和能力不足、保护利用统筹不够、资金投入机制没有建立起来。在城镇化过程中，不少传统村落"空心化"，传统建筑自然毁损严重；公共性古建筑保护单纯依赖政府投资，古民居、古建筑得不到及时修缮维护；村民"拆旧建新"，传统村落格局、肌理、自然

---

① 安徽省文物局:《安徽省传统村落整体保护利用进行时》,《中国文化报》2015 年 01 月 17 日。

环境受到破坏；传统工匠越来越少，传统建筑工艺逐步失传。此外，由于缺乏区域性规划引导和对文化遗产的深入挖掘，多数传统村落旅游开发处于较低层次，传统村落的历史文化等个性化特征未能彰显，千村一面现象比较突出；大多数村落规划建设中未能统筹安排好村落保护和合理利用的关系。

第三章
皖南徽州地区传统村落

第三章 | 皖南徽州地区传统村落

　　皖南徽州地区传统村落，是指安徽省长江以南，以历史时期徽州府地域为主体的传统村落群体，习惯上也称徽州古村落（图3-1）。皖南徽州地区传统村落是安徽传统村落的最重要的组成部分，其数量、质量和价值均远高于省内其他地区，形成了世人瞩目的中国最美的传统村落群。皖南徽州地区传统村落是由自然山水和人工景观构成的自然环境系统，以徽商经济为核心的经济环境系统和以尊儒重教、宗

图3-1　手绘徽州古村落地图（图片来源：《中华遗产》2015年第05期）

049

法观念、宗族制度、徽州文化为主体的社会文化系统共同构成的完整系统。

第一节　皖南徽州地区概况

皖南徽州地区位于安徽省南部、新安江上游，皖浙赣三省交界处，古称新安、歙州。春秋战国时期，这里先后从属于吴国、越国、楚国，秦时开始设黟县、歙县，属会稽郡。隋开皇九年（589年）置歙州，北宋宣和三年（1121年）改歙州为徽州。从地理环境上看，徽州自古以来就是一个独立的单元。从唐代大历五年（770年）开始，徽州的行政区划就基本上没有太大的变化，辖区面积一直比较固定，当时的歙州领有歙、休宁、黟、婺源、祁门和绩溪六县。明清时期的徽州府，基本上也包括上述区域，据道光《徽州府志》卷一《舆地志》记载，清代徽州府东西长390里，南北长220里，府治在歙县，即所谓的"一府六邑"。徽州地形地貌以山地丘陵为主，其间有少量盆地，早在南宋淳熙年间，《新安志》就有徽州"山限壤隔，民不染他俗"的说法。所谓"山限壤隔"，是说徽州的一府六县处于万山环绕之中，是一个具有相对独立性的地域社会；所谓"民不染他俗"，是指在一个相对封闭的地理环境中，徽州逐渐成为一个独立的民俗单元，形成了自己独特的风俗和民情（图3-2）。

近百年来，徽州地区一直在经历着嬗变的阵痛。如今的徽州已分属两省三市，不复历史上"一府六邑"的格局。从行政区域范围来看，1987年安徽省废除徽州建制，以境内山岳"黄山"之名设立地级市。曾经的"一府六邑"中的绩溪县改隶安徽省宣城市，婺源县已划归江西省上饶市，而歙县、休宁县、祁门县、黟县隶属于安徽省黄山市。本书所指的皖南徽州地区，包括如今隶属于黄山市的屯溪区、黄山区、徽州区3个市辖区和歙县、休宁县、祁门县、黟县4个县以及宣城市绩溪县组成（表3-1）。

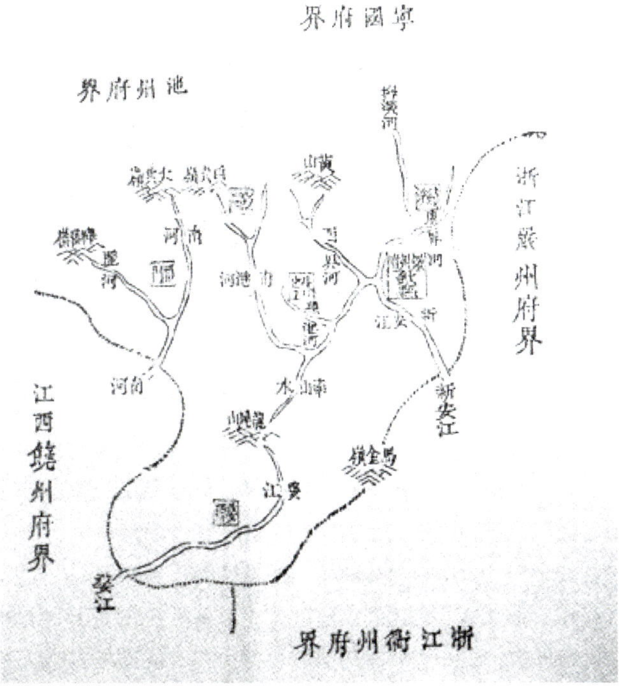

图 3-2　清代徽州府地界图示[1]

表 3-1　皖南徽州地区行政区域划分

区域	地级市	区、县（市）
皖南徽州地区	黄山市	屯溪区、黄山区、徽州区、歙县、休宁县、黟县、祁门县
	宣城市	绩溪县

  皖南徽州地区地处黄山东南，天目山西北，地形地貌以中、低山地和丘陵为主，丘陵与山地占地域面积的 90%，山体海拔高度一般在 400~500 米，千米以上的高峰众多，境内最高峰莲花峰海拔 1 860 米。黄山市山地面积 5 000 平方千米，占总面积的 51%；丘陵面积 3 540 平方千米，占总面积的 36.1%；谷地、盆地面

---

[1] [清] 嘉庆朝《钦定大清会典图》卷一百一，舆地。转自丁杰著《苏皖古村落建筑与环境比较研究》，北京：中国环境出版社 2014 年版，第 9 页。

积 1 267 平方千米，占总面积的 22.9%（图 3-3）。黄山市北部地形南高北低；南部新安江谷地是一个小盆地，四周高山环绕，中央地势低平；西部丘陵区北高南低，小山丘密布。绩溪县地处黄山山脉和西天目山山脉结合带，长江水系与钱塘江水系分水岭，境内有海拔千米以上山峰 40 余座，山脉盆谷相间，中部是贯通南北的断裂带。皖南徽州地区大部分处于长江下游周边的山间地带，这一地域有众多的新安江支流形成的大大小小的河谷盆地，河川水系非常发达，历史上水路交通是主要交通手段，新安江是重要的交通要道。

图 3-3　徽州田园风光（图片来源：中国民族建筑网）

黄山市总面积 9 807 平方千米，总人口 138.4 万人。黄山市下辖 3 个市辖区和 4 个县，包括 55 个镇、46 个乡、4 个街道。绩溪县原为徽州六县之一，现隶属于宣城市，总面积 1 126 平方千米，总人口 17.5 万人，辖 8 个镇、3 个乡。黄山市先后荣获中国魅力城市、中国优秀旅游城市、国家园林城市等称号，绩溪县则被称为"徽厨之乡"。

皖南徽州地区是徽州文化的重要发祥地，徽州文化内容博大精深，包括徽州宗族和土地制度、徽商、新安理学、徽州朴学、徽州教育、徽州科技、徽派建筑、徽州文房四宝、新安医学、新安画派、徽戏、徽菜、徽州方言、徽州民俗、徽州文学、徽州工艺等诸多方面，皖南徽州地区历史悠久，文化遗产资源丰富。其中，黄山为世界自然与文化双遗产，皖南传统村落西递、宏村为世界文化遗产。黄山市有全国重点文物保护单位31处，省级重点文物保护单位93处；国家级非物质文化遗产20项，省级非物质文化遗产71项。皖南徽州地区是一个经济、社会、文化发展相对完整的区域社会。在这个区域社会体系中，经济上的徽商、社会上的宗族制度、文化上的教育科举形成一种长期稳定的互补关系。

第二节　皖南徽州地区传统村落的历史演化

皖南徽州地区的古代聚落经过漫长的历史演变，成形于秦汉南北朝时期。从秦代置黟、歙二县开始，历经中原士族大姓的数次南迁，逐渐在皖南徽州地区形成了众多聚族而居的传统村落（图3-4）。东晋至南宋，是皖南徽州地区传统村落的早期形成时期；南宋经元至明中叶，徽州社会经济文化稳定发展，皖南徽州地区传统

图3-4　徽州传统村落景观（图片来源：中国民族建筑网）

村落进入了稳定发展时期；明代中叶至清代中叶，随着徽商的崛起，皖南徽州地区传统村落进入鼎盛时期；晚清时期，徽商衰败、太平天国战乱，皖南徽州地区传统村落进入衰落时期。20世纪末，作为中国传统文化的重要载体，西递、宏村、呈坎、棠樾等一批皖南徽州地区传统村落重新引起公众的瞩目，这些传统村落以其保护完整、真实的历史遗存和深厚的历史文化内涵被列为全国重点文物保护单位和世界文化遗产，重新受到世人注目。

一、早期形成时期

先秦时期，徽州地区最初的村落为原住民古越人的聚居之地，属于原始定居型村落。[1] 中国历史上三次较大规模的人口南迁主要集中西晋的"永嘉之乱"、唐代的"安史之乱"、北宋的"靖康之乱"时期，东晋、唐末和南宋也是徽州传统村落的重要建立期，中原移民有组织地在休歙盆地的歙县的岩镇、古溪、黄墩、潜口，休宁的万安、阳湖等地形成了徽州地区早期的移民型村落。后来一些世家大族在在徽州境内不断迁居又形成了众多的传统村落。如汪姓大族东汉末年迁入徽州，汪氏后裔在境内不断迁居形成许多汪氏村落，仅休宁汪氏村落就达46处。[2] 也有少数因交通、贸易等因素发展起来的传统村落，如歙县渔梁村因江中建渔梁坝成为重要码头，进而发展成为商贸型传统村落。

二、稳定发展时期

南宋经元到明代初期的300多年，是徽州社会、经济、文化稳步发展时期，也是徽州传统村落稳定发展时期，耕读文化是这一时期徽州传统村落的基本文化特征，在耕读文化背景下形成田园式村落是这一时期徽州传统村落的主要表现形式。[3] 史书载："（徽州）成弘以前……重土著，勤稼事，敦愿让，崇节险"，"家给

---

[1] 陆林，凌善金，焦华富著《徽州村落》，合肥：安徽人民出版社，2005年，第18页。
[2] 汪福琪，胡成业：《汪华及其家族断略》，合肥：《徽州社会科学》2000年第1期。
[3] 陆林，凌善金，焦华富著《徽州村落》，合肥：安徽人民出版社，2005年，第19-20页。

人足，居则有室，佃则有田，薪则有山，艺则布圃……妇人编织，男子桑蓬，藏获服劳，比邻郭睦"①，"四方谓新安为东南邹鲁"②，"虽十家村落，亦有讽诵之声。"③耕读文化造就了徽州田园式村落淳朴、亲切的风格，不少徽州传统村落因此享有"桃花源里人家"的美誉。

三、勃兴鼎盛时期

明代中叶至清代中叶，是徽商叱咤商场的黄金时期，也是徽州社会、经济、文化勃兴鼎盛期。徽商形成于明成化、弘治年间，作为徽商骨干力量的徽州盐商在两淮盐业中取得了优势地位。徽商们经商成功后，将大量财富输入徽州村落的建设中，极大地改变了村落的面貌。这一时期徽州"每逾一岭、进一溪，其中烟火万家、鸡犬相闻者，皆巨族大家之所居也。一族所聚，动辄数百或数十里。"④清康熙年间歙人程庭在《春帆纪程》描述了歙县村落盛况："徽俗士夫巨室，多处于乡，每一村落，聚族而居，不杂他姓。其间社则有屋，宗则有祠……乡村如星罗棋布，凡五里十里，遥望粉墙矗矗，鸳瓦鳞鳞，棹楔峥嵘，鸱吻耸拔，宛如城廓，殊足观也。"⑤当时许多徽州村落规模极大，如呈坎村号称有九十九条街巷，西递村则称有"三千烟灶六千丁"，屏山村亦有"三千烟灶，五里长街"。当时的徽州村落，特别是大族聚居的村落，已经脱离了对土地的依赖，脱离了传统农业村落的发展轨迹，村落发展基本依赖徽商的商业利润，并在人口输出、财富输入之间形成了一种良性互动关系。⑥

---

① 明万历年间《歙志》。
② 清康熙年间《休宁县志》卷1《风俗》。
③ 清光绪年间《婺源乡土志》。
④ 清光绪年间《石埭桂氏宗谱》卷一。
⑤ [清]程庭:《春帆纪程》，载许承尧著《歙县闲谭》，合肥：黄山书社，2001年，第258页。
⑥ 陆林，凌善金，焦华富著《徽州村落》，合肥：安徽人民出版社，2005年，第25页。

四、衰落时期

清道光十二年（1832 年），清廷废除纲法，改行票法，徽商丧失了世袭的行盐专利权，并且清廷迫于财政压力严追盐商百年来积久的盐课，使得许多徽州盐商破产。[①] 徽州盐商的失势使得整个徽商实力大为削弱，西方列强的侵略和商品倾销又给徽商以沉重打击。清咸丰、同治年间，长江中下游地区成为太平天国起义军与清军激烈争夺的地带，前后持续 12 年的战乱使徽商不能正常行商，损失惨重。战火蔓延至徽州所辖各县，许多徽州村落遭受巨大破坏。徽商衰败加上太平天国战乱，使得徽州村落陷入衰落。

第三节　皖南徽州地区传统村落的特点

皖南徽州地区传统村落是由自然山水和人工景观构成的自然环境系统，以徽商经济为核心的经济环境系统和以尊儒重教、宗法观念、宗族制度、徽州文化为主体的社会文化系统共同构成的。[②] 徽商兴起是皖南徽州地区传统村落形成的经济基础，新安理学是皖南徽州地区传统村落形成的精神基础。皖南徽州地区传统村落不仅与地形、地貌、山水巧妙结合，而且有徽州文化的深厚底蕴、徽商的经济支撑，使得徽州地区传统村落的自然生态系统、经济环境系统、社会文化系统更加优化，村落景观更为突出（图 3-5）。

图 3-5　安徽皖南民居结构
（图片来源：李乾朗《穿墙透壁》）

[①] 陆林，凌善金，焦华富著《徽州村落》，合肥：安徽人民出版社，2005 年，第 25 页。
[②] 汪欣：《徽州传统村落的文化生态及其变迁调查》，《河南教育学院学报（哲学社会科学版）》2017 年第 5 期。

一、择地而居

中国传统文化极为注重"择地而居","择地"的标准主要有天人合一、师法自然、崇尚和谐、趋吉避凶、唯变所适等传统人居环境观念,"择地"的目的是选址理想的人居环境,以使人居环境符合人们的客观需要和审美观念。徽州人也将"择地而居",即村落的选址规划看作宗族发达、人丁兴旺的关键。皖南徽州地区传统村落对自然环境的选择和改造,充分体现了徽州人的人居环境观念,尤其是徽州人尊崇了数百年的风水学说(图3-6)。

图3-6 湖村鸟瞰图
(图片来源:中国民族建筑网)

皖南徽州地区传统村落的选址规划主要体现在选址理想的人居环境和对非理想人居环境改造两个方面。一般而言,理想的村落人居环境要求前有朝山,后有来龙山,有形如狮象、龟蛇的山把守水口,河流溪水似玉带环绕。徽州流传有一首风水民谣云:"阳宅须教择地形,背山面水称人心。山有来龙昂秀发,水须围抱作环形。明堂宽大斯为福,水口收藏积万金。关煞二方无障碍,光明正大旺门庭。"[①]如西递村胡氏始祖胡世良对西递村的选址。对非理想人居环境改造方式主要为"引水补基",具体措施有筑竭、修建水圳、挖塘蓄水、植树造林等,以达到生态的平衡与自然的循环,使之趋于理想的人居环境。如汪氏族人通过挖塘修圳来改造宏村人居环境,完善村落风水;宅坦村由于天然缺乏山水环绕,于是胡氏祖先在村口山岗、塘堤广植林木,起到了完善村落风

---

① 王星明,罗刚著《桃花源里人家:徽州古村落》,沈阳:辽宁人民出版社,2002年,第17-18页。

水、防风挡沙、调节村落小气候的作用。①

皖南徽州地区传统村落大多追求理想的人居环境和山水意境，并总结出了"藏风聚气"的理想人居环境模式，即"枕山、环水、面屏"。这并非只是简单的封建迷信，而是皖南丘陵山地地区村落选址的最佳模式，蕴含一定的科学道理，甚至在今天对我们在选择良好的人居环境时仍有借鉴意义。"枕山、面屏"有利于阻挡冬季寒流的侵袭，在夏日又可以获得穿堂风；"环水"可以获得自然水系灌溉、洗涤、防火和航运等便利。"风水之说，徽人尤重之"，② 风水学说对徽州传统村落的选址和布局产生了深刻的影响，徽州许多族谱、宗谱都详细记载了其始祖遍察山水形胜、卜居择地的事例。

二、聚族而居

徽州是一个比较典型的移民社会，现存的皖南徽州地区传统村落大都是中原士族移民的后裔形成的。据有关史料记载，西晋"永嘉之乱"时期迁入徽州的士族有程、鲍、俞、黄等15个姓氏；唐代黄巢起义时期迁入徽州的有陆、陈、叶、孙、洪、罗、舒、赵等48个姓氏，是移民量最大的历史时期；两宋之际，迁入徽州定居的有柯、宋、张、周、蒋、吕、韩等15个姓氏。③明代程尚宽在《新安名族志》里所列的92个"新安名族"，由外地迁入徽州的占了大

图 3-7　徽州古城
（图片来源：中国民族建筑网）

---

① 郑生钢:《徽州传统乡村聚落文化的生态价值——兼及对新农村建设的启示》,《黄山学院学报》2008 年第 01 期。
② [清] 赵吉士《寄园寄所寄》卷 11 引《稗史》。
③ 黄山市社会科学界联合会课题组，陈安生，汪炜:《中国皖南古村落黄山市千村保护与发展研究报告》,《黄山学院学报》2007 年第 04 期。

多数,最显赫的"新安十五姓"就包括有汪、程、吴、黄、胡、王、李、方、洪、余、鲍、戴、曹、江、孙十五大姓。最初他们多以始祖或始迁祖为中心集居繁衍,但是随着人口的繁衍,村落与宗族逐渐扩散(图3-7)。

迁入徽州的中原移民不少是中原世家大族,有着强烈的宗法观念和严密的宗族组织。不论是三次大规模的南迁入徽,还是无数次徽州境内的迁居,世家大族有组织的举族迁移是其重要特征,他们始终聚族而居,保持着严密的宗族组织。对此徽州文献多有记述,"乡落皆聚族而居,族必有谱、世系数十代"①。"深山大谷中人,皆聚族而居,奉先有千年之墓,会祭有万丁之祠,宗祐有百世之谱"②(图3-8)。

图3-8　徽州古民居
(图片来源:黄山市政府网站)

因皖南徽州地区传统村落多为聚族而居,因此祠堂建设相当发达。明清时期的徽州,有两句民谚流传甚广,"追源溯本,莫重于祠""无祠则无宗,无宗则无祖"。宗祠被视为家族完整的象征,极具凝聚力和感召力(图3-9)。"家必有谱,族必有祠",宗谱和宗祠是维系宗族成员

图3-9　文堂村举行徽州祠祭民俗活动(图片来源:黄山文明网)

---

① 清光绪年间《婺源乡土志·婺源风俗》。
② 清乾隆年间《绩溪县志序》。

间的"纽带",也是"根"之所在。祠堂是宗族祭祖、正俗、教化等事务的圣地,集宗教、伦理道德、法律于一身,也是一个宗族最高权力的象征,每个宗族都会从族里推选出一位德高望重的老人来担任族长。

皖南徽州地区传统村落在宗祠位置的选择上特别注重风水,宗祠都是村落风水最佳的位置,比较典型的有呈坎村的罗东舒祠、潜口村的金紫祠、南屏村的叶氏宗祠、龙川村的胡氏宗祠等。村落一般以宗祠为中心,环绕此中心营建民居、园林、牌坊等。

三、以贾代耕

中原人口迁入既给徽州带来了先进的生产方式和先进的文化,同时也带来大量的人口。徽州山多地少,素有"八山一水一分田"之说,移民造成的人口迅速增长给土地和农业带来巨大压力,人地矛盾日益突出。据研究,南宋时期徽州人均耕地15亩,元代降至4亩,明万历年间2.2亩,清康熙年间1.5亩。在当时农业生产力条件下,"能以生业著于地者,十不获一。"[①] 为了觅求生存与发展,徽州人走上了"以贾代耕"的道路,于是便有了著名的徽商,有首徽州民谣曰:"前世不修,生在徽州,十三四岁,往外一丢。"

皖南徽州地区传统村落与其他地区传统村落形态最大的不同之处是,村落建设和发展在相当程度脱离了对农业的依赖。宋代以前,徽州村落经济以农耕为主。宋代以后徽州人走上了经商的道路,明清时期,徽商崛起促进了徽州村落的迅速发展。徽商最早经营的是本地的木材、茶叶等山货和外地的粮食,后来转向盐业和典当业等其他领域,获得了巨额利润。然而,徽商们在徽州本土的投资重点是营造居室、建祠修庙,将获得的商业利润转化为封建的土地所有,极少发展当地产业,只建有一些小手工业作坊。对徽州本土而言,经商不过是为了以商养农、以外养内,徽州经济始终没有突破原来的农耕模式,徽商并未真正带动徽州区域经济的发展。

---

① [明] 金声《金忠节公文集》卷四。

四、村落布局紧凑，建筑类型丰富

徽州地区人稠地狭，客观上造成了皖南徽州地区传统村落建筑布局紧凑，结构小巧。皖南徽州地区传统村落的选址，往往是因地制宜，村落的样子是随着土地的外沿而改变，并不像北方村落那样往往是规规矩矩的长方形或正方形。① 皖南徽州地区传统村落十分注意合理规划，通常在宗族利益的指导下，将建造水口、宗祠等公共设施作为前提，并保证足够的耕地维持农耕的需要。然后才把不宜耕种的土地作为民宅，且大多为二三层结构，充分利用空间，以求"构一庐得倍庐之居"。村落建筑密集，依马头墙分割，街巷狭小，宅居内天井也极其小巧，充分体现以人为本的观念。②

皖南徽州地区传统村落居民的意识、生活方式及审美情趣方面，大大超越了当时普通农民和一般市民阶层的思想意识，而是追求与文人、官宦阶层相一致的审美情趣，因此村落建筑具有浓郁的高雅文化气息。民居在基本定式的基础上，采用不同的装饰手法，建小庭院、开凿水池、安置漏窗、巧设盆景、雕梁画栋、题名匾额创造优雅的生活环境，均体现了当地居民极高的文化素质和艺术修养（图3-10至图3-15）。

皖南徽州地区传统村落建筑类型丰富，民居、祠堂、牌坊号称徽州建筑三绝，除此以外还有书院、私塾、戏台、"水口"环境、路廊桥亭、更楼、水街等建筑。③ 村落建筑往往追求细节和精巧，在有限的建筑空间内最大程度地体现其构思的精巧以及工艺的高超，别具匠心。如石雕、砖雕和木雕这"三雕"（图3-16至图3-18）非常巧妙地与村落建筑室内外空间融为一体，有着精湛的技艺和丰富的文化内涵。而狭窄、精巧、富有文化情趣的街巷空间、村口、井台、祠堂前小广场空间等也体现了这种追求。④

---

① 黄山市社会科学界联合会课题组，陈安生，汪炜：《中国皖南古村落黄山市千村保护与发展研究报告》，《黄山学院学报》2007年第04期。
② 郑生钢：《徽州传统乡村聚落文化的生态价值——兼及对新农村建设的启示》，《黄山学报》2008年第01期。
③④ 单德启：《安徽民居》，北京：中国建筑工业出版社，2009年，第19-20页。

图 3-10　徽州古建筑上的木雕（图片来源：中国民族建筑网）

图 3-11　徽州建筑遵循"天圆地方"（图片来源：李乾朗《穿墙透壁》）

图3-12 徽州建筑（图片来源：中国民族建筑网）

图3-13 徽派建筑"四水归堂"（图片来源：中国民族建筑网）

图3-14 徽派建筑的马头墙
（图片来源：中国民族建筑网）

图3-15 徽派建筑门楼
（图片来源：中国民族建筑网）

图3-16 徽州石雕（图片来源：中国民族建筑网）

图 3-17　徽州砖雕（图片来源：中国民族建筑网）

图 3-18　徽州木雕楼（图片来源：中国民族建筑网）

第四节　皖南徽州地区传统村落分布与保护情况

皖南徽州地区传统村落保护工作非常突出，在入选世界遗产名录、中国历史文化名村、中国传统村落名录、安徽省传统村落名录等方面都表现优秀，在安徽省内遥遥领先。尤其是 2000 年安徽省黄山市黟县的西递、宏村作为皖南徽州地区传统村落的杰出代表被列入了世界遗产名录。

一、入选中国历史文化名村情况

皖南徽州地区入选中国历史文化名村的传统村落共 15 个，占安徽省中国历史文化名村总数的 78.9%。从中国历史文化名村的县级区域分布来看，黄山市黟县有

6个、歙县有3个、徽州区有3个、休宁县有1个、祁门县有1个,宣城市绩溪县有1个。黄山市黟县、歙县、徽州区的中国历史文化名村分布最为集中,分别占皖南徽州地区中国历史文化名村总数的31.6%、15.8%和15.8%(表3-2)。

表3-2 皖南徽州地区入选中国历史文化名村的传统村落

所属地区	传统村落	批次	时间
黄山市黟县（6个）	黟县西递镇西递村	第一批	2003年10月8日
	黟县宏村镇宏村	第一批	2003年10月8日
	黟县宏村镇屏山村	第三批	2007年5月31日
	黟县碧阳镇南屏村	第四批	2008年10月30日
	黟县碧阳镇关麓村	第五批	2010年7月22日
	黟县宏村镇卢村	第六批	2014年3月10日
黄山市歙县（3个）	歙县徽城镇渔梁村	第二批	2005年9月16日
	歙县郑村镇棠樾村	第三批	2007年5月31日
	歙县雄村乡雄村	第六批	2014年3月10日
黄山市徽州区（3个）	徽州区潜口镇唐模村	第三批	2007年5月31日
	徽州区呈坎镇呈坎村	第四批	2008年10月30日
	徽州区呈坎镇灵山村	第六批	2014年3月10日
黄山市休宁县（1个）	休宁县商山乡黄村	第五批	2010年7月22日
黄山市祁门县（1个）	祁门县闪里镇坑口村	第六批	2014年3月10日
宣城市绩溪县（1个）	绩溪县瀛洲镇龙川村	第六批	2014年3月10日

二、入选中国传统村落名录情况

皖南徽州地区入选中国传统村落名录的村落共有101个,占安徽省中国传统村落总数的62.0%。其中黄山市92个,宣城市绩溪县9个。从中国传统村落的县级区域分布来看,除黄山市屯溪区外其余各区县都有中国传统村落分布,其中黄山市黟县31个、歙县25个、休宁县15个、祁门县8个、徽州区8个、黄山区5个,宣城市绩溪县9个。黄山市黟县、歙县、休宁县的中国传统村落分布最为集中,分别占皖南徽州地区中国传统村落总数的30.7%、24.8%和14.9%(表3-3)。

表 3-3 皖南徽州地区被列入中国传统村落名录的传统村落

所属地区	传统村落	批次	时间
黄山市黟县（31个）	黄山市黟县宏村镇宏村	第一批	2012年12月20日
	黄山市黟县宏村镇卢村	第一批	2012年12月20日
	黄山市黟县宏村镇屏山村	第一批	2012年12月20日
	黄山市黟县碧阳镇关麓村	第一批	2012年12月20日
	黄山市黟县碧阳镇南屏村	第一批	2012年12月20日
	黄山市黟县西递镇西递村	第一批	2012年12月20日
	黄山市黟县碧阳镇碧山村	第二批	2013年8月6日
	黄山市黟县碧阳镇古筑村	第二批	2013年8月6日
	黄山市黟县碧阳镇古黄村	第二批	2013年8月6日
	黄山市黟县碧阳镇石亭村	第二批	2013年8月6日
	黄山市黟县碧阳镇马道村麻田街	第二批	2013年8月6日
	黄山市黟县宏村镇塔川村	第二批	2013年8月6日
	黄山市黟县宏村镇秀里村	第二批	2013年8月6日
	黄山市黟县宏村镇下梓坑村	第二批	2013年8月6日
	黄山市黟县宏村镇龙川村	第二批	2013年8月6日
	黄山市黟县渔亭镇团结村	第二批	2013年8月6日
	黄山市黟县西递镇石印村珠坑	第二批	2013年8月6日
	黄山市黟县西递镇叶村村利源	第二批	2013年8月6日
	黄山市黟县柯村乡翠林村	第二批	2013年8月6日
	黄山市黟县柯村乡竹柯村	第二批	2013年8月6日
	黄山市黟县美溪乡美坑村	第二批	2013年8月6日
	黄山市黟县宏谭乡竹溪村	第二批	2013年8月6日
	黄山市黟县碧阳镇余光村	第三批	2014年11月17日
	黄山市黟县宏村镇际村	第三批	2014年11月17日
	黄山市黟县美溪乡兰湖村	第三批	2014年11月17日
	黄山市黟县碧阳镇柏山立川村	第四批	2016年12月9日
	黄山市黟县碧阳镇赤岭村	第四批	2016年12月9日
	黄山市黟县宏村镇江村	第四批	2016年12月9日
	黄山市黟县宏村镇横断村	第四批	2016年12月9日
	黄山市黟县渔亭镇桃源村青岭山	第四批	2016年12月9日
	黄山市黟县西递镇霭峰上村	第四批	2016年12月9日

(续表)

所属地区	传统村落	批次	时间
黄山市歙县 （25个）	黄山市歙县徽城镇渔梁村	第一批	2012年12月20日
	黄山市歙县郑村镇棠樾村	第一批	2012年12月20日
	黄山市歙县深渡镇阳产村	第二批	2013年8月6日
	黄山市歙县深渡镇漳潭村	第二批	2013年8月6日
	黄山市歙县深渡镇漳岭山村	第二批	2013年8月6日
	黄山市歙县北岸镇瞻淇村	第二批	2013年8月6日
	黄山市歙县许村镇许村村	第二批	2013年8月6日
	黄山市歙县雄村乡卖花渔村	第二批	2013年8月6日
	黄山市歙县雄村乡雄村村	第二批	2013年8月6日
	黄山市歙县霞坑镇石潭村	第三批	2014年11月17日
	黄山市歙县三阳乡叶村	第三批	2014年11月17日
	黄山市歙县深渡镇凤池村	第三批	2014年11月17日
	黄山市歙县深渡镇深渡老街	第三批	2014年11月17日
	黄山市歙县北岸镇北岸村	第三批	2014年11月17日
	黄山市歙县北岸镇白杨村	第四批	2016年12月9日
	黄山市歙县杞梓里镇杞梓里村	第四批	2016年12月9日
	黄山市歙县杞梓里镇苏村	第四批	2016年12月9日
	黄山市歙县杞梓里镇滩培村	第四批	2016年12月9日
	黄山市歙县霞坑镇萌坑村	第四批	2016年12月9日
	黄山市歙县岔口镇祝筒坦村	第四批	2016年12月9日
	黄山市歙县岔口镇庐山村	第四批	2016年12月9日
	黄山市歙县坑口乡柔川村	第四批	2016年12月9日
	黄山市歙县上丰乡蕃村	第四批	2016年12月9日
	黄山市歙县昌溪乡沧山源村	第四批	2016年12月9日
	黄山市歙县森村乡黄备村	第四批	2016年12月9日
黄山市休宁县 （15个）	黄山市休宁县万安镇万安老街	第一批	2012年12月20日
	黄山市休宁县商山镇黄村	第一批	2012年12月20日
	黄山市休宁县溪口镇花桥村木梨硔	第二批	2013年8月6日
	黄山市休宁县陈霞乡里庄村	第二批	2013年8月6日
	黄山市休宁县海阳镇万全村	第三批	2014年11月17日
	黄山市休宁县海阳镇溪头村	第三批	2014年11月17日
	黄山市休宁县溪口镇祖源村	第三批	2014年11月17日
	黄山市休宁县流口镇流口村	第三批	2014年11月17日

（续表）

所属地区	传统村落	批次	时间
黄山市休宁县 （15个）	黄山市休宁县汪村镇岭脚村	第三批	2014年11月17日
	黄山市休宁县汪村镇石屋坑村	第三批	2014年11月17日
	黄山市休宁县白际乡项山村	第三批	2014年11月17日
	黄山市休宁县鹤城乡右龙村	第三批	2014年11月17日
	黄山市休宁县蓝田镇枧潭村	第四批	2016年12月9日
	黄山市休宁县蓝田镇五陵村	第四批	2016年12月9日
	黄山市休宁县鹤城乡樟源里村	第四批	2016年12月9日
黄山市祁门县 （8个）	黄山市祁门县闪里镇坑口村	第一批	2012年12月20日
	黄山市祁门县历口镇历溪村	第二批	2013年8月6日
	黄山市祁门县历口镇环砂村	第二批	2013年8月6日
	黄山市祁门县溶口乡奇岭村	第三批	2014年11月17日
	黄山市祁门县渚口乡大北村	第三批	2014年11月17日
	黄山市祁门县渚口乡渚口村	第三批	2014年11月17日
	黄山市祁门县芦溪乡芦溪村	第四批	2016年12月9日
	黄山市祁门县新安乡珠林自然村	第四批	2016年12月9日
黄山市徽州区 （8个）	黄山市徽州区呈坎镇呈坎村	第一批	2012年12月20日
	黄山市徽州区呈坎镇灵山村	第一批	2012年12月20日
	黄山市徽州区潜口镇潜口村	第一批	2012年12月20日
	黄山市徽州区潜口镇唐模村	第一批	2012年12月20日
	黄山市徽州区西溪南镇琶塘村	第三批	2014年11月17日
	黄山市徽州区西溪南镇西溪南村	第三批	2014年11月17日
	黄山市徽州区潜口镇蜀源村	第四批	2016年12月9日
	黄山市徽州区西溪南镇竦塘村	第四批	2016年12月9日
黄山市黄山区 （5个）	黄山市黄山区永丰乡永丰村	第一批	2012年12月20日
	黄山市黄山区仙源镇龙山村	第三批	2014年11月17日
	黄山市黄山区焦村镇郭村	第三批	2014年11月17日
	黄山市黄山区三口镇湘潭村	第三批	2014年11月17日
	黄山市黄山区新丰乡盛洪村	第三批	2014年11月17日
宣城市绩溪县 （9个）	宣城市绩溪县瀛洲镇龙川村	第一批	2012年12月20日
	宣城市绩溪县瀛洲镇仁里村	第二批	2013年8月6日
	宣城市绩溪县上庄镇上庄村	第三批	2014年11月17日
	宣城市绩溪县伏岭镇湖村	第三批	2014年11月17日
	宣城市绩溪县上庄镇石家村	第四批	2016年12月9日

（续表）

所属地区	传统村落	批次	时间
宣城市绩溪县 （9个）	宣城市绩溪县上庄镇宅坦村	第四批	2016年12月9日
	宣城市绩溪县伏岭镇伏岭村	第四批	2016年12月9日
	宣城市绩溪县家朋乡尚村	第四批	2016年12月9日
	宣城市绩溪县家朋乡霞水村	第四批	2016年12月9日

三、入选安徽省传统村落名录情况

皖南徽州地区入选安徽省传统村落名录的村落共186个，占安徽省省级传统村落总数的51.2%。其中，有114个村落入选第一批省级传统村落名录，黄山市108个、宣城市绩溪县6个；有72个村落入选第二批省级传统村落名录，黄山市60个、宣城市绩溪县12个。黄山市共有168个省级传统村落，宣城市绩溪县共有18个省级传统村落。

从安徽省省级传统村落的县级区域分布来看，皖南徽州地区每个区县都有安徽省省级传统村落分布。其中，黄山市歙县55个、黟县35个、祁门县28个、休宁县27个、徽州区11个、黄山区9个、屯溪区3个，宣城市绩溪县18个。整体来看，黄山市歙县、黟县、祁门县、休宁县的安徽省省级传统村落分布相对比较集中，分别占皖南徽州地区安徽省省级传统村落总数的29.6%、18.8%、15.1%和14.5%（表3-4）。

表3-4 皖南徽州地区被列入安徽省传统村落名录的传统村落

所属地区	传统村落	批次	时间
黄山市屯溪区 （3个）	屯溪区屯光镇南溪南村	第一批	2014年8月
	屯溪区阳湖镇外边溪村	第一批	2014年8月
	屯溪区屯光镇云村	第二批	2016年1月
黄山市黄山区 （9个）	黄山永丰乡永丰村	第一批	2014年8月
	黄山区三口镇湘潭村	第一批	2014年8月
	黄山区焦村镇郭村村	第一批	2014年8月

（续表）

所属地区	传统村落	批次	时间
黄山市黄山区 （9个）	黄山区新丰乡盛洪村	第一批	2014年8月
	黄山区仙源镇龙山村	第一批	2014年8月
	黄山区甘棠镇兴村村	第二批	2016年1月
	黄山区三口镇白果树村	第二批	2016年1月
	黄山区谭家桥镇西文村	第二批	2016年1月
	黄山区乌石镇长芦村	第二批	2016年1月
黄山市徽州区 （11个）	徽州区潜口镇唐模村	第一批	2014年8月
	徽州区呈坎镇呈坎村	第一批	2014年8月
	徽州区呈坎镇灵山村	第一批	2014年8月
	徽州区潜口镇潜口村	第一批	2014年8月
	徽州区潜口镇蜀源村	第一批	2014年8月
	徽州区岩寺镇洪坑村	第一批	2014年8月
	徽州区西溪南镇琶塘村	第一批	2014年8月
	徽州区富溪乡富溪村	第一批	2014年8月
	徽州区岩寺镇虹光忠塘村	第一批	2014年8月
	徽州区西溪南镇西溪南村	第一批	2014年8月
	徽州区西溪南镇竦塘村	第二批	2016年1月
黄山市歙县 （55个）	歙县徽城镇渔梁村	第一批	2014年8月
	歙县郑村镇棠樾村	第一批	2014年8月
	歙县深渡镇阳产村	第一批	2014年8月
	歙县深渡镇漳潭村	第一批	2014年8月
	歙县深渡镇漳岭山村	第一批	2014年8月
	歙县北岸镇瞻淇村	第一批	2014年8月
	歙县许村镇许村村	第一批	2014年8月
	歙县雄村乡卖花渔村	第一批	2014年8月
	歙县雄村乡雄村村	第一批	2014年8月
	歙县昌溪乡昌溪村	第一批	2014年8月
	歙县深渡镇绵潭村	第一批	2014年8月
	歙县深渡镇凤池村	第一批	2014年8月
	歙县深渡镇深渡老街	第一批	2014年8月
	歙县三阳乡三阳村	第一批	2014年8月
	歙县三阳乡叶村	第一批	2014年8月
	歙县三阳乡竹铺村	第一批	2014年8月

（续表）

所属地区	传统村落	批次	时间
黄山市歙县 （55个）	歙县霞坑镇石潭村	第一批	2014年8月
	歙县溪头镇蓝田村	第一批	2014年8月
	歙县北岸镇北岸村	第一批	2014年8月
	歙县深渡镇九砂村	第一批	2014年8月
	歙县深渡镇定潭村	第一批	2014年8月
	歙县徽城镇大梅口村	第一批	2014年8月
	歙县徽城镇鲍家庄村	第一批	2014年8月
	歙县昌溪乡苍山源村	第一批	2014年8月
	歙县王村镇烟村	第一批	2014年8月
	歙县森村乡黄备村	第一批	2014年8月
	歙县霞坑镇萌坑村	第一批	2014年8月
	歙县杞梓里镇杞梓里村	第一批	2014年8月
	歙县杞梓里镇杞梓里村	第二批	2016年1月
	歙县深渡镇定潭村	第二批	2016年1月
	歙县徽城镇忠堡村	第二批	2016年1月
	歙县杞梓里镇英伦村	第二批	2016年1月
	歙县杞梓里镇苏村	第二批	2016年1月
	歙县许村镇箬岭村	第二批	2016年1月
	歙县北岸镇白杨村	第二批	2016年1月
	歙县北岸镇大阜村	第二批	2016年1月
	歙县岔口镇祝筒坦村	第二批	2016年1月
	歙县岔口镇庐山村	第二批	2016年1月
	歙县桂林镇黄村	第二批	2016年1月
	歙县霞坑镇洪琴村	第二批	2016年1月
	歙县富堨镇仁里村	第二批	2016年1月
	歙县富堨镇富堨村	第二批	2016年1月
	歙县绍濂乡小溪村	第二批	2016年1月
	歙县璜田乡蜈蚣岭村	第二批	2016年1月
	歙县璜田乡璜田村	第二批	2016年1月
	歙县森村乡黄备村	第二批	2016年1月
	歙县昌溪乡昌溪村	第二批	2016年1月
	歙县坑口乡柔川村	第二批	2016年1月
	歙县三阳乡三阳村	第二批	2016年1月

（续表）

所属地区	传统村落	批次	时间
黄山市歙县（55个）	歙县三阳乡中村	第二批	2016年1月
	歙县三阳乡竹铺村	第二批	2016年1月
	歙县上丰乡蕃村	第二批	2016年1月
	歙县郑村镇潭渡村	第二批	2016年1月
	歙县郑村镇郑村	第二批	2016年1月
	歙县雄村乡浦口村	第二批	2016年1月
黄山市休宁县（27个）	休宁县万安镇万安老街	第一批	2014年8月
	休宁县商山镇黄村	第一批	2014年8月
	休宁县溪口镇花桥村木梨硔	第一批	2014年8月
	休宁县陈霞乡里庄村	第一批	2014年8月
	休宁县汪村镇石屋坑村	第一批	2014年8月
	休宁县汪村镇岭脚村	第一批	2014年8月
	休宁县溪口镇祖源村	第一批	2014年8月
	休宁县鹤城乡右龙村	第一批	2014年8月
	休宁县白际乡项山村	第一批	2014年8月
	休宁县海阳镇万全村	第一批	2014年8月
	休宁县海阳镇溪头村	第一批	2014年8月
	休宁县蓝田镇南塘村	第一批	2014年8月
	休宁县蓝田镇枧潭村	第一批	2014年8月
	休宁县五城镇月潭村	第一批	2014年8月
	休宁县流口镇流口村	第一批	2014年8月
	休宁县流口镇茗州村	第一批	2014年8月
	休宁县璜尖乡周家源村	第一批	2014年8月
	休宁县板桥乡杨林湾村	第一批	2014年8月
	休宁县东临溪镇大阜村	第一批	2014年8月
	休宁县蓝田镇五陵村	第二批	2016年1月
	休宁县蓝田镇枧潭村	第二批	2016年1月
	休宁县五城镇月潭村	第二批	2016年1月
	休宁县溪口镇源头村	第二批	2016年1月
	休宁县东临溪镇大阜村	第二批	2016年1月
	休宁县商山镇双桥村	第二批	2016年1月
	休宁县榆树乡太塘村	第二批	2016年1月
	休宁县鹤城乡樟源里村	第二批	2016年1月

（续表）

所属地区	传统村落	批次	时间
黄山市黟县 （35个）	黟县宏村镇宏村	第一批	2014年8月
	黟县宏村镇卢村	第一批	2014年8月
	黟县宏村镇屏山村	第一批	2014年8月
	黟县碧阳镇关麓村	第一批	2014年8月
	黟县碧阳镇南屏村	第一批	2014年8月
	黟县西递镇西递村	第一批	2014年8月
	黟县碧阳镇碧山村	第一批	2014年8月
	黟县碧阳镇古筑村	第一批	2014年8月
	黟县碧阳镇古黄村	第一批	2014年8月
	黟县碧阳镇石亭村	第一批	2014年8月
	黟县碧阳镇马道村麻田街	第一批	2014年8月
	黟县宏村镇塔川村	第一批	2014年8月
	黟县宏村镇秀里村	第一批	2014年8月
	黟县宏村镇下梓坑村	第一批	2014年8月
	黟县宏村镇龙川村	第一批	2014年8月
	黟县渔亭镇团结村	第一批	2014年8月
	黟县西递镇石印村珠坑	第一批	2014年8月
	黟县西递镇叶村村利源	第一批	2014年8月
	黟县柯村乡翠林村	第一批	2014年8月
	黟县柯村乡竹柯村	第一批	2014年8月
	黟县美溪乡美坑村	第一批	2014年8月
	黟县宏谭乡竹溪村	第一批	2014年8月
	黟县洪星乡同川村奕村	第一批	2014年8月
	黟县宏村镇朱村	第一批	2014年8月
	黟县宏村镇黄村口	第一批	2014年8月
	黟县宏村镇际村	第一批	2014年8月
	黟县碧阳镇赤岭村	第一批	2014年8月
	黟县碧阳镇横岗村	第一批	2014年8月
	黟县碧阳镇余光村	第一批	2014年8月
	黟县美溪乡兰湖村	第一批	2014年8月
	黟县宏村镇江村	第二批	2016年1月
	黟县宏村镇横断村	第二批	2016年1月
	黟县碧阳镇赤岭村	第二批	2016年1月

（续表）

所属地区	传统村落	批次	时间
黄山市黟县（35个）	黟县西递镇蔼峰上村	第二批	2016年1月
	黟县渔亭镇桃源村青岭山	第二批	2016年1月
黄山市祁门县（28个）	祁门县历口镇历溪村	第一批	2014年8月
	祁门县历口镇环砂村	第一批	2014年8月
	祁门县闪里镇坑口村	第一批	2014年8月
	祁门县金字牌镇洪村	第一批	2014年8月
	祁门县箬坑乡伦坑村	第一批	2014年8月
	祁门县芦溪乡芦溪村	第一批	2014年8月
	祁门县凫峰镇凫峰村土坑组	第一批	2014年8月
	祁门县溶口乡奇岭村	第一批	2014年8月
	祁门县新安乡洪家村	第一批	2014年8月
	祁门县新安乡珠林村	第一批	2014年8月
	祁门县渚口乡渚口村	第一批	2014年8月
	祁门县渚口乡大北村	第一批	2014年8月
	祁门县历口镇彭龙村	第一批	2014年8月
	祁门县历口镇武陵村	第一批	2014年8月
	祁门县芦溪乡芦溪村	第二批	2016年1月
	祁门县祁山镇六都村	第二批	2016年1月
	祁门县历口镇彭龙	第二批	2016年1月
	祁门县历口镇武陵村	第二批	2016年1月
	祁门县闪里镇桃源村	第二批	2016年1月
	祁门县闪里镇文堂自然村	第二批	2016年1月
	祁门县古溪乡黄龙村	第二批	2016年1月
	祁门县小路口镇双莲村	第二批	2016年1月
	祁门县柏溪乡柏溪村	第二批	2016年1月
	祁门县柏溪乡江叶自然村	第二批	2016年1月
	祁门县新安乡查源自然村	第二批	2016年1月
	祁门县新安乡高塘自然村	第二批	2016年1月
	祁门县新安乡洪家自然村	第二批	2016年1月
	祁门县新安乡珠林自然村	第二批	2016年1月
宣城市绩溪县（18个）	绩溪县瀛洲镇龙川村	第一批	2014年8月
	绩溪县瀛洲镇仁里村	第一批	2014年8月
	绩溪县家朋乡家朋村	第一批	2014年8月

（续表）

所属地区	传统村落	批次	时间
宣城市绩溪县 （18个）	绩溪县上庄镇上庄村	第一批	2014年8月
	绩溪县伏岭镇湖村	第一批	2014年8月
	绩溪县临溪镇孔灵村	第一批	2014年8月
	绩溪县家朋乡尚村	第二批	2016年1月
	绩溪县家朋乡霞水村	第二批	2016年1月
	绩溪县长安镇冯村	第二批	2016年1月
	绩溪县上庄镇石家村	第二批	2016年1月
	绩溪县上庄镇宅坦村	第二批	2016年1月
	绩溪县板桥头乡蜀马村	第二批	2016年1月
	绩溪县扬溪镇石门村	第二批	2016年1月
	绩溪县伏岭镇伏岭村	第二批	2016年1月
	绩溪县伏岭镇北村	第二批	2016年1月
	绩溪县伏岭镇胡家村	第二批	2016年1月
	绩溪县伏岭镇西川村	第二批	2016年1月
	绩溪县荆州乡上胡家村	第二批	2016年1月

第五节　皖南徽州地区代表性传统村落

一、西递村

（一）村落概况

西递村隶属于安徽省黄山市黟县西递镇。

西递村是一个古朴典雅、底蕴深厚的传统村落，坐落于黄山南麓，四面环山，三条溪流穿村而过（图3-19）。西递村东西长700米，南北宽300米，占地面积为12.96公顷。西递村素有"明清古民居博物馆""桃花源里人家"之称。清代诗人曹文埴作《西递》诗曰："青山云外深，白屋烟中出；双洞左右环，群木高下密。曲径弯如弓，连墙若比邻；自入桃源来，墟落此第一。"对西递田园诗画般的意境

图 3-19 西递村口（图片来源：黄山市政府网站）

作了生动的描绘。[1]

西递、宏村于 2000 年 11 月 30 日在第 24 届世界遗产委员会会议上正式被联合国教科文组织列入《世界文化遗产名录》。世界遗产委员会对西递的评价是：西递和宏村这两个传统的村落在很大程度上仍然保持着那些在 20 世纪已经消失或改变了的乡村的面貌。它们的街道规划、建筑物、装饰和供水系统完备的民居都是独一无二的遗存范例。[2]

（二）历史溯源

西递村始建于北宋皇祐年间（1049—1054 年），发展于明景泰年间，鼎盛于清朝初期，距今已有近千年的历史。

---

[1] 刘原平：《试析中国传统聚落中的生态观》，《山西建筑》2002 年第 07 期。
[2] 孙克勤编著《世界遗产学》，北京：旅游教育出版社，2008 年，第 63 页。

西递原名西川，因村中三条溪流由东向西穿村而过，故又称西溪。关于村名"西递"有两种说法：一种是据《新安名族志》载："其地罗峰高其前，阳尖障其后，石狮盘其北，天马霭其南，中有二水环绕，不之东而之西，故名西递。"[①] 另一种说法是，西递村西设有徽州府专门递送邮件的"铺递所"，西递之名由此得来。

西递村是一处胡姓聚族而居的传统村落，据西递胡氏宗谱记载："1047年，胡昌翼后代胡士良因公往金陵，途经西递，见此地群山环抱、风景秀丽、土质肥沃，遂举家从婺源考水迁至西递。定居西递程家里泽山坡上，后迁居山下，形成了西递建村的雏形"。[②]

明成化元年（1465年）以后，西递胡氏祖先跻身于徽商行列，迅速积累大量财富，并在经商成功后，在村中大量兴建住宅、祠堂、牌坊，为村落居住环境空间的稳定及发展奠定了基础。经商最为成功的是胡氏24世祖胡贯，字贯三，曾经营36家典当行和20余家铺庄，遍及长江下游各大商埠，财力居江南第6位、在西递建有祠堂（追慕堂）和宅第数处，胡贯三不仅经济实力雄厚，而且与大学士曹振镛（歙县人）结为亲家。明代中期以后，西递人口大增，西递胡氏发展到"九房""四家"两大系，各个小聚落也渐次融入胡姓大聚落，"三千烟灶三千丁"是聚落兴旺发达的形象描述。西递有史记载的28座祠堂中，有19座建于这一时期。其中，第十四世祖仕亨公建于明天启年间的敬爱堂总祠，规模宏大，供奉从始祖昌翼公至十三世祖历代神主牌位。此时西递聚落的总体格局基本完成，包括聚落街巷结构、公共建筑、众多宅居、穿村而过的双溪、西递水口。此后四五百年，聚落虽然几经演变，西递仍然村落结构完整，风貌犹存。

西递胡氏"亦儒亦商"，以商养学、以学入仕、以仕保商，并形成了良性循环，17世纪中叶以后，西递胡氏开始进入官场，西递发展得以进一步加快。清道光年间，西递进入鼎盛时期，全村共有600座华丽的宅院、两条大街、99条深巷、800户烟灶、90多口水井、人口近万。

---

① 戴廷明，程尚宽著《新安名族志》，合肥：黄山书社，2004年，第315页。
② 郑君芝，郑甲求，王昭：《徽州西递古村落居住环境的构成特点》《西安工程大学学报》2012年第06期。

（三）村落选址与布局

西递村为山峦丘陵环抱，东为杨梅岭，南为陆公山、西为帮公山，北为松树山。村内三条溪流均发源于北部山麓，后边溪源于松树山，前边溪源于儿都岭，金溪源于冬生坞，三条溪流或穿村而过，或绕村而流。前边溪、后边溪交汇于双溪口之会源桥，西流出村，于村口梧庚桥与金溪汇合，称为西溪。西溪继续西行，流过长演岭注入漳水（石山河）。长演岭脚下有古驿站，名曰"西递铺"，是古代黟渔、黟西两道必经之处。[①]

西递村是遵循周易风水理论而建的典型徽州村落，依山傍水，其四面环山，两条溪流从村北、村东经过村落在村南会源桥汇聚（图3-20）。西递的建造充分考虑了阳光空气、山脉水系、风力风向、温度湿度等诸多的环境条件，村落的整体轮廓与周围的环境和谐统一。从高处俯瞰，整个村落的形状就像一艘扬帆起航的大船，"村势舟航似，高高建两桅"，鳞次栉比的古民居建筑群组成了整个船身，村前的胡文光牌坊就像是它的风帆，村西头的银杏古树恰似船的桅杆。村落西侧1.5千米的两山夹峙处，建立了风水水口园林和书院建筑，现为会源中学。[②]

西递村以正街、横路街、前边溪街、后边溪街四条正街为主要骨架，形成了东向为主、向南北延伸的村落街巷系统，还有多条小巷辐射全村。巷道和建筑的设计布局非常协调，村落空间变化

图3-20　西递临水而建的徽派民居
（图片来源：中国民族建筑网）

[①] 王南，孙广懿，叶晶，等编著《安徽古建筑地图》，北京：清华大学出版社，2015年版，第53页。
[②] 郑君芝，郑甲求，王昭:《徽州西递古村落居住环境的构成特点》，《西安工程大学学报》2012年第06期。

灵活。整个村落以敬爱堂和追慕堂为全村布局的中心，以沿前边溪、后边溪、金溪跨三溪沿溪水两岸进行建设，整体呈带状分布。所有街巷均以黟县青石铺地，道路两侧均砌有排水明沟，古建筑多为木结构、砖墙为主，木雕、石雕、砖雕丰富多彩。在敬爱堂、追慕堂、胡文光刺史牌楼前均设有公共的广场空间。西递村空间变化错落有致而富有韵味，99条高墙深巷使人如置身迷宫。琳琅满目的牌匾楹联、风格独特的私家园林和伫立村口的石牌楼，组成了西递韵味独特的村落风貌。

（四）村落建筑与空间营造

西递村建筑色调朴素淡雅，是中国徽派建筑艺术的典型代表。村落历经数百年社会动荡和风雨侵袭，虽半数以上的古民居、祠堂、书院、牌坊已毁，但仍保留下数百幢古民居，从整体上保留下明清村落的基本面貌和特征。西递村现有明清时期的祠堂3座，牌坊1座，古民居124幢，被誉为"中国传统文化的缩影""中国明清民居博物馆"。

西递村主要建筑包括胡文光牌坊、敬爱堂、履福堂、大夫第、西园、东园、桃李园等，建筑错落有致，石雕、砖雕、木雕点缀其间，都堪称徽派古民居建筑艺术

图3-21 西递（图片来源：黄山市委宣传部）

之典范。无论是石雕的奇花异卉、飞禽走兽，砖雕的楼台亭阁、人物戏文，还是色彩斑斓的彩绘和壁画、精美的木雕，都体现了中国古代艺术的精华。其"布局之工，结构之巧，装饰之美，营造之精，文化内涵之深"，为国内古民居建筑群所罕见，是徽派民居中的明珠（图3-21至图3-23）。

图3-22　西递村绣楼

（图片来源：中国民族建筑网）

图3-23　西递村走马楼

（图片来源：中国民族建筑网）

1. 胡文光牌坊

西递村头的胡文光牌坊，俗称"西递牌楼"（图3-24），为明万历六年（1578年）明神宗恩准敕建，是胡氏家族地位显赫的象征，曾于清乾隆、咸丰年间修葺。明代西递人胡文光（1521—1593年）为登嘉靖乙卯科进士，先后任江西万载县知县、胶州刺史、荆王府长史，授四品朝列大夫，有"奉直大夫""朝列大夫"衔，被誉为"荆藩首相"。为表彰胡文光为官32年的卓著政绩，明神宗恩准胡文光在家乡建造一座功德牌坊以光宗耀祖，然而清贫的胡文光只带着圣旨两袖清风回乡，后来西递胡氏族人捐款为这位清官建造了这座牌坊。胡文光牌坊高12.3米，宽9.95米，为三间四柱五楼单体仿木石雕牌坊，通体采用质地坚实、纹理细腻的"黟县青"大理石雕筑而成，整个牌坊上下用典型的徽派特色的浮雕、透雕、圆雕等工艺装饰出各种图案，每一处图案都蕴含有寓意。牌坊造型庄重、典雅，石刻技艺出众，堪称明代徽派石坊的代表作。西递村原有13座牌坊排列村口，气势恢弘，可惜在"文革"中12座牌坊被毁，唯有胡文光牌坊幸存下来。

图3-24 西递村胡文光牌坊（图片来源：中国民族建筑网）

2. 敬爱堂

图3-25 敬爱堂（图片来源：黟县旅游局）

西递原先有30多座宗祠，经过数百年的历史变迁至今保存完好只有4座，其中最有名的便是胡氏宗祠——敬爱堂（图3-25）。

敬爱堂位于西递村中央，始建于明万历二十八年（1600年），原为明经胡氏14世祖仕亨公的享堂，建筑面积1 800余平方米，距今已有400余年。敬爱堂后毁于火，明末重建，清初落成，因胡氏子孙繁衍渐趋旺盛，遂扩建为宗祠。取"敬爱"为初名，喻义为后人须敬老爱幼，标示族人应互敬互爱。敬爱堂落成后，一直是族人商议大事之所，凡族中有婚嫁喜庆之事，均在此祠举行仪式，而对于族中不肖子孙的罚责，也是在此祠中举行家法的。敬爱堂结构粗犷古朴，宏伟庄严，步入中门后，为祭祀大厅，大厅分为上庭和下庭，开有大型"四水归堂"的天井，左右分设东西两庑，配以高达6米、挺拔气派的"黟县青"大理石方柱。上庭的后面为楼式建筑的供奉厅，是供奉列祖列宗神位的所在。[①] 敬爱堂上庭对面的门楼横梁上方，悬挂着一块3米见方的大牌匾，上方一个笔力遒劲、功力深厚的大"孝"字，据说是南宋大理学家朱熹所书。当年他

---

① 王星明，罗刚著《桃花源里人家：徽州古村落》，沈阳：辽宁人民出版社，第82-83页。

曾写了"孝、节、忠、廉"四个大字，悬挂于堂内，但后毁于"文革"，令人痛惜。只因有一位村民将"孝"字匾拿回家中作粮仓盖，才保留至今。细看此字，字中有画，画中有字。上部如同一个半身人形，呈弓形抬头、双手作揖敬奉之状；上部反面则是一个猴子的嘴脸。寓意不敬不孝之人如同未进化的猴子。20世纪90年代，敬爱堂经重新修葺后，已辟为"西递民俗展览馆"。

3. 履福堂

在西递众多古民居中，名气最大的莫过于位于"司城第弄"内的履福堂。履福堂建于清康熙年间，是清代大收藏家胡积堂的故居，距今310余年。据胡氏《五世传知录》载，胡积堂收藏有宋元至清的书画精品数以千计，有不少至今仍保存在故宫博物院。

履福堂是一座前后背向三间三楼结构的古民居，高大宽敞、古朴典雅，充满书香气息，屋内厅堂摆设别具一格。前厅大堂上，悬有一幅大幅的"松鹤延年"中堂画轴，上方高悬斗大的"履福堂"大字楷书，两侧有两对泥金木制的楹联，分别题有"世事让三分天宽地阔，心田存一点子种孙耕""几百年人家无非积善，第一等好事只是读书"的古训。太师壁前的长条案上摆设有瓷帽筒、自鸣钟和"东瓶（平）西镜（静）"，显得庄重大方。其中"东瓶西镜"的设计，是徽州人一种心态的反映，希望家人外出经商为官平平安安，风平浪静。后三进为倒三间建筑，太师壁与前厅太师壁紧靠，天井两旁各有12扇门扉，上雕鲜花香草、飞禽走兽等图案，在每扇门的中段，各雕有一则孝义的故事，合起来恰是一幅完整的《二十四孝故事图》。①

4. 大夫第

大夫第建于清康熙三十年（1691年），为道光年间四品官胡文照的祖居，是村中另一代表性古民居。胡文照是一位具有进步思想的文士，他因看透了清王朝的腐败无能而辞官还乡，长居西递。大夫第大门上首嵌砌砖雕"大夫第"三字。正厅堂额为"大雅堂"，天井四周裙板格扇均为木雕冰梅图案，取"十年寒窗"之意。大

---

① 王星明，罗刚著《桃花源里人家：徽州古村落》，沈阳：辽宁人民出版社，第100-102页。

夫第为临街亭阁式建筑，原用于观景。门额下有"作退一步想"的题字，语意警醒，耐人寻味。

5. 西园、东园和桃李园

西园建于清道光四年（1824年），原为河南开封知府胡文照故居，是一所较为典型的园林式建筑。院落大门为砖砌的八字门楼，古朴典雅，气度非凡。园内一个狭长的庭园将3个三间单元的楼房连为一体。而庭院又被嵌有大漏窗的砖墙分隔成前、中、后三园，有拱券门洞相通，使得各个宅院既为分开的独体，又完整地相连。园墙之上有砖雕的漏窗，使得整个庭园的景致处在"隔与不隔，界与未界"之间，透过漏窗可以隐约看到后面的景物，这也为庭院增添了幽深的层次美感。① 东园建于清雍正二年（1724年），原为胡文照的祖居，包括正厅、前厅和京厅三进厅堂。

桃李园是清朝秀才胡允明所建的一处私塾，建于清咸丰四年（1854年）。桃李园占地面积294平方米，为三间三进二楼结构。前、中、后三进可以作为3个不同层次学生的学习场所。前厅北向三间，木雕楼裙嵌着"福、禄、寿、喜"四个大字，别致风雅。中厅楼上置一木拱相围的"楼上井"，这一独特的设计在徽派古民居建筑中很少见。中厅通向后厅的堂墙门洞上，石刻有清初书法家黟县人汪士道题写的"桃花源里人家"。后厅左右两侧的板壁上各装有6块木雕屏门，为漆雕的欧阳修《醉翁亭记》全文，出自书法家黄元治手笔。

（五）西递胡氏宗族

据清道光年间《西递明经胡氏壬派宗谱》记载，西递明经胡氏始祖明经公，讳昌翼，字宏远，本为唐昭宗李晔之子。唐天祐元年（904年），朱温企图篡位，胁迫唐昭宗从长安迁都洛阳，途经陕县时皇后何氏诞下一男婴，"护以御衣，侑以宝玩，匿讳民间"，时值新安婺源人胡三公宦游长安，匿之以归，为其取名昌翼，将其抚养长大。后唐同光三年（925年），胡昌翼以明经科登第，所以后人尊称他为明经公，"明经胡氏"由此得名。胡昌翼得知自己身世后，决定终身不仕，隐居婺

---

① 曹上秋，周国宝著《中国古建筑之旅：徽州山水村落》，南京：江苏科学技术出版社，2013年，第54页。

源考水。胡昌翼倡明经学,为世儒宗,著有《易经传注》三卷、《周易解微》三卷和《易经摘疑》一卷。① 唐朝灭亡后,明经公举族改姓胡,建婺源胡姓聚落。为报答胡三救命之恩,胡昌翼留下家训不得复宗,即不得改回李姓。西递村中仍然有一座家祠——追慕堂,建于清乾隆五十九年(1794年),供奉着唐太宗李世民的塑像,用以追思慕念胡氏先祖,使后人勿忘李胡渊源。

北宋庆历七年(1047年),其始祖昌翼公之第九支五世祖胡士良在前往金陵的途中,相中西递是一块风水宝地,遂举家迁往西递,成为胡氏家族在西递的始祖。②

西递发展格局体现了村落宗族关系发展的脉络。胡氏家族迁移到西递后,人丁一直不是很兴旺。据西递《胡氏宗谱》记载,胡氏家族第十二世祖愚四公开始结束了一代独子单传的局面,到了16代就出现了"九房头"(9个儿子),在这九房中,四房和后七、八、九三房分别迁出西递去别处定居,留在西递的其他房族叔侄组合形成了四个支系,即"大小四家",每房头划地而居,环连成片,构成了西递村落发展的大致脉络。留在西递的"四家"逐渐由程家里泽上往村西村北迁移,形成了以支祠为中心的组团式居住格局。据统计,西递村从明嘉靖四十四年(1565年)胡文光出任江西万载县知县到清道光六年(1826年),这261年间胡氏家族出了130多名官吏,是胡氏家族发展的鼎盛时期。目前,西递村有居民300余户,1 000余人。

西递明经胡氏始祖胡昌翼立下的家训:"义祖人于始祖,儿孙不得复宗。改姓(李改胡)不改郡(陇西郡)。读书起家之本,勤俭治家之源,和顺齐家之风,谨慎保家之气,忠孝传家之方……"距今已有1 000余年,仍然还挂在胡氏宗祠敬爱堂内教化后人。此外,西递明经胡氏创造出了独具特色、大放异彩的楹联文化、格言文化、漏窗文化、题额文化等,这些都是对西递胡氏家训更好的传承和发扬。③

---

① 王南,孙广懿,叶晶,等编著《安徽古建筑地图》,北京:清华大学出版社,2015年,第53—54页。
② 吴庆洲:《船文化与中国传统建筑(上)》,《中国名城》2011年第01期。
③ 黄山市委宣传部:《黟县西递胡氏家训:第一等好事只是读书》,黄山文明网,2017年08月23日。

在浓郁的徽州文化氛围中，西递人最崇尚的还是读书。西递履福堂有一副楹联说出了他们的心里话："几百年人家无非积善，第一等好事只是读书。"在胡氏族规中要求：胡氏子弟不分贫富都必须读书，如有困难，本房头应在族田收入中予以资助。不论入仕为官还是从商经营，都要把文化列为首位，把"孝悌忠信，礼仪廉耻"作为做人的终生标准。

胡氏宗族除了教育训诫子孙外，最重要的是祭祀祖先。以前胡氏宗祠的祭祀活动非常庄严隆重，正月初五，胡氏支丁（包括迁往外地外村的胡氏十六岁男孩）全部集中到本始堂，由族长带领祭祖。正月初五，祭祀义祖胡三（名清）公；正月初七，在本始堂祭祀明经胡氏始祖昌翼公；正月初九，祭祀明经胡氏西递壬派始祖士良公；正月十三，明经胡氏各房头选派支丁代表，由房长率领集中到七哲祠祭祀宋元时期明经胡氏胡怀谷等七位经学名家。随着时代变迁，民俗风情也逐渐变化，自1901年开始，西递村的祭祖活动一年三次，即清明节上坟扫墓、农历七月十五和腊月二十四"小年"拜祖宗。

（六）所获荣誉

2000年11月，西递在第24届世界遗产委员会会议上正式被联合国教科文组织列入《世界文化遗产名录》。

2001年6月，西递村古建筑群被国务院公布为第五批国家重点文物保护单位。

2003年10月，西递村被建设部、国家文物局公布为第一批中国历史文化名村。

2011年5月，西递被全国旅游质量评定委员会评为国家5A级旅游景区。

2012年12月，西递村被列入第一批中国传统村落名录。

2014年8月，西递村被列入安徽省第一批省级传统村落名录。

二、宏　村

（一）村落概况

宏村隶属于安徽省黄山市黟县宏村镇（图3-26，图3-27）。

宏村位于黄山西南麓，黟县东北部，距县城11千米。整个村落背倚黄山余脉

图3-26 宏村村口（图片来源：黄山市政府网站）

图3-27 宏村夕阳（图片来源：中国民族建筑网）

雷岗山，地势较高，常常云蒸霞蔚，恰似山水长卷，融自然景观和人文景观为一体，"山深人不觉，全村同在画中居"，被誉为"中国画里的乡村""奇特的牛形村落""东方古代建筑艺术宝库"等。

世界遗产委员会评价宏村、西递这两个传统村落"在很大程度上仍然保持着那些在20世纪已经消失或改变了的乡村的面貌。它们的街道规划、建筑物、装饰和供水系统完备的民居都是独一无二的遗存范例。"[①]

（二）历史溯源

宏村，古称弘村，南宋绍兴元年（1131年），唐初越国公汪华的后裔、宏村始祖汪彦济因遭火灾之患，举家从黟县奇墅村沿溪河而上，在"幽谷茂林、蹊径茅塞"的雷岗山之阳建楼房十三间为宅，取名弘村。

东汉末年，汪氏宗族三十一世祖（江南始祖）于首迁浙江绍兴，至五十五世祖于唐朝末年迁入歙县唐模，至六十一世祖于宋朝初年迁入黟县祈墅村。南宋绍兴元年（1131年），六十六世祖（即宏村始祖汪彦济）遇大火举家迁往"幽谷茂林、蹊径茅塞"的雷岗之阳建楼屋4幢共计13间，"取扩而成太乙象，故美其曰弘村"。清乾隆二年（1737年）为避弘历名讳而更名宏村。

南宋德祐二年（1276年），爆发特大山洪，横亘雷岗之前的西溪改道向南，雷岗山下一片平坦，成为一块北枕雷岗、三面环水、南屏吉阳山的风水宝地。至七十七世时，汪氏已成为九房大族，雷岗山"十三间楼"早已无法容纳，汪氏宗族计划在雷岗山下营建村落。

明永乐元年（1403年），族中长辈从休宁县请来著名风水师何可达为村落建设出谋划策，"乃遍阅山川，详审脉络，援笔立记曰：引西溪以凿圳绕村屋，其长川沟形九曲，流经十湾，坎水横注丙地，午曜前吐土官。自西自东，水涤肺腑，共夸锦绣蹁跹；乃左乃右，峰倒池塘，定主科甲，延绵万亿子孙，千家火烟，于兹肯构"。

明永乐三年（1405年）宏村人在七十六世祖思齐公夫妇带领下动工开凿宏村水系，将村中心的天然泉眼扩成"月沼"，并挖水圳引西溪水入村，流入月沼之中，月沼面积约1 200平方米，周长137米，水深0.8~1米（图3-28）。明永乐十七年

[①] 孙克勤编著《世界遗产学》，北京：旅游教育出版社，2008年，第63页。

（1419年），宏村以月沼为中心的水系建成，同时又在月沼北面建起宏村的第一座汪家总祠堂——乐叙堂，取"万事和乐，秩序为重"之寓意。自此宏村以月沼和乐叙堂为中心，以水圳为纽带，逐步完善村中的道路系统、宗祠支祠、民居、店铺和公共设施，《宏村汪氏家谱》记载："自元而明，渐成村墟。"（图3-29）

图3-28　宏村月沼（陈叶摄）

图3-29　宏村月沼和汪氏宗祠（陈叶摄）

至明万历年间，宏村已是人丁兴旺，房屋密集修建，而150年前开凿扩建的月沼、水圳已明显不能满足需求。明万历三十五年（1607年），在八十一世祖奎光公等17人共同主持下，家族中"有田者以田作价，无田者出银工，历经三年建成南湖"（图3-30）。南湖面积达18 000多平方米，周长833米，水深0.8~1.1米。南湖既可贮备充足的水量，又具有强大的调控作用。其湖底标高高于西溪及村南的农田，在西部和南部各设有几个可供开启的出水口，分别负责向西溪排水泄洪及灌溉村南的农田。关闭拦河坝处的水闸并打开南湖底部的出水口，村内的沟渠池塘可以全部排空，便于对水系进行清淤或维护。自此宏村卓越的水系建设才完全建成。

清嘉庆十九年（1814年），在南湖北岸建成南湖书院，占地约4 500平方

图3-30　宏村南湖（陈叶摄）

米,成为宏村第一大公共建筑。《宏村汪氏家谱》记载,至清乾隆嘉庆年间,宏村已是"烟火千家,栋宇鳞次,森然一大都会矣"。

清咸丰年间,黟县县城被太平军攻占,宏村受到牵连,村内被焚房屋不计其数。清道光十二年(1832年)清廷改行票法后,徽商丧失了世袭的行盐专利权,村落亦随之衰落。[①]

(三)村落选址与布局

宏村地处黄山西南麓,北倚黄山余脉雷岗山,南临新安江源流之一的虞山溪(西溪),东有东山,西邻龟山,南望吉阳山,为典型的"太师椅"式格局。整个村落坐北朝南,处于山水环抱之间,构成了一个枕山、面水,符合中国传统风水学理论的理想人居环境,十分符合中国传统风水理论所要求的藏风聚气、负阴抱阳之说。

《宏村汪氏家谱》记载,早在汪氏六十一世祖什雅公居黟县祈墅村时,就曾留言家人:"形胜应在雷岗之阳,后必福禄绵永";宏村始迁祖彦济公"博极群书,精于堪舆",一举将村落迁往雷岗之阳,为宏村奠基。而西溪改道后村南地势开阔,成为"北枕雷岗、三面环水、南屏吉阳山"的绝佳选址。在此基址上,经由风水师何可达的规划,引西溪水入村,并形成村落中心月沼,后又加辟南湖,村南部的吉阳山和东山则把住"水口",遂成宏村完美的山水格局。

宏村的选址加上本身的布局,构成美不胜收的景致,汪氏家谱记有"宏村八景",清代文人汪承恩也曾题有"宏村八景诗"。"宏村八景"是以西湖十景为范本,结合宏村山水佳致与村落景胜形成的,分别为西溪雪霁、石濑夕阳、月沼风荷、雷岗秋月、南湖春晓、东山松涛、黄雉秋色、梓路钟声。

宏村的一大特色是它的布局采用仿生学的"牛"形结构,有"山为牛首树为角,屋为牛身桥为脚,圳为牛肠塘为胃"的说法,被誉为当今世界文化遗产的一大奇迹。南湖建成以后,人们又在西溪上架起4座桥梁,此时牛的图腾呼之欲出,一座独一无二的"牛形村落"便从此诞生。从空中鸟瞰,整个村落就像一头悠闲的水

[①] 王南,孙广懿,叶晶,等编著《安徽古建筑地图》,北京:清华大学出版社,2015年,第34页。

牛静卧在青山绿水之中，巍峨的雷岗山是其牛首，村口的一株古银杏树和一株古红杨树是其牛角，4座石墩木板古桥为牛脚，月沼为牛胃，蜿蜒的人工水圳为牛肠，南湖为牛肚，东西错落有致的民居便是宏大的牛身。这种别出心裁的水系设计，不仅方便了村民用水，解决了消防用水，还调节了气温，创造了一种"浣汲未妨溪路远，家家门巷有清泉"①的良好环境。宏村"牛形村落"的建成，是宏村人800多年来成年累月地与大自然交往，而逐渐形成的深厚的文化积淀。它的形成是丰厚的、复杂的，其中不乏有文化思想和宗族观念，同时更有农耕民族对牛的崇拜和依赖。

宏村水系的规划奠定了宏村的基本结构，村子的主要道路亦沿着水系修建。水系建成之后，村落继续向南发展，其建设很可能遵循了填空式的发展模式，即在水系形成的骨架内逐步修建住宅及其他居住建筑。根据何可达的设计，村民先把村中那口仅有的小泉窟，开掘成一个宽阔的水塘，按照"花开则落，月满则亏"的说法，将水塘开掘成半月形，取"花未开、月未圆"之意，称为"月沼"。然后村民从山前的那条溪水上游，引出向西流的活水，南转东出，在各家各户门前经过，再经过月沼，最后流回溪水下游。这就形成了弯弯曲曲流过每家门口的水渠。村民们利用天然的地势落差，使水渠中水流始终保持活性，同时在上游设置水闸，控制水的流量，这样，水渠之水就能长年不枯。南湖、月沼水面和穿村过户的人工水圳所组成人工水系，与村落百余幢古建筑形成一个特色鲜明的水村空间。联合国教科文组织的评价是："皖南古村落的建筑及街道布局上体现了中国相当长的一段历史时期中社会、经济的发展情况。它们的街道布局、建筑和装饰、整体房屋及上下水系系统都是独一无二的。"以月沼为中心，四周环以民居、祠堂建筑，村内街巷多依随水圳流向而建，采用石板铺地，形成类似方格网状的街巷系统（图3-31）。

---

① 出自清末诗人胡成浚《宏村口占》："何事就此卜邻居，花月南湖画不及。浣汲未妨溪路远，家家门巷有清泉。"

图3-31　宏村居民（图片来源：中国民族建筑网）

（四）村落建筑与空间营造

宏村占地约为19公顷，共有建筑420余幢，其中比较完好地保存了130余幢明清古建筑，宏村古建筑群是徽派建筑的典型代表，其布局之工、结构之巧、装饰之美、营造之精为世所罕见。建筑类型有住宅、祠堂、书院等，其中规模较大的古民居和祠堂主要集中在村落西侧的汪氏聚居区（图3-32，图3-33）。乐叙堂、南

图3-32　宏村建筑
（图片来源：中国民族建筑网）

图3-33　宏村德义堂
（图片来源：中国民族建筑网）

湖书院、承志堂和德义堂分别为宏村祠堂、书院、住宅和私家园林之代表，浓缩了徽州文化精华，凝聚了宏村的艺术魅力。

1. 乐叙堂

乐叙堂俗称众家厅，是宏村汪氏家族总祠，也是全村聚会的地方。其位于村中月沼北岸，与月沼组成宏村八景之一的"月沼风荷"。乐叙堂建于15世纪初明永乐年间，为宏村最古老的建筑，建筑规模宏大。前进门楼基本保持原貌，梁架具有典型的明代风格，仅堂院门楼面积就有74平方米，正堂大门为四柱三间五檐贴墙门楼，门楼皆用砖雕装饰，砖雕为双层满雕，工艺精湛，达到很高的艺术水准。厅堂内宏梁伟柱，气势轩昂。后部原为二层楼建筑，现已不复存在。[①] 乐叙堂主体建筑群为清代建筑，仅门屋为难得的明代遗存。

2. 南湖书院

明末，宏村人在南湖北岸建有6所私塾，称"依湖六院"。清嘉庆十九年（1814年），将依湖六院合并重建，占地面积6 000余平方米，取名以文家塾，亦名南湖书院，留存至今，为村中规模最宏大的建筑群（图3-34）。南湖书院门楼保存完好，原有"以文家塾"金色匾额，是清朝翰林院侍讲、大书法家梁同书93岁时所书。书院分东、中、西三部分。东部有三进：首进为门楼，楼里挂有横匾"南湖书院"和"以文家塾"；中进为先生讲学之学堂，名志道堂；后进是文昌阁，供奉孔子文位，新入书院的学子首先要在这里进行拜师仪式。中部有二进，前进为启蒙阁，是儿童启蒙教育之地；后进是会文阁，供学子阅鉴四书五经。西部是祇园和望湖楼，是供教书先生闲暇观景休息之地。南湖书院建院100多年来，为宏村培养出许多杰出人物，包括民国初年的国务总理兼财政总长汪大

图3-34 南湖书院

（图片来源：黟县旅游局）

---

① 陆红旗：《中国画里古村落——宏村》，北京：知识出版社，2002年，第101-102页。

燮，清末内阁中书汪康年、清代诗人汪乘恩和汪彤雯、亦儒亦商的徽商巨贾汪定贵等。

3. 承志堂

承志堂位于宏村上水圳终端，建于清咸丰五年（1855年），是清代大盐商汪定贵的住宅，也是村中最大的建筑群（图3-35）。承志堂占地面积2 100平方米，建筑面积3 000余平方米，是一座保存完整的民居建筑。全宅共有9个天井，大小房间60余间，木柱136根，大小门窗60个。气势恢宏，堪称是徽州建筑中的佳作，被专家们誉为"民间的故宫"。全宅有内院、外院、前堂、后堂、东厢、西厢、书房、鱼塘、厨房以及马厩等，另外还设有玩麻将的排山阁，吸食鸦片的吞云轩以及保镖房、男女佣人房以及花园等，囊括了徽州古代民居所有功能。承志堂整座建筑为木架构，内部由砖、石、木装饰而成，富丽堂皇，尽显奢华。承志堂堪称一所徽派木雕工艺陈列馆，各种木雕层次丰富，繁复生动，经过百余年时光的消磨，至今仍金碧辉煌。全宅有木柱136根，木柱和额枋间均有雕刻，造型富丽，工艺精湛，题材有"渔樵耕读""三国演义戏文""百子闹元宵""郭子仪拜寿""唐肃宗宴客图"等。据传，汪定贵修建承志堂，花费了白银60万两，仅木雕一项就雇佣20多位木匠，整整工作4年才完工，光是用于雕镂贴金，就用去黄金百两之多。

图3-35　宏村承志堂
（图片来源：黄山市政府网站）

宏村普通民居，以正街为中心，层楼叠院，街巷蜿蜒曲折，路面用一色青石板铺成。两旁民居大多为二进院落，前有庭院，辟有鱼池、花园，池边多设有栏杆。

4. 红白古树

宏村村口有两棵500年树龄的大树，是宏村的"风水树"，即这座牛形村落的"牛角"。北侧的一棵是古枫杨，当地人叫红杨树，高19米，围6米，四五个人才能合抱，树冠形状像一把巨伞；南侧的一棵是银杏树，当地人叫白果树，高20米，形如利剑，直刺天空，因为500岁的银杏非常稀有，所以被称为村口"瑰宝"。按照宏村过去的风俗，村民办喜事，新娘的花轿要绕着红杨树转个大圈，寓意新人百年好合，洪福齐天；高寿老翁辞世办丧事，要抬着寿棺绕着白果树转个大圈，寓意子孙满堂，高福高寿。

（五）汪氏宗族

宏村汪氏是名门望族，据《宏村汪氏家谱》记载：宏村汪氏宗族乃春秋战国时期山东鲁成公次子颖川侯之后裔。有史料记载他们都是唐朝名臣汪华的后裔。汪华（586—649年）是隋末唐初地方自治首领、唐代名臣。隋末天下大乱，群雄并起，汪华审时度势后策划了一场兵变，推翻了歙州旧政官员，占领了全州。初战胜利后，汪华高举义旗，连克宣、杭、睦、婺、饶数州，所向披靡，大得民心。于是，他拥六州之地，自称吴王，颁布一系列使民休养生息的政策，使皖、浙、赣三省交界的这六州百姓得以在乱世安居乐业。唐武德四年（621年），汪华有感于唐朝的强盛和德政，于唐武德四年九月"奉表归唐"，被任命为歙州刺史，总管六州诸军事，并封为上柱国越国公。唐武德七年（624年），汪华奉召进京，任忠武将军待职。唐太宗征辽时，一度委任汪华为九宫留守。唐贞观二十三年（649年）汪华病逝于长安。汪华在天下大乱时保全了数州百姓生命，汪王庙也成为徽州地区常见的景观。

宏村汪氏宗族第一位步入仕途的是第十代汪辛，明永乐中"以才干举授山西运粮簿"历事3任。自汪辛后，汪氏家族渐兴。宏村汪氏鼎盛于清前期，此时的宏村，科第兴盛、仕宦辈出。据家谱和方志统计，中进士者4人，举人17人，五贡入仕的有32人。纵观宏村汪氏族人出仕者，大多任知县、县丞、训导、教谕、典史、主簿、主事、盐课提举等地方官员。在地方为官者多以民为本，造福百姓，振兴文教，维护稳定。[①]

总体来看，宏村汪氏宗族作为徽州的一大望族，经商起步早，且历世重商、重

[①] 钱国祥：《明清宏村汪氏家族与地方社会》，《安徽师范大学学报（人文社会科学版）》2008年第4期。

儒。至明清时期，受徽州重商之风的影响，宏村更是大贾迭现。他们凭借家族积聚的财富，鼓励族人读书应考，使得宏村汪氏族人科名不断，同时仍保持经商的传统。

宏村汪氏宗族和徽州其他名门望族一样，热心服务桑梓，对地方事务的参与已经成为一种长期的家族行为。参与人数众，涉及面广。宏村汪氏家族世代应举，科名甚众，出仕人数虽多，然官过知府者不多，其宗族势力之影响主要在地方。

（六）所获荣誉

2000年11月，宏村在第24届世界遗产委员会会议上正式被联合国教科文组织列入《世界文化遗产名录》。

2001年6月，宏村古建筑群被国务院公布为第五批国家重点文物保护单位。

2003年10月，宏村被建设部、国家文物局公布为第一批中国历史文化名村。

2011年5月，宏村被全国旅游质量评定委员会评为国家5A级旅游景区。

2012年12月，宏村被列入第一批中国传统村落名录。

2014年8月，宏村被列入安徽省第一批省级传统村落名录。

三、呈坎村

（一）村落概况

图3-36　呈坎古村布局图

（图片来源：中国民族建筑网）

呈坎村隶属于安徽省黄山市徽州区呈坎镇（图3-36）。

呈坎，位于黄山东南麓，新安江上游，四面环山，三面环水，地势高爽，与自然山水融为一体，处在"枕山、环水、面屏"的理想空间模式环境，无论是村落选址、建筑布局还是风水现象在皖南古村落中都具有典型性。

呈坎村至今仍保持了村落形态的完

整性，现拥有宋、元、明、清等历代古建筑130多处，保有数量众多、分布集中、类型丰富、文物价值甚高的明代建筑群。如果说西递是"清代民居博物馆"，那么呈坎就是当之无愧的"明代民居博物馆"。

（二）历史溯源

呈坎，古名龙溪，始建于东汉三国时期，距今已有1 800多年历史。

据《新安罗氏宗谱》载，唐末江西南昌府罗天真、罗天秩堂兄弟俩，"择地得歙西北四十里，地名龙溪，改名呈坎，盖地仰露曰呈，洼下曰坎。""山形交错，水色清澄，人情庞实，伦理端严。""有田可耕，有水可渔，脉祖黄山，五星朝拱，可开百世不迁之族。"因而认定这里是理想的人居环境，遂举家迁此"择地筑室而居焉"。①

随着罗姓兴旺，人口的增多，原先的住地不足以容纳。到了南宋末，前罗第七世祖罗天锡方始填滩建宅。至明初，呈坎村已初具规模。为适应发展之需，呈坎村在明弘治年间经历了一次大规模的改造，修堤筑坝使潨川河水由偏西南流改为正南流，至龙盘山脚，再向南远流，汇入丰乐河。还利用古河道开辟了穿街走巷的前街水圳和引村北柿坑水沿后街而流的后街水圳以及遍布全村的水井，从而形成柿坑、潨川河三面环抱呈坎村的态势和前面河、中间圳、后面沟、水井遍及全村的用水格局和消防用水体系，从而极大地改善了古村水环境，优化古村小气候和居住环境，还为古村提供了生产、生活、消防用水保障。明弘治年间，呈坎还兴建了规模宏大的前罗宗祠"文昌祠"和后罗宗祠"文献祠"。

（三）村落选址与布局

呈坎村四面皆山，东面灵金山，东南丰山，南面观音山，西南马鞍山，西靠葛山，西北龙山，北倚鲤王山，东北长春山（图3-37）。潨川河由北而南穿村而过，还有许多小溪汇聚其中。鸟瞰潨川河，宛如一条腾飞的巨龙，龙溪村、龙溪河皆由

---

① 转自罗来平：《呈坎——中国古代消防博物馆》，《合肥学院学报（社会科学版）》，2005年第02期。

图 3-37 呈坎村民居（图片来源：中国民族建筑网）

此得名。[①] 以河为界，犹如两把太师椅相扣，村落正好处在藏风聚水的最佳位置。村庄有众多的溪流河川交汇于此，有"九龙戏珠"之说。

呈坎的村落布局按照《易经》中"阴（坎）阳（呈）二气统一，天人合一"的八卦风水理论选址布局，村中三街九十九巷、宛如迷宫，是中国唯一一个按先天八卦图的布局建村的典范，也是现今发现皖南历史最悠久的八卦古村落。龙溪河呈"S"形自北向南穿村而过，形成八卦阴阳鱼的黑、白分界线（图3-38）。八条街巷以众川河为起点向村外发射，把整个村庄分割成大小八块，街巷相通，巷巷相通，中间99条小巷纵横相同通，将村子变成一个完整的九宫内八卦。村落周边矗立着八座大山，自然形成了天然八卦的八个方位，共同构成了内外八卦布局。人文八卦与天然

图 3-38 呈坎风水图（图片来源：中国民族建筑网）

---

① 罗来平：《呈坎——中国古代消防博物馆》，《合肥学院学报（社会科学版）》，2005年第02期。

八卦的巧妙融合，形成了一个风水意义上绝佳之地，使呈坎成为中国传统村落建设史上的一个传奇。

在村落布局上，呈坎二圳三街九十九巷，是其他村落所没有的格局。呈坎俗称"前面河、中间圳、后面沟"。呈坎村中两条水圳引众川河水穿街走巷，三条主干道串起99条巷弄，街街巷巷有水沟，门前有水不息地流过，既方便了村民的日常生活，还有消防上的考虑，更形象地传达了"聚水如聚财、纳四水于村中"的传统文化内涵。街巷曲曲弯弯，分不清东西南北，纵横交错，如迷宫一般。130多座宋、元、明、清的古建筑分布其中，马头墙高低错落，亭台楼阁各具特色。

（四）村落建筑与空间营造

呈坎的二圳三街九十九巷，汇集了不同建筑风格的亭、台、楼、阁、桥、井、祠、社及民居，精湛的工艺及巧夺天工的石雕、砖雕、木雕、彩绘将徽派古建筑艺术的古、大、美、雅体现得淋漓尽致，被中外专家和游人誉为"中国古建筑艺术博物馆"（图3-39）。

呈坎古村保存至今的明代建筑，虽遭大量破坏，但仍居皖南地区首位，而且类

图3-39 呈坎村景色（图片来源：中国民族建筑网）

型丰富，风格之独特，在全国都属独一无二，故有"呈坎民居甲天下""明代民居博物馆"之誉。全村现保存着明清建筑100余处，其中有罗东舒祠、长春社、罗润坤宅等国家和省级文物保护单位3处。呈坎现有宋、元建筑各一幢，宋建明修的长春社是徽州仅存的古代祭祀土地神的公共建筑；罗会泰宅为元代建筑，呈正方形，高大精美，宛如古堡。

1. 罗东舒祠（图3-40）

图3-40　呈坎村罗东舒祠
（图片来源：中国民族建筑网）

图3-41　罗东舒祠中的"宝纶阁"
（图片来源：呈坎景区提供）

呈坎前、后罗族祠堂始建于明代中叶。此时正是罗族官宦、商贾等名人辈出的鼎盛时期。家族的兴旺激起人们对祖先的敬仰，不仅文昌、秋隐两公后裔分别于明弘治戊午（1498年）建起前后罗总祠，各支内部和小分支也纷纷建立支祠。据粗略统计，前后罗族共有祠堂20多座。

呈坎的神秘还在于其建筑符号的多重隐喻功能。如罗东舒祠，前三进为仿山东孔庙格局，后一进宝纶阁（图3-41）为仿北京太和殿格局建制，故有"江南孔庙""江南太和殿"之美誉。[①]

罗东舒祠，全称"贞靖罗东舒先生祠"，是罗氏族人为供奉其先祖罗东舒先生而建造的，为国家重点文物保护单位。始建于明嘉靖年间（约1542年），后殿几层，因遇事中辍，70年后重新扩建，至明万历年间续建而成。罗东舒是

---

① 艾昕：《"江南第一村"——呈坎》，《中国地名》2016年第06期。

宋末元初的著名学者，他淡泊名利，隐居乡间，以耕作读书为乐，有"黄鲁直之才"和"欧阳永叔之贤"的美誉。

罗东舒祠坐西朝东，分前、中、后三进，5层山墙，层层升高，显得气势宏伟威武。第一进为仪门，仪门内是八丈见方的天井，天井两旁为廊庑。第二进为享堂，阔五开间、进深五间，宽敞宏大，可容纳千人，前方6根方石柱巍然耸立，石柱之后是24根圆木大柱，堂上正额垂挂着明代著名书法家董其昌手书的"彝伦攸叙"巨型匾额，匾长7米，宽3米，为国内古匾之最。第三进是寝殿，屋顶上立柱加盖一层阁楼，用以藏置历代恩纶（圣旨、诰命等），故名宝纶阁。是整个祠堂的主体和精华。相传主持续建此祠的罗应鹤，明万历间曾任监察御使和大理寺丞等职，深得明神宗宠信。宝纶阁为歇山顶式古建筑，宝纶阁分为上下两部分，下面是安放男性祖宗牌位的后寝大殿，上面是宝纶阁。寝殿由3个三开间构成，加上两头外置阁梯的各一间，共十一开间，仅比北京故宫太和殿小两开间，形制超出民间祠宇的规格。前檐有方石柱10根，72根大柱架起纵横交错的月梁、雀替，阁檐下高悬吴士鸿手书的"宝纶阁"匾额。登上32级木台阶，为呈坎村的最高点，可远眺黄山天都、莲花两峰烟云。宝纶阁以巧妙复杂的木结构、精致的雕刻、绚丽的彩绘，集明代阁堂装饰艺术之大成，融古、雅、大、美于一体，堪称皖南明代古建筑的典范。

2. 古社屋——历史悠久的长春社

长春社原建在村西南，于宋中兴年间迁建到前街南面，明嘉靖年间（1566年）重修，是古徽州地区仅存的社屋类公共建筑。1998年，长春社被公布为安徽省重点文物保护单位。长春社作为呈坎村村民祭祀神灵的共用建筑，建址原则是左祠右社，并与罗东舒祠南北呼应，又与村界的水口风物融为整体，构成呈坎水口的重要标志（图3-42）。

长春社是呈坎罗氏以及附近村落吴、胡等众姓祭祀土地神、五谷神的场所。

图3-42　呈坎水口

（图片来源：黄山市政府网站）

社虽与祠堂同属于封建社会里的上层建筑，不过与祠堂不同，它是以地域为单位，容纳各姓的。呈坎历史上有4处社屋，分别为永兴社、永隆社、长春社和朱村社，只有长春社保存至今。

长春社坐西朝东，规模宏大，形制规范，建筑工艺考究，庄重肃穆，表达了古人对祖先和神灵的崇敬和景仰。长春社通阔18.14米，进深31.57米，由门屋、正堂、后寝三部分组成，总面积1 100平方米，时为古徽州之最。现在长春社的主体建筑大部分为明代建造，后寝在清代时有所改建，门屋为新做。一条长方形青石路面通往门前，路面两边则以青砖铺面。门屋正面是木栅栏，内是中门与边门。正面门首悬挂"长春大社"的蓝底金字直匾，原为苏东坡所书，在"文革"期间被毁。大门的屋顶为五凤楼式，楼上的凤凰造型不一，翘首眺望，整体结构别致活泼。

呈坎村每年农历正月初七、正月十四、十五等日均要在此举行各种祭祀活动。正月初七的"春祈会"夜里，罗氏族人聚会于此举办"暖灯酒"宴会，在社屋内挂上各式花灯，异彩纷呈。正月十四、十五的"嬉菩萨"，四周村民都会聚集在长春社祭拜神，并将各寺院、道观的诸神请下祭坛，用轿头彩龙及灯烛抬着诸神出巡，俗称"抬阁"，并伴以舞龙观狮，唱社戏，热闹非凡。

3. 燕翼堂——古代民居消防典范

燕翼堂为明代初期建筑，距今已有近600年的历史，为"扬州八怪"之一罗聘的祖屋。清代同治年间，原房主家道衰落，将此宅转售于燕然王姓，始更名燕翼堂。

燕翼堂坐西朝东，占地面积180平方米，呈长方形，进深19米，面宽9.5米。它是一幢两进三开间三层楼建筑，由一条中轴线将两个"四合"迭叠组合而成的，前进为会客厅，后进为生活区。燕翼堂大门中开，由前至后依次是门厅、前进，后进及联结前、后进的左右厢廊。整座建筑气势恢宏，是中国古代罕见的高楼大厦。

燕翼堂被世界消防组织授予"世界古代消防奖"，具有很好的防火功能。燕翼堂广泛采用了"木结构不外露"的做法，即对外墙、大门、侧门、后门、窗户、地面、屋面进行全方位防火处理。主体建筑四周外墙厚34厘米，全部用明代青条砖砌筑；两面山墙为双"人"字形，"人"字形的两条腿采用博风板封闭檐口，使木房梁、柱不外露，两只脚采用马头形式高出屋面；前后两面外墙檐口采用叠砖封檐，不使屋檐口任何木结构外露，而且对门、窗的防火处理上已达到了很高的水平。[①]

4. 石柱厅

石柱厅为明代富商所建，占地面积有 600 平方米，是呈坎古民居中最大的一栋民宅。其实整幢建筑一根石柱也没有，据传，住宅一进中间两根木柱原来是石柱，后来风水先生看了，说民房不宜用石柱，因此把石柱和承善堂对调，但取名还是石柱厅。

石柱厅的门楼为宽大的木牌坊式结构，共 3 层，以显富豪。第一进是用来待客的厅堂，面积 700 平方米，柱高梁粗，几案宽大，气势非凡；第二进为住宅，除去天井、堂之外，占地面积不足 100 平方米，住房狭小，连楼梯间也设计成占地只有 4 平方米左右的旋转楼梯，与前进厅堂形成强烈的反差；第三进为 3 层楼阁，且高达 10 余米，在建造和施工上来说难度都是比较大的。该宅历史上曾培育出大学士罗守恒、清末留学生罗运松、大学生罗会炜，上海美专刘海粟的得意门生罗会煜、清末油商罗运机等。

5. 环秀桥和隆兴桥

呈坎众川河绕村而过，故而呈坎村桥多，其中著名的有元朝修建造型优美的环秀桥、明代修建的江南单孔跨度最大的石拱桥——隆兴桥。

环秀桥，始建于元代，是溪东街和前后街的主要通道，也是古代休宁通往许村、歙县的交通要道。该桥是一座五孔石桥，有两孔因河道拉直被淹，桥长 26.65 米，宽 3.85 米，高距水位 4.55 米，桥上有亭、亭中有座。元时，呈坎村有对青年夫妇，因家境贫穷，丈夫则别妻离乡，踏入商途，成为富商，却因心力交瘁，客死他乡，其妻秉承夫志，捐资建造了这座便民石桥，并以丈夫的名字命名。

隆兴桥，位于被喻为呈坎村第二水口的村南，桥身高出水面 8 米，宽 6.6 米，长 46.6 米，气势雄伟，是皖南地区最大的单孔桥。它是罗家十九世罗弥达在明弘治年间，捐资千万两黄金所建，取名隆兴桥，实则暗寓自己的生意兴隆发达。该桥清代重修。桥北建有都天庙，桥南建有隆兴观。

[①] 曹上秋，周国宝著《中国古建筑之旅：徽州山水村落》，南京：江苏科学技术出版社，2013 年，第 115 页。

（五）罗氏宗族

呈坎作为罗氏宗族的聚居之地，至今已有1 000多年的历史。呈坎罗氏始迁于唐末，崛起于南宋，鼎盛于明清。呈坎罗氏始祖罗天真、罗天秩为同一曾祖的堂兄弟俩。罗姓初迁时，文昌公罗天真定居于呈坎盆地的东南部（称上溪东、下溪东），为前罗族始祖；秋隐公罗天秩定居于盆地的西部（称后岗），为后罗族始祖。故呈坎有前罗、后罗的称谓。①

随着罗氏宗族的人丁兴旺，原先的住地不足以容纳。到了南宋末，前罗第七世祖罗天锡方始填滩建宅。至明初，呈坎村已初具规模。

呈坎罗氏宗族枝繁叶茂，人才辈出，成为古代歙县"八大家"之一。呈坎历史上科甲不断、英才辈出、人文荟萃。呈坎早在宋代就被著名理学家朱熹赞誉为："呈坎双贤里、江南第一村"。苏东坡在《罗氏族谱》题辞中有"文德武功名留简竹，理学真儒后先继续"的评说。②

呈坎罗氏宗族历史上曾出现过许多高官、隐士、高僧、巨贾、诗人、画家、史学家、制墨家、自然科学家，如后罗八世祖罗汝楫（岳飞案主审官），官至吏部尚书、龙图阁大学士，儿孙多官宦人家；前罗十世祖罗锐，三登亚选，儿孙多文人巨商；安徽省第一部地方《新安志》作者罗愿、元代国子监祭酒罗绮、明代都察院右佥都御史罗应鹤、制墨大家罗龙文、地理学家罗洪先、清代朝议大夫罗宏化、直奉人夫翰林罗廷梅、扬州八怪后起之秀罗聘、近现代钦点内阁中书孙中山秘书罗会坦、文物鉴赏家罗长铭、当代物理学家罗辽复等。呈坎以宋、元、明三个朝代最为鼎盛，仅明朝罗氏家族族谱记载在朝为官者就达110多人。其中，罗汝楫、罗愿、罗龙文、罗洪先、罗聘5人入选《中国名人大辞典》。此外，呈坎历史文化沉淀深厚，还是宋代理学家朱熹的祖居地，是徽州儒家文化圣地，至今仍保留着董其昌、林则徐等历代名人题写的牌匾30余块。

呈坎村现有居民700余户，人口近3 000人，其中75%为罗姓。

---

① 艾昕：《"江南第一村"——呈坎》，《中国地名》2016年第06期。
② 据《罗氏族谱》载，歙县"八大家"为槐塘程、呈坎罗、棠樾鲍、长林郑、山前汪、溪南吴、岩镇吕和叶有曹。

（六）所获荣誉

1995年5月，呈坎村被安徽省人民政府批准公布为省级历史文化保护区。

1996年11月，罗东舒祠被国务院公布为第四批国家重点文物保护单位。

2001年6月，呈坎村古建筑群被国务院公布为第五批国家重点文物保护单位。

2008年10月，呈坎村被被住房城乡建设部、国家文物局公布为第四批中国历史文化名村。

2012年12月，呈坎村被列入第一批中国传统村落名录。

2014年8月，呈坎村被列入安徽省第一批省级传统村落名录。

2014年11月，黄山市徽州区古徽州文化旅游区（徽州古城—牌坊群·鲍家花园—唐模—潜口民宅—呈坎）被授予5A级旅游景区称号。

四、唐模村

（一）村落概况

唐模村，原为歙县所辖，现隶属于安徽省黄山市徽州区潜口镇。

唐模村是一个集水口园林、徽派建筑、田园风光于一体的传统村落，村落整体

图3-43 唐模水街（图片来源：中国民族建筑网）

布局和水口园林的建造堪称皖南古村落之典范，被誉为"中国水口园林第一村"。檀干溪穿村而过，全村夹岸而居，村内以其千年古樟之茂、中街流水之美、"十桥九貌"之胜及"一村三翰林"之誉而闻名（图3-43）。

（二）历史溯源

唐模村始建于唐，培育于宋、元，盛于明、清，始称檀干。历史上因经济活跃、民风纯朴，被誉为"唐朝模范村"，是徽州历史悠久、人文积淀深厚的文明古村。唐模村的形成和命名，是古代的徽州人重视风水与忠君思想结合的产物，深深地烙上了传统文化的印记。

唐模村相传是唐朝越国公汪华的太曾祖父叔举创建的。923年，正值五代时期后唐建立，诸侯纷争，强盛的唐朝已不复存在。唐代越国公汪华后裔汪思立迁回故乡，起先居住在山泉寺。他用八卦相中了山泉寺对面的狮子山，而且那里有太曾祖父叔举种植的大片郁郁葱葱的银杏树，故认为在这里是理想的人居环境。故汪思立率儿孙迁到狮子山居住，成为唐模汪氏始祖。经过几代人的辛苦劳动，先后建立了中汪街、六家园、太子塘等建筑物，逐步形成了一个聚族而居的村落。汪氏子孙为表不忘唐朝对祖先的恩荣（指汪华归顺唐朝后被封为越国公，死后谥忠烈王），取忠君、忠主之意，决定按盛唐时的模式、风范和标准建立一个模范村庄，便改村名为"唐模"。至今村中还留存有唐朝皇帝册封汪华的圣旨和汪氏家族由植树选址而始的族谱。

（三）独特的水口园林

唐模水口建于村东，既有水口，又有园林，形成了古徽州独特的具有代表性的水口园林（图3-44）。檀干园为水口园林的主体部分，因周边遍植檀木而得名。

檀干溪和进村的古驿道穿园而过，河溪两岸数十株百年古树，浓荫蔽日，充分利用天然的湖山坡地，因地制宜，将山水、田野、村舍融于一体，形成独特的皖南古村落的水口园林风格。

唐模水口以桥、堰作为关锁，以亭、庙、坊作为镇物，以古树、花草作为背景。整个水口建筑构思独特，自然景观优美，并与徽派园林、江南水街共同构成了

图 3-44　唐模水口园林（唐模景区提供）

人性化的人居条件，体现了天人合一，人与自认和谐共存的生存理念。

"檀干园"选在唐模村口，利用造园时掘塘之土堆土为山，很少用石，在山上"桃堤种柳"，使檀干园达到"门楼知稼，廊庑连芸"的意境，又减少了人工造园的痕迹。同时，园内的景致与四周的百年古树以及森郁的气氛，形成"全村同在画中居"的绝妙画面（图 3-45）。

唐模水口以桥、堰作为关锁，以亭、庙、坊作为镇物，以古树、花草作为背景，这是古徽人在风水理论指导下经过千百年来精心营造而成的，反映了徽商在兴旺时期的环境意识和对物质及精神上的追求。整个水口建筑构思独特，自然景观优美，并与徽派园林、江南水街共同构成了人性化的人居条件，体现了天人合一，人与自然和谐共存的生存理念。檀干园是独特的水口园林建筑，把园林作为乡村规划的有机部分加以综合考虑，又运用诗人画家意境，其造园手法之高，艺术之妙，堪称徽派园林之典范。

园中有三潭印月、湖心亭、白堤、玉带桥等，所以有"小西湖"的美称。以玉带桥分外湖、内湖，形成"外西湖""内西湖"格局。过玉带桥便是镜亭。

图3-45 唐模村檀干园（图片来源：中国民族建筑网）

镜亭被誉为"小瀛洲"，是全园的中心，四面环水，结构精巧。亭外留有石砌平台。亭柱有楹联曰："春桃露春浓，荷云夏净，桂风秋馥，梅雪冬妍，地僻历俱忘，四序且凭花事告；看紫霞西耸，飞布东横，天马南驰，灵金北倚，山深人不觉，全村同在画中居。"全联格律谨严，意境高远，恰如其分地写出了"小西湖"的四时美景、山形地貌。亭内四壁用大理石建筑，上嵌历代名家书法长刻。亭内四壁用大理石建筑，上嵌历代名家书法长刻石18块。当中6块大理石较短，刻朱熹、苏轼、倪云路、赵孟頫、文徵明、查士标6人的行草。旁边12块大理石较长，刻米芾、蔡襄、黄庭坚、董其昌、祝允明、罗洪先、罗牧、程京萼、陈亦禧、八大山人的行草书和陆岳的篆刻等，石质细腻，石刻精美，铁画银钩，龙蛇隐壁，气势恢宏。一室之内竟珍藏历代书法大家世擘之精品如此之多，简直像一个书法珍品的博物馆，可见徽商经济的繁荣和由此带来的文化昌盛。据悉"文革"时期，此亭被作为牛栏，才使这些无价之宝幸免于难。

（四）村落建筑与空间营造

唐模村现存安徽省级文物保护单位4处，清代祠堂4处，清代民居100多幢以及水街、古桥等历史人文景观，千年古银杏树、400年的香樟树等古树名木。

1. 许氏宗祠

唐模村的许氏宗祠，被称为"徽歙祠堂的典型"。虽然许氏宗祠现只存后进寝殿与护祠石栏，前面二进在清太平天国年间毁于战火，只留下一片空旷的空地和石板，已经不能看到全貌，但从它现存的遗址、建筑面积和规格上，我们依然可以看出它昔日的宏大规模。现存，可见整座祠堂原有的规模与气势。

许氏宗祠建于清嘉庆年间，是按民间最大规格——三进七开间修建的，占地

3 000多平方米，前后由32根大青石柱作架，甬道自大门门首直通石阶。拾级而上，便是宽敞的祭坛，祭坛与神龛之间，以30扇槅窗相隔，里为享堂，外为祀堂。神龛中为"报本"，东为"忠烈"，西为"节孝"，主次分明，工艺精湛。在唐模算是最高规格的祠堂了。谱载嘉庆二年（1797年）丁巳十月十二日未时破土，戊午八月竣工，占地五亩有余。由于祠堂是一村中首要建筑，因此在选址上非常注重风水，许氏宗祠的建造者就选中了檀干溪边的一块风水宝地，并在溪边修了一排石栏杆，石栏外建有一半月形石磅，一方面可以使水流弯曲而过，既美观，还能减少水流对祠堂沿河堤坝的冲击。

和其他徽州祠堂相比，唐模许氏祠堂在建造等级上差别明显，是按照不同社会阶层来建造的。许氏宗祠为家族的总祠，下面分为三个支祠，俗称"厅"，分别为尚义堂、继善堂、骏惠堂。在唐模民间流传着一句谚语："穿靴戴顶尚义堂，摇摇摆摆继善堂，草鞋麻履骏惠堂"，这句谚语真实反映了进入三座支祠在当时的社会和经济地位：尚义堂的地位最高，是座官祠；继善堂次之，是座经商人家祠堂；骏惠堂的地位最低，是务农老百姓的祠堂。在建造上，尚义堂讲究肃穆和庄重，继善堂讲究气势和规模，骏惠堂则显得粗犷而简朴。但在宗族意义上，三座支祠是并列的。

2. 尚义堂

尚义堂始建于明景泰元年（1450年），清代重修，为三进两院五开间祠堂，建筑风格独特。祠堂由前庭、中堂和后殿三大部分构成，前低后高，气势恢宏，祠堂前庭为八字衙门式建筑，门槛有近一米高，祠门中开，显得威严、肃立。祠堂门前还建有一座重檐木牌坊，现仅存中间两柱和一木雕月梁，上面雕有199朵牡丹花，梁托上雕有飞鹤和奔鹿，这些都象征着富贵。祠堂的石门坎上还加有木门坎，近1米高，这也是古人对地位、等级的显示。尚义堂的由来有一个故事。1449年，蒙古族的瓦剌部落首领也先率军大肆南侵，明英宗被瓦剌军俘虏。英宗之弟朱祁钰奉皇后之命监国，于谦被任命为兵部尚书，担当起保卫京都的重任，在此国难当头，正在塞外经营茶叶生意的唐模人许怀显，毅然带头向军队捐军饷，并得到众多徽籍商人的响应，此举极大鼓舞了将士的士气。一年后，瓦剌部落首领主动向明朝求和，归还了英宗。许怀显因首倡筹饷戍边有功，被朝廷封为尚义郎，并恩准其建造尚义堂。

3."同胞翰林"坊

唐模檀干园前的古道上矗立着古朴坚实的"同胞翰林"石坊（图3-46）。"同胞翰林"坊建于清康熙年间，为旌表祖籍唐模的许承宣、许承家兄弟而建，清康熙十五年（1676年）和清康熙二十四年（1685年），唐模许氏兄弟许承宣和许承家分别考中进士并被皇帝钦点为翰林，这座同胞翰林坊就是为表彰兄弟俩而建的。他们二人先后得中进士，皆曾在翰林院任职，于是有了"同胞翰林"的美誉。徽州地区流传着这样一种说法："天下牌坊数徽州，徽州牌坊一座半"，"一座"指的是歙县的规格最高的歙县许国石坊，另外"半座"就是唐模这座建于清康熙年间的同胞翰林石坊。此牌坊为三间四柱三楼式，高16米，宽9.6米。上面布满了梅花、仙鹤祥云、麒麟送子、鲤鱼跳龙门、喜鹊报喜等寓意吉祥的精致徽雕，因工艺典雅、雕刻精美而被誉为唐模的门户。

图3-46　唐模村同胞翰林坊
（图片来源：中国民族建筑网）

4.水街

水街是夹溪而建的街道市井（图3-47，图3-48），长约600米，是唐模村的一大特色，有着"小桥、流水、人家"的意境。近千米蜿蜒曲折的檀干溪穿过整个村落，溪上筑坝数座，抬高水位，调节了水的流动以更大程度地利用水资源，协调了人与自然界的关系。溪上建有10座形态各异的石桥，且建筑形式各不相同，当地人称之为"十桥九貌"。它们分别是：蜈蚣桥、五福桥、灵官桥、义合桥、高阳桥、四季桥、垂胜桥、戏坦桥、三石桥、石头桥。

其中，最出名的是一座独具特色的廊桥，叫高阳桥，建于清雍正年间，石质双孔券，是古徽州地区仅存的几座廊桥之一。因唐模许氏来自高阳郡，所以取名"高阳桥"，意为不忘祖先。桥面上建有五开间廊房，如今已改建成茶室，位于水街入口。檀干溪的两岸除了分布着近百幢粉墙黛瓦的民居之外，杂货店、百货店、油

图3-47　唐模村水街
（图片来源：中国民族建筑网）

图3-48　唐模水街夜景
（唐模景区提供）

坊、米店一应俱全，形成了夹溪对望的街道市井。沿街还建有一段40多米的避雨长廊，廊下临河设有"美人靠"，供村民在此歇息聊天。经过几百年的沧桑，水街依然繁荣，古韵悠悠，乡情淳厚。

5. **槐荫树和银杏树**

唐模有两棵著名的古树，一是号称"天下第一媒树"的槐荫树，它本是有着400多年树龄的香樟树，因在黄梅戏经典之作《天仙配》的拍摄中，以樟代槐，充当月老而驰名。树的根部有一个很大的口子，就像人的嘴巴在张口说话一般，导演便采用道具使树开口说话，在此为善良的董永和美丽的七仙女喜结良缘。

二是一棵已有1 300余年历史的银杏树，历经沧桑，依旧常青，在金秋时节依然硕果累累。这棵树对唐模有着特别的意义。唐代元和年间，被徽州人称为汪王的越国公汪华定居在绩溪，后来他的后裔汪思立从绩溪迁到这里，成为唐模的始祖。在入住唐模前看中了两处地方，一处是沙堤亭，另一处便是银杏树。他一时决定不了在哪儿居住，于是，便在这两处各栽一棵银杏树定址。后来，这棵活了，另一棵却死了，所以便决定在银杏树这边定居，因此，这棵银杏树对唐模村有标志性的意义。

（五）许氏宗族

汪思立为汪姓迁歙的始祖。623年，汪华的后裔汪思立受父之命，娶此地程氏为妻，遂迁居唐模村。

宋元祐二年（1087年），歙南许村的许贵一、许贵二兄弟俩因父母双亡，投靠唐模村姑父家。经过几代繁衍，许氏人丁兴旺，超过了当地的汪、程、吴三姓，成为唐模村的大姓望族。但许氏不忘姑父的收养之恩，仍沿用"唐模"这个村名。

许氏宗族人才辈出，清康熙年间，唐模村许承宣、许承家兄弟俩同中进士，被皇帝钦点为翰林，再加上清末翰林许承尧，可谓是"一村许氏三翰林"。

现唐模村由唐模、上庄、和善塘、后坞窑、唐美、胡村6个自然村组成，共17个村民组，413户1 489人。

（六）所获荣誉

2005年11月，唐模村被中央文明委授予"全国文明村"的荣誉称号。

2006年12月，唐模村被全国旅游质量评定委员会评为国家4A级旅游景区。

2007年5月，唐模村被建设部、文化部和国家文物局公布为第三批中国历史文化名村。

2012年12月，唐模村被列入第一批中国传统村落名录。

2014年8月，唐模村被列入安徽省第一批省级传统村落名录。

2014年11月，唐模村被全国旅游质量评定委员会评为国家5A级旅游景区。

五、南屏村

（一）村落概况

南屏村隶属于安徽省黄山市黟县碧阳镇。

南屏村位于黟县境内"黟城盆地"的西南边，曾名叶村，因古黟建制属五都，俗名五都叶村。后因村西南有山势宽平犹如屏障的南屏山而更名为南屏村。

南屏村坐南朝北，背依淋沥山、南屏山、金竹山，3座山相连犹如一座绿色的屏障高耸入云，依山傍水，村落以它的古祠堂群、幽深街巷和古民居群著称。村内72条巷弄长短不一，拐弯抹角，纵横交错，层层叠叠，进入村中，如入迷宫。村中的古民居幢幢结构奇巧、造型别致。古祠堂建筑群的宗祠规模宏大，家祠小巧玲珑，有叶氏宗祠——叙秩堂、规模恢宏的叶氏支祠——奎光堂、叶氏家祠——慎思堂以及程家祠堂、李氏支祠等，这些祠堂建造精美，工艺超群，在村内形成了一个全国罕见的古祠堂建筑群，堪称"中国古祠堂建筑博物馆"（图3-49，图3-50）。

图3-49　南屏村全貌（陈叶摄）

（二）历史溯源

南屏村有多年的悠久历史，最初名为叶村，后因村西南背倚南屏山，更名为南屏村。相传南屏村唐宋时期为杂姓群居的小山村。元朝初年，陶渊明的三十五世孙庚四公为避战乱，定居于如同桃花源的南屏，过着男耕女织的世外桃园生活。元朝末年，叶、程、李姓相继迁入后，村庄开始快速发展。到了明代，南屏村已有了较大的规模，逐渐形成叶、程、李三大宗族齐聚分治格局。到了清代中叶以后，南屏村步入鼎盛时期。当时全村有将近10 000人，1 000多幢民居，40多座祠堂，72条巷弄，36眼水井，4条水系。不过现仅存300多幢古民居，8座古祠堂，10余口古井。

图3-50　南屏村建筑的天井（陈叶摄）

到了清代，徽商兴旺，村中有号称"十万富"之家不下20户。清代中叶以后，由于三大姓之间的相互攀比、竞争进取,促使南屏村进入了发展的鼎盛时期。作为各姓之间相互炫耀的封建产物,村中至今仍保存有相当规模的宗祠、支祠和家祠,在不足200米的一条轴线上,竟依序排列着8座代表宗法势力的大小祠堂,组成了一个全国罕见的古祠堂建筑群,被游客誉为"中国古祠堂建筑博物馆"。

(三)村落选址与布局

南屏村位于黟县境内"黟城盆地"的西南边,坐南朝北,背依淋沥山、南屏山、金竹山,三座山脉犹如屏风高耸,武陵溪自西向东似一条玉带缓缓绕村而行。武陵溪之上,西有"西干桥",东有"万松桥"。

南屏村的水口位于村落东北部,武陵溪环绕,自然风光旖旎,堪称徽州水口园林的经典之作。昔日南屏"水口"包括万松桥、万松林、雷祖庙、文昌阁、观音楼、万松亭和南阳书院古园林建筑群,万松林还有一泓清泉,名醴泉。

万松桥是座三孔石桥,长36米,宽4米,高5米,通体采用黟县青石铺砌而成,始建于清嘉庆二年(1797年),历时5年而成。按照风水之说这座石桥就是一道"锁钥",锁住村庄财气避免外流。清代著名散文家、桐城学派的姚鼐当时曾应邀游历南屏,留下《万松桥记》,如今桥额上斗大楷书"万松桥"三字就是出自姚鼐手笔。《南屏叶氏族谱》载:"万松桥在村口万松亭之北,嘉庆七年(1802年)本族叙秩堂支丁乐输建造,越五载桥成。"姚鼐在《万松桥记》记述:"当昔蛟水之发,山隈一巨石丁地,方三丈余,叶君视其质坚而理直,取为桥材。嘉庆七年九月桥成,长十二丈,广丈二尺高如其广,名之曰万松桥,以在万松亭畔耳。"[①]走过万松桥,迎面是文昌阁、雷祖殿、观音楼和万松亭等古建筑群;后为万松林,有数十上百株参天古木巍然耸立、生机盎然。林中旧有南阳书院,南阳书院有楹联曰:"少伯潇洒,安石风流;云龙品格,司马文章。"相传此联为朱熹所撰。书院还有一泓清泉,名醴泉。同治辛未年(1871年)重刊的《黟县志》十一卷政事志中记载:"万松亭在南屏,叶氏建亭,临武林水,万松叠翠,旁有醴

[①] 程鹏,方群莉:《南屏古村落水口景观空间艺术研究》,《广西科技师范学院学报》2017年第03期。

泉，冬夏不竭"（图3-51）。

万松桥和万松林之间是水口建筑群，原来包括雷祖殿、水口庙、观音阁以及万松亭等，这一组建筑的破坏程度十分严重，如今仅能看见这组建筑的地基位置以及水口庙、路亭的围墙，但自然环境得到了较好的保存。

图3-51　南屏村古建筑群（图片来源：中国民族建筑网）

（四）村落建筑与空间营造

南屏村中仍保留着300多幢明、清民居古建筑、36眼井，它们沿着72条巷弄分布排列，如同一座大型的迷宫，而8幢代表着宗族势力的古祠堂，则依序排列在一条约200米长的轴线上。主要建筑有叙秩堂、奎光堂、慎思堂、孝思楼、敦睦堂、倚南别墅、叶姜生宅、冰凌阁、半春园等。

南屏最具特色的建筑应属祠堂群。民国《歙县志·风俗》指出："邑俗旧重宗法，聚族而居，每村一姓或数族，姓各有祠，支分派别，复为支祠。"其中有属于全族所有的"宗祠"，也有属于某一分支所有的"支祠"，还有属于一家或几家所有的"家祠"。家祠是祠堂单位中最小的，它的修建仅限于一个家庭五服之内会议与祭祀的进行。宗祠规模宏伟，家祠小巧玲珑，形成一个风格古雅颇具神秘色彩的祠堂群。

村中的祠堂以大姓叶氏宗祠——叙秩堂为轴心，支祠围着宗祠，家祠绕着支祠。这些支祠与家祠大都因做官、发财者而建造，叶氏最大支祠——奎光堂，系祭祀四世祖、曾任山西太原府岚县知县叶文奎的会堂；李氏支祠则是祭祀晚清徽商巨贾、"江南十二家"之一李宗煝的。旧时村人在祠堂内祀神祭祖极为隆重，古黟民间有"五都（南屏）清明、九都（屏山）社"之说，不难想见当年清明节到来时，南屏村众多的祠堂里，香火缭绕，鼓乐喧天，呈现一派既神秘威严而又欢快活跃的祀会场面。[1]

1. 叶氏宗祠——叙秩堂

　　叙秩堂位于南屏村中心，始建于明成化年间（1465—1487年），距今已有500多年的历史，清嘉庆三年（1798年）重修。叙秩堂坐东朝西，占地近2 000平方米，歇山重檐、端庄轩敞（图3-52）。祠堂门前照壁矗立，门楼高大，大门两侧有一对用"黟县青"精雕细刻的一人多高的石鼓。4根大石柱托着额枋，上面雕刻着古鼎宝瓶类的祭器。当年大门上端挂有"钦点翰林""钦赐翰林""钦取知县"等金字匾额，门联为"石林派衍家声远，武水澜回气象新"。祠堂共由80根粗大的圆柱支撑，三进二天井，分上、中、下三进大厅。上厅为享堂，是与中厅相连的台式三间二层楼房，楼上放置本族各家祖宗牌位，供族人瞻仰祭拜。中厅为祀堂，是举行祭祀仪式的大厅。中厅和上厅可容纳数百人举行仪式。下厅是吹鼓奏乐的地方，也可搭台演戏。1989年，由张艺谋导演、巩俐主演的电影《菊豆》中80%的镜头都是在这里拍摄完成的。此后，祠堂至今仍旧保留着拍摄《菊豆》时的布置，墙上悬挂着许多《菊豆》剧照。厅堂中摆放着染布、晒布的台架、绞车，中间还有一个染池，甚至"老杨家染坊"的横匾也还高悬在叙秩堂大门上方，成为游客观赏的一处景点。

图3-52　叙秩堂（南屏景区提供）

---

① 吴寿宜:《南屏如画屏》,《黄山日报》, 2013年06月14日。

2. 叶氏支祠——奎光堂

奎光堂始建于明弘治年间（1488—1505年），距今490余年历史，清雍正十年（1732年）和乾隆五十二年（1787年）曾重修。奎光堂占地1 200平方米，是南屏现有的几座祠堂中规模较大的一座，系南屏叶氏祭祀其四世祖叶文圭公的会堂。叶文圭曾任山西太原府岚县知县，在任期间为官清廉，两袖清风，有很高的声誉，其后代希望能将他的德行发扬光大，就在"圭"上加了个"大"字，祠堂取名为奎光堂。南屏村的支祠与家祠，大都因做官、发财者而建造（图3-53，图3-54）。

奎光堂为三进三开间结构，整体结构高大轩昂，明朗开阔，是南屏几座祠堂中规模较大的一座。整座祠堂用料讲究，大梁采用香樟木，达到驱虫目的，祠堂由六根"黟县青"大理石柱及86根银杏木柱支撑，能够抗腐抗裂，经历这么多年整体保存完好。叶氏支祠悬挂着3块匾额，分别是"钦点翰林""钦赐翰林""钦

图3-53 南屏村叶氏支祠奎光堂
（陈叶摄）

图3-54 南屏村叶氏支祠
（图片来源：中国民族建筑网）

取知县"。门前立有用黟县青大理石雕琢的石镜。石镜下面的镜座雕刻精细,图案优美,旁边的两幅"福禄寿喜"图栩栩如生,象征着丰衣足食。叶氏子弟进入祠堂之前,都必须先在石镜前整理妆容,端正衣冠,方可入内。奎光堂分祀堂与享堂两大进,前进为祀堂,开阔明朗,高大轩昂,是整个家族举行庆典祭祀仪式的地方。按族规一般女孩子是不准进入祀堂的,只有一天例外,那就是婚嫁当天必须到祠堂来告别祖宗。后进的享堂有楼,为四柱三间三楼木质结构,比祀堂还要高大宽阔,里面供奉着历代祖先的牌位。1999年,由李安导演、周润发、章子怡主演的电影《卧虎藏龙》选此为雄远镖局内景地,如今祀堂左右两边还悬挂着该剧的部分剧照。

3. 叶氏家祠——慎思堂

慎思堂建于清道光年间(1821—1850年),子孙后代经过多次维修,民国时期最后一次修建采用了欧式建筑风格,围墙用砖石合砌,水泥抹面,四面镂以长方形、菱形的图案与花纹,具有中西合璧的别样风情。慎思堂坐西朝东、前后二进,廊步三间结构,从砌有青砖门罩的大门进去,有约半亩大小的庭院,院内石凳、石几齐全。左侧套有小园,有一条石板铺成的小道曲曲折折通向正厅,取"歪有福来斜有寿"之意。正屋前厅完全按当年的格局布置,中堂上方的黑漆匾额上有斗大的"慎思堂"金色楷书,是当时著名书法家黄天壁所书。

4. 冰凌阁

冰凌阁始建于清嘉靖十九年(1814年),距今约200多年。其主人早年在芜湖开设钱庄、银号,发家之后曾经不惜重金花钱捐了一个五品官的虚职。冰凌阁内由门楼、正厅、偏厅、回廊四部分组成。水磨砖砌成的八字门楼就是官宅的象征,木雕和砖雕都精美绝伦。整栋房子分主厅与偏厅,用于接待不同身份的客人。正厅怀德堂系五体连珠式结构,布局精巧。偏厅分上下两层,均装有莲花门,门上为西湖十景图,回廊与正厅相对,曲径通幽。房屋整体布局与北方的四合院有异曲同工之妙(图3-55)。

图3-55 南屏村冰凌阁

(图片来源:中国民族建筑网)

5. 南薰别墅

南薰别墅始建于清道光年间，距今约180多年，得名于大门正对的南屏山，是一座中西合璧式建筑，在徽派建筑中独具特色。据说最早的主人是一位李姓徽商，娶了当时的农林次长的女儿，专门兴建了此别墅。南薰别墅虽小，但内部五脏俱全，环境幽雅，布局合理，紧凑的安排让人有小巧玲珑的感觉。南薰别墅的大门没有开在正厅的中轴线上，而是开在了正厅左侧，让人有一步到堂之感。别墅的正厅是明三间布局格式，宽敞明亮，光线透进宽大的天井，一直可照射到厅堂后部。二楼为小姐闺房，取名万云轩，绣楼的摆设体现主人当时的富有，莲花门窗美轮美奂，彩色玻璃是德国的。

南屏村的古私塾园林和古民居建筑也比比皆是。位于村庄上首的半春园，又名梅园，建于清光绪年间，是村中富商叶自璋为子女读书而营造的私塾庭院。园内有三大间书屋及半月形的庭院。因清代著名散文家、桐城派代表人物姚鼐的《西园记》而遐迩闻名的西园，坐落在叶氏宗祠前，始建于清乾隆五十六年（1791年），占地近1公顷，内设牡丹园、梅竹园、山水园、松柏园四大部分，是当时村人叶君华为孩子们读书养性而修建的。今西园已毁坏，今只留下石雕

图3-56　南屏村民居（图片来源：中国民族建筑网）

"西园"两字大门额紧及西园溪、西园桥及古樟等遗迹。村中还有培阗书屋、陪玉山房、梅园家塾和抱一书斋等（图3-56）。

（五）宗族与名人

南屏原来只是一个小山村，杂姓群居很不起眼。元朝末年，叶姓从白马山迁来，之后南屏村便加快了发展步伐。据《南屏叶氏族谱》载："伯禧公自祁门县石马山迁黟县五都南屏村为我族始祖。"明代之后，南屏村颇具规模，形成了叶、程、

李三大宗族分治的格局，他们之间相互攀比竞争，促进村落快速地发展。[①]

清中叶以后，南屏人对程朱理学的不断推崇，私塾书院也逐渐兴起，做官、经商人数不断增多。到清朝嘉庆年间叶氏一脉更是兴旺，村中建有宗祠支祠多处，叶氏兼文兼商使得村民十分富足，南屏村落的发展达到鼎盛时期。据南屏村中族谱记载，仅清朝南屏村就有14人谋取过知县级别以上官职，27人成为了书画艺术方面的专家，至于那些做生意有成就的则数不胜数。

南屏村以独特的魅力，使众多的文人学者流连忘返，沉醉其中。陶渊明的后裔，曾循祖先遗志迁居南屏上百年，留下五柳桥、陶家井等名胜。著名"苏州三剑客"之一的程小衡和鸳鸯蝴蝶派作家、苏式盆景艺术大师周瘦鹃为避战乱，在南屏生活了一年有余。

（六）所获荣誉

2001年6月，南屏村古建筑群被国务院公布为第五批国家重点文物保护单位。

2008年10月，南屏村被住房城乡建设部、国家文物局公布为第四批中国历史文化名村。

2012年12月，南屏村被列入第一批中国传统村落名录。

2014年8月，南屏村被列入安徽省第一批省级传统村落名录。

六、龙川村

（一）村落概况

龙川村隶属于安徽省宣城市绩溪县瀛洲镇。

龙川村位于绩溪县城东11千米，是一个四面环山的典型山区传统村落。龙川村有着1 600多年的历史，是胡姓家族的聚居地，拥有两处全国重点文物保护单位：胡氏宗祠、奕世尚书坊和胡炳衡宅，一处安徽省省级文物保护单位——奕世

[①] 程鹏，方群莉：《南屏古村落水口景观空间艺术研究》，《广西科技师范学院学报》2017年第03期。

尚书坊（图 3-57）。

（二）历史溯源

龙川原是一片长满黄荆条的荒河滩，因盛产黄金（荆）蜜而被称为荆林里。据《龙川胡氏宗谱》记载：始祖胡炎，原居山东青州濮阳（今属河南），东晋大兴四年（318 年），敕封散骑常侍兼中领军随元帝南下，镇守歙州（今歙县）。后于东晋咸康元年（335 年）元月，与绩溪华阳女王氏结为连理。东晋咸康三年（337 年），胡焱游华阳镇至此，见地势"东耸龙峰，西峙鸡冠，南则天马奔腾而上，北则长溪（登源河）蜿蜒而来，羡其山水清丽，便赴龙川之口荆林里，聚族而居。胡焱也就成了龙川胡氏始祖。

图 3-57　龙川村奕世尚书坊
（图片来源：中国民族建筑网）

龙川是坑口村的古称。因村东有龙须山，村中有一条小溪（称川）穿村而过，所以称龙川。后人认为小溪（又称坑）出口流入登源河，龙可以畅游此水，故改名为坑口（图 3-58）。

图 3-58　龙川村鸟瞰（图片来源：中国民族建筑网）

（三）村落选址与布局

龙川村地处登源河流域中开阔的河谷盆地，地形地貌以中低山、丘陵为主，四周环山，最高峰龙须山海拔1 048米。村落地形如靠岸之船，独具特色。东耸龙峰（龙须山），西峙石笏（山），天马（山）南旋，登水（登源河）北来，龙川溪绕村东流，汇入登源河，形成秀美的村落水口。

龙川村位于一个山环水绕的小盆地中，地势平缓狭长，根据"左青龙，右白虎，前朱雀，后玄武"的风水理论，此地的风水极好，以登源水为青龙，龙川河为朱雀，两河交汇之处，形成藏龙卧虎之坑。整个村落布局如船形，是古徽州远近闻名的船形村落，它的形状两头尖、中间大，如一条大船停靠在登源河岸。胡宗宪尚书府位于掌舵位，是村落风水最佳之处（图3-59）。

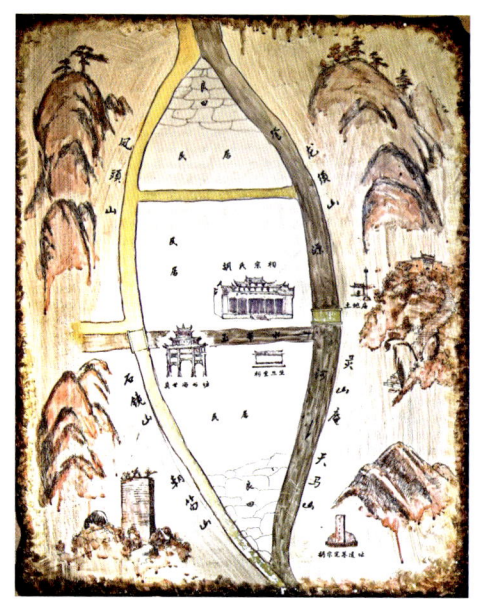

图3-59 龙川村船形地理特征示意图
（龙川景区提供）

（四）村落建筑与空间营造

龙川村落建筑类型多样，祠堂、牌坊、民居等建筑均有入选国家级或省级重点文物保护单位。水街两岸，古民居鳞次栉比，村巷幽幽，粉墙黛瓦，一派徽州古村落意蕴。

1. 胡氏宗祠

胡氏宗祠位于大坑口村南，始建于宋代，明嘉靖二十五年（1547年）由兵部尚书胡宗宪主持大修，清光绪二十四年（1898年）再次大修。胡氏宗祠坐北朝南，前后三进七开间，占地面积1 729平方米，总建筑面积1 564平方米。宗祠由照壁、泮池、露台、门楼、天井、廊庑、正厅、厢房、寝楼、特祭祠十个部分组成。采用中轴线东西对称布局的建筑手法，建成一个完整的建筑群体（图3-60）。

宗祠门厅七开间，面宽22米，进深8米，高9米，门楼为重檐歇山式，屋顶上所筑的八戗角，气势雄伟壮观，俗称五凤楼，取"丹凤来仪"之

图3-60 龙川胡氏宗祠（龙川景区提供）

意。门楣上大小额枋全部精镂细雕，内容有人物、麒麟、走兽。仅门高2.3米，共阔3.4米，门上有门神彩绘，石鼓相依，石狮对峙。门楼前后向有10根方石柱、5根月梁和4块额枋。门楼后天井进深13.77米，阔13.10米。门楼上原悬明代书法大家文徵明手书"龙川胡氏宗祠"匾额，现已流失；正厅前原悬"宗祠"匾额，落款为"嘉靖丁未年光泽王"（嘉靖帝叔父）。正厅五开间，是宗族举行祭典之所，进深17.47米，阔22.16米，顶高9.3米，由14根直径166厘米的银杏树圆柱和大小21根"冬瓜梁"构成屋架。月梁、雀梁、雀替、平盘斗、轩顶桁全部镂空雕刻。厅两边有高4米、宽60厘米落地槅扇32扇，上部为镂空如意花格，裙板雕成花草、走兽、虫鱼。祠堂东侧还有特祭祠，正厅悬"邦家之光"匾额。[①] 祠内装饰精美，集徽派砖、木、石三雕和彩绘于一体，尤以木雕之多、精、美著称，采用浮雕、镂空雕和线刻相结合的技艺手法，内容取材有鸟兽虫鱼、花草竹木、山水云霞、楼台亭榭、戏文故事、人物博古、民俗风情等，图案活灵活现、栩栩如生。胡氏宗祠木雕具有很高的艺术价值，可与北京故宫的木雕相媲美，被建筑专家称为"规模之大、时间之长、完整之好、装饰之美天下第一"，因此，胡氏宗祠有"徽派木雕艺术宝库"和"民族艺术殿堂"之称。

---

① 王南，孙广懿，叶晶，等编著《安徽古建筑地图》，北京：清华大学出版社，2015年，第308页。

为感谢丁家对胡氏的贡献，胡氏宗族特别在自家的祠堂里为丁家建造了一座祠堂，即副祠，名为丁家祠堂，位于正祠东侧的边房，其结构分上下堂，高度仅有正祠一半，木雕简陋，另有风格。

2. 奕世尚书坊

图3-61　龙川村奕世尚书坊（龙川景区提供）

奕世尚书坊与胡氏宗祠隔河相望（图3-61）。该坊建于明嘉靖四十一年（1562年），是为旌表曾任户部尚书、太子少保的胡富和曾任兵部尚书、太子太保的胡宗宪的业绩而建。尤其是曾任明代兵部尚书的胡宗宪，坚持抗倭，并首次将钓鱼岛标注在中国海防图上，为世人所敬仰。石坊南北朝向，三间四柱五楼样式，高10米，宽9米。坊顶为歇山式，用茶园石石板砍凿而成，由斗拱支撑并挑檐。各正脊两端，鳌鱼对峙，明间正脊中部置火焰珠，八大戗角翘然腾飞。主体结构由4根柱、4根定盘枋和7根额枋组成。牌坊的立柱采用了"侧脚"做法，向内收敛，4根柱子抹去棱角，立柱的南北两向各有抱鼓石护靠，造就了整体端庄稳重的效果。正楼檐下正中安竖式"恩荣"匾，下方花板南北两面，分别书"奕世尚书"和"奕世宫保"，为明代书法大家文徵明手书。石坊雕刻精美，是盛明时期徽派石牌坊的典型代表。

3. 胡炳衡宅

胡炳衡宅位于坑口村龙川溪南岸中部地段。此宅占地面积250平方米，坐北朝南，硬山屋顶，砖木结构，前厅后室，四周封砌马头墙。根据建筑风格来看该宅当属清道光年间建筑物。此宅的后堂为原本建筑室内的斜撑、雀替等木构件雕饰精美，前厅于中华人民共和国成立初期因火灾焚毁，近年来予以复建。此宅的主人胡炳衡与其子胡增钰在中华人民共和国成立前常年在外，但仍继承祖传产业，此宅的产权在中华人民共和国成立后"土改"时仍为胡锦涛之父胡增钰所登记。胡炳衡宅原汁原味地保存了徽州古民居旧貌，忠实记录了一代茶商的历史。

4. 胡宗宪尚书府

被誉为"徽州第一家"的胡宗宪尚书府，坐落在龙川村中央，占地3 000平方米，内设从善堂、官厅、梅林亭、胡氏家井、绣楼、徽戏园、松公家祠、文昌阁、蒙童馆、土地庙、医馆等，粉墙黛瓦，绿水环绕，和众多小巧的庭院交相辉映，组成一个巷弄陌阡，四通八达的一个迷宫豪宅。从胡宗宪至胡氏"炳"字辈共12代人曾在此居住（图3-62）。

图3-62　龙川村胡宗宪故居（图片来源：中国民族建筑网）

5. 澄心堂宣纸作坊

澄心堂宣纸作坊是非物质文化遗产澄心堂纸即龙须纸制作技艺再现的场所。龙川"龙须十景"之中有一景名曰"龙草澄心"。所谓"龙草"就是指龙须草，是造纸的极好原料，龙须山因为盛产龙须草而得名，它是制造澄心堂纸的主要原料。"澄心"则是指存放龙须纸的澄心堂。据《文房四谱》所记载，澄心堂纸的制造方法是将原料"于长船中以浸之，于是以大熏笼周而焙之，不上于墙壁也。由是，自首至尾，匀薄如一"。名贵的澄心堂纸被称为"千年寿纸，艺林瑰宝"，是备受历代书画家钟爱的难得之物。明朝书法家董其昌得到澄心堂纸后，就曾感慨说："此纸不敢书"。南唐后主李煜的一些传世杰作，就是写在澄心堂纸上。

此外，抗倭纪念馆（少保府）真实记载了明代抗倭统帅胡宗宪最早把钓鱼岛标注在中国海防图上的抗倭功勋。乡贤祠集中反映了"进士村"龙川自晋代以后的杰出人文。位于胡炳衡宅旁边的徽商纪念馆，则浓缩了绩溪县的徽商历史，尤其是龙川胡氏徽商的历史。

(五) 胡氏宗族

龙川胡氏原为中原世家大族,自东晋年间迁居于此聚族而居,已有1 600余年的历史,传至当今的"锦"字辈已有四十八世。

自宋代以后,胡氏宗族受徽文化熏陶,崇尚儒学,重视教育,耕读相伴,贾儒并举,族人多知书达理,厚积薄发,代有人才,在历史上先后出了20多位进士和举人,是徽州出名的"进士村"。胡氏宗族在唐代出了个散骑大将军胡宓;宋代出了个以两劾秦桧而名垂青史的监察御史胡舜陟;明代中进士者有11人,其中最著名的是明成化十四年(1478年)中戊戌科进士、官至太子少保和南京户部尚书的胡富,其次是明嘉靖十七年(1538年)中戊戌科进士、官至太子太保、兵部尚书的胡宗宪。传奇人物胡宗宪一生最大的功绩在于平定倭寇,他曾经先后8次上书嘉靖皇帝,要求给他3年时间训练抗倭军队,终于培养出一支威震天下的"戚家军";在抗倭斗争中,胡宗宪擒汪直、杀徐海,两浙倭患暂告平息。胡氏宗族在清代出了徽墨名家胡开文、红顶商人胡雪岩;近代出了著名学者胡适;这里还是前中共中央总书记、国家主席胡锦涛同志的祖居地。龙川胡氏家族在医学、商业领域也多有建树。

关于村中唯一的丁姓有一个传说:胡炎选择迁居龙川,过了几百年,虽然子孙兴旺,但是仕途却不是很发达。胡氏家族传到第二十五世祖胡念五时,巧遇江西有名的风水先生赖文正,赖文正指出,龙川依山傍水,整个村落呈船形,颇具龙舟出海之势,堪称风水宝地。而船在大河大海中航行没有铁锚就无法停船靠港,因此需从外村请了一户丁姓人家来龙川定居,丁姓犹如铁锚可把大船定住。胡念五就照赖文正的说法去做,果然自此龙川人才辈出、代有高官。令人称奇的是这家丁姓迁居龙川之后已传了16代,代代单传。如今的丁家三代同堂,依旧是男丁单传。

龙川村现辖7个村民组,731户,2 316人。农业经济以传统农作物种植为主,收入主要来源于传统农业产品种植、竹笋两用林、茶叶及外出务工收入。村民遵循徽文化传统思想,勤劳朴素,民风淳朴。

（六）所获荣誉

1988年1月，龙川胡氏宗祠被国务院公布为第三批全国重点文物保护单位。

2012年10月，龙川景区被全国旅游质量评定委员会评为国家5A级旅游景区。

2012年12月，龙川村被列入第一批中国传统村落名录。

2013年3月，龙川奕世尚书坊和胡炳衡宅被列为第七批全国重点文物保护单位。

2014年3月，龙川村被住房城乡建设部、文化部和国家文物局公布为第六批中国历史文化名村。

2014年8月，龙川村被列入安徽省第一批省级传统村落名录。

2017年3月，龙川景区被评为国家风景名胜区。

七、棠樾村

（一）村落概况

棠樾村隶属于安徽省黄山市歙县郑村镇。

棠樾村为鲍氏家族聚居村落，村内有"男祠"敦本堂和"女祠"清懿堂，并以规模宏大的牌坊群闻名于世，棠樾也因此被誉为"牌坊之乡"（图3-63）。

图3-63　俯瞰牌坊群（图片来源：中国民族建筑网）

（二）历史溯源

棠樾村始建于南宋建炎年间（约1130年），村名"棠樾"源于《诗经》"甘棠"篇中周朝贤臣吕台伯的故事。"棠"指棠梨树，"樾"指树阴，"棠樾"意为棠阴之处。"棠樾"取自《诗经·召南·甘棠》中周贤臣召伯的故事：传说召伯深入民间推行周文王德政，常在一棵甘棠梨树下办公，其亲民朴实的作风甚得民心。此后，人们根据这一典故，以"棠樾"一词隐喻"德政"。也有人将村名写作"唐越"。唐是指唐代，越是指"越国公"。隋朝末年天下大乱，鲍安国募集乡勇，贴钱充军饷，帮助妻弟汪华保卫徽州六州。唐朝立国后，汪华、鲍安国被唐太宗封为越国公和六州总管。百姓将汪华奉为神灵、村村建汪王庙，此后也有人将村名写作"唐越"，以纪念两人保境安民的功绩。[1]

棠樾村的起源可追溯到南宋建炎年间，徽州府邑的文人鲍荣看中此处为造园佳地，遂建私宅于此。鲍荣之后，四世曾孙鲍居美经过详细选址和考察，决定携全家定居棠樾。此后800余年间，鲍氏家族聚居于此，虽历经兴衰，但古村保留至今。清末道光年间徽州盐商失势，棠樾也由于失去经济支柱而迅速衰落。

（三）村落选址与布局

棠樾村位于歙县城西7.5千米处，前临徽州盆地，北有龙山支脉"龙山"，南有富亭山，丰乐河自西向东绕村而过，村落所处的位置正是传统风水中所谓的"枕山、环水、面屏"理想聚落选址环境。棠樾村风景秀丽，明代即有复古虹桥、令尹清泉、横塘月霁、龙山雪晴四景。

棠樾村的布局可分为三个部分：水口建筑、村西至村东的7座石牌坊、村内的祠堂和民居。

棠樾的水口建筑遵循了风水学原理，在村落的东南角砌筑了7个高大的石墩，俗称"七星墩"，以聚气凝神。石墩尽头跨水建桥，桥上原有益善亭，现已毁。七星墩与石桥至今尚存，成为棠樾村的标志之一。

---

[1] 殷骁：《棠樾牌坊诉说慈孝事》，《黄山日报》，2017年05月05日。

村东的 7 座石牌坊和祠堂等宗族建筑，加上七星墩、水口亭，构成了颇具特色的村口景观。村中的水系在村周围形成环形，在村内侧和主干道结合，构成前街暗道、后街明渠的水系，并结合村中众多的水井和池塘，较理想地解决了生活、生产用水问题。

（四）村落建筑与空间营造

受中国儒家文化传统思想的影响，棠樾村鲍氏宗族等历代推崇"忠孝节义"，它深刻地反映在棠樾村建筑与空间营造上。棠樾村各类建筑的设置、布局都体现了"忠孝"精神，有众多轴线明确、尊卑有序的各式建筑，这也是棠樾村有别于其他徽州村落的独特性所在（图 3-64）。

图 3-64　清代棠樾村全景图[①]

[①] 单德启：《安徽民居》，北京：中国建筑工业出版社，2009 年，第 40 页。

1. 棠樾牌坊群

棠樾牌坊群的7座石牌坊沿村口一字排开，略呈曲线分布。其中，3座建于明代，4座建于清代，均以质地优良的"歙县青"石料为主。棠樾牌坊群的形成深受儒家思想的影响，分别以"忠""孝""节""义"为主题，旌表忠臣良将、孝子节妇。从西到东依次是"鲍灿孝行坊""慈孝里坊""鲍文龄妻节孝坊""鲍漱芳父子义行坊""鲍文渊妻节孝坊""鲍逢昌孝子坊"和"鲍象贤尚书坊"，在空间布局上围绕"义"字坊为中心呈对称分布，从两头向中间看，都是按"忠""孝""节""义"顺序排列的，每座牌坊都有一个感人的故事，也是一段历史记忆。棠樾牌坊群的7座牌坊虽非同时建造，但在形制、材料等方面保持高度一致性，从而形成气势恢宏、规模庞大的整体，更是一种极为特殊的空间体验，在皖南数百座牌坊中独树一帜，已成为徽州标志性文化景观（图3-65）。

鲍灿孝行坊为卷草纹头脊式牌坊，坊高8.86米，宽9.54米，为三间四柱三楼式，由白麻石和灰凝石砌筑。鲍灿孝行坊始建于明嘉靖十三年（1534年），清乾隆

图3-65　棠樾村牌坊群（棠樾村提供）

十四年（1749年）重修，牌坊挑檐下的"龙凤板"上镶着"圣旨"二字，横梁正反各有一对浮雕雄狮，东西两面额题"旌表孝行赠兵部右侍郎鲍灿"。据《歙县志》记载：鲍灿读书通达，不求仕进。其母两脚病疽，延医多年无效。鲍灿事母，持续吮吸老母双脚血脓，终至痊愈。他的孝行感动了乡里，经请旨建造此坊。由于鲍灿的曾孙鲍象贤是工部尚书，鲍灿教育子孙有方、被皇帝"荣封三代"，所以皇帝赠鲍灿"兵部左侍郎"衔。

慈孝里坊，石坊高9.56米，宽8.57米，为三间四柱三楼式，卷草纹头脊式（图3-66）。慈孝里坊始建于明永乐十八年（1420年），明弘治十四年（1501年）重建，清乾隆四十二年（1777年）重修。此坊是为旌表宋末处士鲍余岩、鲍寿逊父子争死孝行而建，石坊正中龙凤板刻"御制"，下书"慈孝里"。据《宋史·孝义传》记载，元代歙县守将李达率部叛乱，烧杀掳掠。棠樾鲍氏父子被乱军所获，并要二人杀一，让他们决定谁死谁生，孰料父子争死，以求他生，感天动地，连乱军也不忍下刀。后来朝廷为了旌表他们，赐建此坊。牌坊左右还铭刻了明永乐皇帝的《慈孝诗》："父遭盗缚迫凶危，生死存亡在一时。……鲍家父子全仁孝，留取声名照古今。"永乐皇帝追表棠樾为"慈孝里"，因此棠樾又被誉为"慈孝天下无双里"。清乾隆皇帝下江南时听到这个事后，欣然写下了"慈孝天下无双里，锦绣江南第一乡"的对联，并拨银将"慈孝里"牌坊重新修缮，又刻御题对联于其上。一座牌坊被几朝皇帝加封，这在中国历史上也不多见。

鲍文龄妻节孝坊也称矢贞全孝坊，建于清乾隆三十四年（1769年），为旌表鲍文龄妻江氏孝敬公婆、守节二十载而建。石坊高11.1米，宽8.75米，为三间四柱三楼冲天柱式，东面刻"矢贞全孝"，西面刻"立节完孤"，下刻"旌表故居鲍文龄妻汪氏节孝"。据《歙县志》记载，鲍文龄妻江氏为棠樾人，26岁守寡后，"立节完孤"，把儿子培养成歙县的名医。寡妇守节，培养后嗣，被宗法社会认为是最大的孝行，因为宗族是依靠血统来维系的。所以在江氏80岁高龄

图3-66　棠樾村慈孝里坊
（图片来源：中国民族建筑网）

时，族人为她请旌，建起了这座宛如其化身的牌坊。

鲍漱芳父子义行坊也称乐善好施坊（图3-67）。石坊高11.9米，宽9.36米，为三间四柱三楼冲天柱式。东西面均刻"乐善好施"，下刻"旌表诰授通奉大夫议叙盐运使鲍漱芳同子即用员外郎鲍均"。鲍漱芳父子义行坊建于清嘉庆二十五年（1820年），此坊是为旌表鲍漱芳、鲍均父子的乐善好施而建。鲍漱芳、鲍均父子为清乾嘉年间的盐业巨商，在盐税、军需、赈济淮黄河工、灾民等方面为朝廷捐款甚多，并出资修建书院、祠堂、牌坊、桥梁、道路、水利设施，歙人皆感其德行。徽州府督抚被鲍漱芳、鲍均父子的诸多义举所感动，请命于朝廷，清嘉庆十九年（1814年）以乐善好施奉旨旌表。

图3-67　棠樾村乐善好施坊
（图片来源：中国民族建筑网）

骢步亭位于鲍文龄妻节孝坊与鲍淑芳父子义行坊之间，初建于明隆庆年间（1567—1572年），清乾嘉年间重建，为贵州知府鲍献叔与其侄元臣为纪念远祖西汉鲍宣而建，据说鲍宣3代均为御史。不畏权势，敢于直谏。其出巡不坐轿，而是骑马或步行，故此亭名为骢步亭。亭高7.4米，亭立四柱，平面为边长4.2米的正方形，单檐四角攒尖顶，屋角采用嫩戗做法，形状类似官帽，翼角有小兽装饰，故又称官帽亭。

鲍文渊妻节孝坊也称吴氏节孝坊，建于清乾隆五十二年（1787年），是为旌表鲍文渊继妻吴氏守节三十多年而建。石坊高11.9米，宽9.36米，为三间四柱三楼冲天柱式。西面刻"节劲三冬"，东面刻"脉存一线"，下书"旌表故民诰赠朝议大夫鲍文渊之继妻诰封恭人吴氏节孝"。《歙县志》记载，吴氏为嘉定人，22岁嫁入棠樾，时小姑生病，她昼夜护理；29岁时丈夫去世，她立节守志，对前室的孤子视如亲生，尽心抚养，直至其成家立业。继子鲍元标也不负母恩，终于成为清代著名的书法家；年老之后，吴氏又倾其家产，为亡夫修了九世以下的祖墓，安葬好丈夫和族属中没有钱安葬的人；吴氏还尽心侍奉患病的婆婆到寿终。她在

60岁时辞世。吴氏的行为感动了当地官员,遂打破继妻不准立坊的常规,破例为她建造了一座规模相当的牌坊。尽管得此厚爱,但在牌坊额上"节劲三立"的"节"字上,还是留下了伏笔——把节字的草头与下面的"卩"错位雕刻其上,以示其继室身份。

鲍逢昌孝子坊也称天鉴精诚坊,为旌表孝子鲍逢昌外出寻父、割股奉母而建。石坊高11.7米,宽9.8米,为三间四柱三楼冲天柱式,鲜有雕刻、朴实凝重。此坊建于清嘉庆二年(1797年),东面刻"人钦真孝",西面刻"天鉴精诚"。据记载,鲍逢昌的父亲在明末离乱时外出多年,杳无音信。清顺治三年(1646年),14岁的鲍逢昌沿路乞讨,千里寻父,终于在甘肃的雁门古寺找到了生病的父亲,他为父亲的背疽吮脓疗疮,并扶持父亲回到家中。后来母亲病危在床,需要浙江富春山的真乳香医治,他又攀崖越洞去采药,母亲服用后果然痊愈,族人便说这是他"天鉴精诚""孝愈其亲"。

鲍象贤尚书坊(图3-68)也称命涣丝纶坊,是为旌表鲍象贤忠心报国,镇守云南、山东有功而建。石坊高11.4米,宽9.85米,为三间四柱三楼冲天柱式牌坊。整座石坊除雀替、龙凤板、华版略有雕饰外,其余均不加雕刻,古朴大方。此坊始建于明天启二年(1622年),于清乾隆六十年(1795年)重修。石坊东面刻"官联台斗",西面刻"命涣丝纶",下刻"赠工部尚书鲍象贤",均为皇帝赐字。其出自明穆宗《特赠工部尚书鲍象贤诰命》:"官联台斗,崇街既晋于朝堂;命涣丝纶,新宠永光于泉壤。"据《歙县志》记载:鲍象贤明嘉靖八年(1529年)进士,初授御史,后任兵部右侍郎。他曾经远赴云南边防,使边境得以安定,当地百姓还为他建了生祠以示感恩。由于秉性亢直,卑视权贵,鲍象贤多次遭到奸臣的中伤,政治生涯几起几落,但他一直抱持"官不择位"的思想,不计个人得失,效忠社稷,在死后被追赠加封为工部尚书。

2."男祠"敦本堂

棠樾鲍氏以孝治村,推崇"忠孝节义",村中留有诸多的祠堂和牌坊。元代学者鲍元康在村北龙山建慈孝堂,供

图3-68 棠樾村鲍象贤尚书坊
(图片来源:中国民族建筑网)

奉宋末元初鲍宗岩、寿孙父子，表彰鲍氏父子遇盗争死的事迹，相当于家庙。这是棠樾鲍氏第一座祠堂。

明永乐十八年（1420年）建"慈孝里"坊称棠樾为"慈孝之村"。棠樾村现存3座祠堂：一为敦本堂，俗称"男祠"；二为清懿堂，俗称"女祠"，又称鲍氏姒祠；三为世孝祠。

敦本堂是鲍氏家族的祠堂，原名"万世公支祠"，为旌表尚书鲍象贤而建。祠堂位于村前广场，坐北朝南，三进院落，面阔15.98米，进深47.11米，占地750余平方米。正门为五凤楼八字墙门楼，气宇轩昂（图3-69）。门前的慈孝里坊和鲍灿孝行坊分列在敦本堂的主轴线两侧，与祠堂大门共同围合出一个颇有气魄的村口广场，旁边不远处的清懿堂和世孝祠加强了这座广场的围合感和中心感。敦本堂始建于明嘉靖四十年（1561年），是兵部左侍郎鲍象贤退休回乡时集宗人为八世支祖庆云公而建，清嘉庆六年（1801年）重修。二进享堂为硬山顶，外横坊挂"乐善好施"四字匾额，正厅悬"敦本堂"匾额，左右墙壁挂朱熹所书"忠、孝、廉、节"四个大字，每字均有两米见方。享堂金柱后有16扇漆屏，上刻邓石如所作隶书《鲍氏五伦述》，漆屏后立嘉庆帝上谕碑一座。三进寝堂为七檩硬山横坊，悬"慎终追远"匾额，下挂先祖画像，设有供表先祖牌位的须弥座。

图3-69　棠樾村敦本堂（棠樾村提供）

3."女祠"清懿堂

清懿堂位于棠樾牌坊群西，为旌表留守故里、养家教子的鲍氏妇女而建，"清懿"寓意女子德行美好。清懿堂由棠樾大盐商鲍启运于清朝嘉庆十年（1805年）所建，"因家祠旧奉男主，未女主，遗命其子有莱重建女祠"，他有感于鲍氏家祠仅奉男主人，鲍氏妇女死后，神位竟无处存放，因而嘱咐儿子鲍有莱修建一座女祠。之后，鲍启运的嫂子汪氏捐出积蓄，购田百余亩，以很低的地租供族中妇女耕种。对贫困的妇女，按祠规每年救济干谷二石（约合150千克），同时还补贴一些"脂粉钱"。汪氏的义举，使清懿堂有了稳定的经济和社会基础。在"女人不进祠堂"的旧制下，清懿堂的修建显得十分难得。清懿堂坐南朝北，盖取《易经》中"男乾女坤、阴阳相悖"之意。祠堂为五开间结构，面阔16.9米，进深48.4米，占地800余平方米。三进两天井，依次为门厅，清懿堂主厅和寝堂与享堂，整座建筑以硬山式高低错落马头墙外观为主要特色。门厅外的八字墙上有精美的砖雕，为徽州祠堂砖雕之杰作。大厅正中高悬书法家鲍珍手书"清懿堂"三字巨匾，外横坊挂曾国藩所书"贞烈两全"四字匾额。寝堂龛座上，供奉鲍氏女主牌位，将棠樾鲍氏贞节烈女，按世系顺序排列，让后人顶礼膜拜，四时祭祀，奉为楷模。徽州妇女节烈之风尤甚，有"相竞以贞，故节烈著闻多于他邑"之说。据《民国歙志》记载，明清两代，仅棠樾鲍氏家族就有贞节烈女59人。①

4. 世孝祠

世孝祠位于敦本堂西侧，为旌表孝子德行、教育后世而建，由里人鲍志道创建于清嘉庆六年（1801年）。同堂坐北朝南，现仅存门楼及后进寝堂。门楼为三间四柱三楼砖牌楼，明间匾额刻邓石如所书"世孝祠"三字。享堂仅存遗址。后进寝堂设有供本鲍氏家族历代孝子牌位的须弥座，檐廊嵌邓石如所作隶书《世孝事实》碑六方，棠樾村著名的鲍灿、鲍逢昌孝子事迹均被记载。

5. 保艾堂和遵训堂

棠樾的大型民宅大多集中于后街，其中著名的有保艾堂和遵训堂。保艾堂是棠樾古民居中最大的一幢，也是当时徽州最大的民宅，气势雄伟，是徽派古民居建筑的典范。保艾堂建于清嘉庆初年，是清末两淮盐务总商鲍志道故居。整幢大宅坐南朝北，原共有108间房，36个天井，是按易经八卦方位避凶就吉结合而成的。保

---

① 中国古镇游编辑部：《中国古镇游》，西安：陕西师范大学出版社，2005年，第81页。

艾堂东部主要为三个装饰华丽、陈设精致的大厅堂，分别为白果厅、楠木厅和红木厅，白果厅为保艾堂正厅，厅堂上悬挂保艾堂匾，楠木厅为正厅右之花厅，有"安且吉兮"匾额，其厅现已改建为其后裔住屋，而红木厅早年则毁于火灾。传说房主先辈，多有未满五十而夭寿者，据《礼记》云："五十曰艾"，故将此宅取名保艾堂。遵训堂与保艾堂相似，为大盐商鲍启运私宅，遵训堂正房毁于太平天国时期，现仅存南部的"欣所遇斋"景和北部的"存养山房"，两者间通过大型花窗相隔。

（五）鲍氏宗族

聚居棠樾的鲍氏是一个以"孝悌"为核心，严格奉行封建礼教、倡导儒家伦理道德的徽州望族。历朝历代，家族中忠臣、孝子、节妇层出不穷。同时，历经程朱理学的熏陶和徽商经济的刺激，村中科举入仕、经商致富的达官巨贾代不乏人。

棠樾鲍姓为东晋新安太守鲍弘后裔。宋代以前，棠樾就有鲍、汪、董、姚、张等姓居住。到南宋建炎年间，在徽州府任"文学"职官的鲍荣，见棠樾环境很好，便在棠樾村坪头建了别墅掌书园，始居棠樾。至其曾孙鲍居美，才将全家搬到棠樾居住。宋末至明初，棠樾村民以农耕为主业，经过数十年的建设经营，到元至正年间（1341—1368年），棠樾村中生产、生活设施都有了良好的基础。棠樾村逐渐繁荣起来，发展成为鲍氏族人聚居地。

鲍氏多忠臣孝子、义夫节妇，不少后裔博览群书、求学经商，成为达官巨贾。宋代有鲍宗岩父子代争死；元代有状元鲍同仁，明代有尚书鲍象贤、翰林编修鲍颖，进士户部主事鲍楠、知府鲍献书、州府同知都转盐使司鲍孟英；清代有官商鲍志道、鲍漱芳、鲍勋茂、进士编修鲍文淳、进士户部主事鲍功梅、工部主事鲍国琛；民国时期有县长鲍庚。文化名人有元代鸿儒鲍元康、鲍深，书画家有鲍楷、鲍元标、鲍又诗、鲍娄先，诗词名家有鲍有莱、鲍鸿等。

明代中期棠樾鲍氏十六世祖鲍象贤，明嘉靖八年（1529年）进士，官至兵部左侍郎，誉为嘉靖朝"中兴辅佐"，《明史》列传。在其影响下明代中后期棠樾经历了第一次营建高潮，至明末棠樾已有相当规模。清乾嘉年间，棠樾出了两淮盐务总商鲍志道祖孙三代及其兄弟鲍启运等大盐商，鲍志道更是号称江南首富，显赫一时。他们将经商所获财富带回故乡，再次掀起村落建设高潮，将棠樾发展推向鼎盛，在明代前街的基础上建成与之相平行的后街，形成村落两条主干道。清末太平天国时期战火蔓延至棠樾，鲍氏族人外流避乱，从此棠樾难现昔日辉煌。

1949年以前，棠樾居民以鲍姓为主，其他有汪、吴、董、姚、张、夏、毕等姓。棠樾鲍氏本支自始祖荣公起，如今已繁衍至34代。目前，棠樾村辖14个自然村，28个村民组，有4 000多名村民。村中鲍姓村民仍占30%左右。主要经济收入来源是旅游业、特色种养业和海外劳务收入。

（六）所获荣誉

2001年6月，棠樾石牌坊群被国务院公布为第五批全国重点文物保护单位。

2007年5月，棠樾村被建设部、国家文物局公布为第三批中国历史文化名村。

2012年12月，棠樾村被列入第一批中国传统村落名录。

2014年8月，棠樾村被列入安徽省第一批省级传统村落名录。

2014年11月，黄山市徽州区古徽州文化旅游区（徽州古城—牌坊群·鲍家花园—唐模—潜口民宅—呈坎）被授予5A级旅游景区称号。

八、渔梁村

（一）村落概况

渔梁村隶属于安徽省黄山市歙县徽城镇（图3-70）。

渔梁村位于古徽州府城南门外东南方向约1千米处，村落占地8.2公顷。渔梁的名称由坝而来，在唐代即已具雏形。渔梁坝是古代徽州最著名

图3-70　渔梁村（图片来源：中国民族建筑网）

的水利工程，是国家重点文物保护单位，被称为"江南都江堰"。明清时期渔梁为歙县主要水运码头，经新安江东达苏杭的船只均以此处为起点，渔梁村成为徽州一座极其特殊的集商业、交通转运、货物集散和船工集居地为一体的贸易类传统村落。目前，渔梁村整体格局保存完整，渔梁坝和水运码头成为村落最具特色的要素。

（二）渔梁坝

渔梁村旁的渔梁坝是修筑于练江中的一道滚水坝。练江是新安江上游一条比较大的源流，发源于黄山东麓，自歙县城以下始称练江，至浦口入新安江，练江至渔梁陡泻而下（图3-71）。

图3-71　渔梁坝（图片来源：中国民族建筑网）

隋末汪华迁歙州州治于乌聊山下（今歙县县城所在地），削山为城，疏江为池，然而练水陡泻而下，水涨则城根难保，水浅则城内井枯，故唐代即于练江垒石为梁，以缓流蓄水。南宋绍兴三十一年（1161年），水决石梁，此后60年中县城内"城市雕耗，火灾屡见"；嘉定十四年（1221年）州守宋济又在石坝原址聚石立栅；绍定二年（1229年）歙州推官赵希诉伐石兴筑石坝。至元末明初，石坝复又逐次崩坍。明弘治十四年（1501年）府尹彭泽督工重修，留有修坝记事碑可考。[①] 现在

[①] 王南，孙广懿，叶晶，等编著《安徽古建筑地图》，北京：清华大学出版社，2015年，第159页。

的石坝即为明代所建，此后明清历朝多次维修。

渔梁坝长138米，底宽27米，顶宽6米，斜面长50余米，通高约5米，坝体表里分别用花岗岩和砂岩条石层层垒筑而成，每块石头重达吨余。它们垒砌的方法科学巧妙，每垒10块青石，即立1根石柱，上下层之间用坚硬石条如钉插入，这种用"若钉若斧"之石销钉也称为"稳定"，也称元宝钉。上下层石块间亦用整石穿插，互相衔接；每一层各条石之间，又用燕尾型石锁连锁，上下左右紧联为一体，非常坚固。渔梁坝上设3道水门，宽约10米，深0.3米，从北至南渐次低落，正常水位时，流水只从最南端的低水门流过，且流水直冲距坝150米的龙井山山壁，碰上伸入江中30余米宽的石壁后，再折而东北而下，这样既大大削减了水势，北岸又难聚沙碛，使坝下龙船坞一带成为理想的港湾。北端和中部的两道水门，则保证练江在高水位时，仍具有较大的泄水能力，并能定期冲刷掉一部分因江面在此转折而留下的淤积。渔梁坝的落差较大，坝下乱石嶙峋。每逢春夏水涨，湍流沿3道水门飞泻而下，涛声隆隆，十分壮观。枯水季节北段无水漫泄时，游人可登临坝上观赏周围秀丽景色。水坝下游有明代的紫阳桥，九孔石拱结构，高14米，往来船只可以不落帆驶过桥下；水坝上游则是游览胜地碎月滩，唐代诗人李白游历此处时，曾留下"槛外一条溪，几回流碎月"之句，"碎月滩"由此得名。

从功能上看，渔梁坝可蓄上游之水，缓坝下之流，无论灌溉、行舟、放筏、抗洪，都可兼而利之。渔梁坝的设计和建设，体现了徽州人的聪明才智，具有很高的历史、科学和艺术价值（图3-72）。著名古建筑专家郑孝燮先生指出："渔梁坝的设计、建设和功能，均可与横卧岷江的都江堰相媲美！"

图3-72 渔梁坝

（渔梁村提供）

（三）历史溯源

据说渔梁村形成于唐乾元二年（759年）左右，因姚姓人家迁居渔梁而逐渐发展为村落。

渔梁村因坝而盛，渔梁坝建成后，这里成了长盛不衰的水运码头。而且渔梁村处于新安古道上，宋朝时期就在这里设置了渔梁驿。明清时期，徽州与杭州、南京、上海等城市的联系主要靠新安江这条黄金水路，明清两朝的徽商离开家乡，就是从这里乘船去浙江沿海地区。商人、水手、脚夫云集于渔梁坝码头，进出货物都要在此集散中转、翻坝过船，渔梁村成为当时徽州最繁华的水运商埠和商业街区。据说当年徽商最兴盛之时，渔梁坝下的龙船坞一带时常停靠着300余艘大小船只（图3-73）。

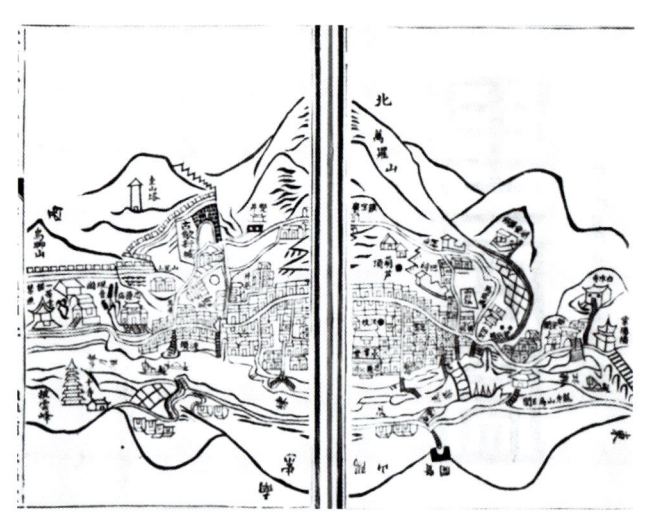

图3-73 民国初年渔梁村全景①

（四）村落选址与布局

渔梁村北倚乌聊山、万罗山、问政山，南临练江，隔江面对紫阳山，由于地形所限，沿东西方向发展成带状村落。从空中俯看，渔梁村呈"鱼"形格局，两端窄、中间宽，西端为鱼口，东端形似鱼尾，东西向的古街与系列南北向的巷道形成渔梁这条鱼的"鱼骨"，中间聚集区形成"鱼腹"，渔梁老街中间铺砌的防滑小卵石好似片片鱼鳞。

---

① 姚邦燮纂修《安徽歙县武担姚氏支谱（卷一）》，1931年永泽堂木活字本，二册。

渔梁村整体格局保存完整，整个渔梁村至今仍完整地保存了由古代商业街、船码头和前店后宅的民居建筑群的独特风貌，区别于一般徽州传统村落由水口、牌坊、祠堂和高墙环护、四水归堂的民宅组成的村落格局，十分有特色。沿江有一条东西向的渔梁老街是村落的主轴线，两边有十几条小巷，北通县道，南联渔梁坝。

　　渔梁老街因地制宜、逶迤延伸，两侧的店铺建筑错落有致，形成了步移景异的丰富空间效果，成为许多画家与摄影师钟爱的题材。其中与南北向主道横坑街交汇处建有狮子桥，桥上有廊，廊桥的"人"字形坡面正对主街，与后部店铺民居的马头墙组成如画的构图，亦成为全村最重要的标志。而从渔梁坝仰望渔梁古村，清一色的青石屋基高耸水滨，高约数丈，上部重楼叠宇，鳞次栉比，煞是壮观。古街两侧保留了明清风格的民居以及各种庄号、店铺，包括前店后宅、前店中坊后宅、下店上宅以及坊宅混合等几种模式，其中还存有元和堂药铺、黄茂记百货号等老店。街上一色的木排店面，一色的石板卵石路面，繁荣的商业街和宁静的里弄巷，构成了渔梁村落内部颇具特色的街巷空间，是不可多见的徽州古商埠。

（五）村落建筑与空间营造

　　渔梁村少有一般徽州村落常见的牌坊等礼制建筑和世家大族的深宅大院。村落内现存传统古建筑占村落建筑总数的65%。其中保存较为完好的有320处。20世纪60年代，渔梁老街仍有店铺四大类28种，店铺100余家。

　　渔梁村保存有多处重要古建筑，除渔梁坝之外，还有狮子桥、百步阶梯、龙船坞、望仙桥、新安关、紫阳桥、白云禅院、忠护庙、巴慰祖故居等。此外，村中尚存少数祠堂，如下姚祠、崇报祠（坝祠）等。古时渔梁村有"渔梁八景"：渔梁钓隐、望仙望古、紫阳烟雨、白水晴岚、龙井花香、乌聊翠拥、披云峰影、碎月滩声。

1. 渔梁老街

　　渔梁村内东西向的渔梁老街长约1 000米，至今仍较好保存着古代水埠码头的风貌，最繁华的街面是以坝位为中心的300米。街与江的走向一致，斗折蛇形并伴随着地坪高低的变化，景深极为丰富，不由让人想起这里早年间店铺鳞次栉比，旗幡招展，人流涌动的热闹景象。街道宽2~3米，沿两侧铺青石板，中间一色的鹅卵石排列有序，形似鱼鳞，所以又称鱼鳞街。渔梁老街两侧店铺都是木制的高耸的门窗，门槛、梁柱都因年代久远，呈现栗色，淡淡地透出绛红或紫色，给人以怀旧之感（图3-74）。

图3-74　渔梁老街
（渔梁村提供）

渔梁老街的房子最有特色的就是"亦店亦宅"，有前店后宅式、前店中坊后宅式、下店上宅式、坊宅混合式，等等。"巴道夫运输过塘行"是渔梁老街上最大的商行，"巴道夫"为人名，"过塘行"为货物中转批发店之意，是一座典型的前店中坊后宅式建筑，主要经营茶叶兼营其他杂货。

渔梁街上尚存百余幢老房子，保存最为完整且至今还有人居住的是同和堂，同和堂已有100余年历史，有大小房间10个，空间布局开阔，窗花、门边、木柱的镂空都完好无损，雕刻得十分精美。街上还有安徽省唯一的私人博物馆——巴慰祖纪念馆，里面既有康熙皇帝送给巴慰祖爷爷的"莲淑长春"匾额，还有乾隆皇帝赐予巴慰祖的"星璨南天"匾额，十分珍贵。

如今，从渔梁老街保存下来的昔日店铺的面积来看，渔梁是因经济、水路交通等因素兴起而发展的，在古徽州为数不多，反映了依托江河发展的商业性聚落的历史风貌痕迹，村落特色主要体现在自然环境景观，村落形态空间格局，多种类型的历史建筑及鲜明的人文特色。

2. 崇报祠

崇报祠又名坝祠，是为纪念修建维护渔梁坝有功人士而建的。崇报祠始建于清光绪三十一年（1905年），面积344平方米，为三进三开间二天井结构，是徽州建筑中典型的天井式祠堂。据史料记载，光绪三十一年渔梁坝重修，并建崇报祠，徽州知府黄曾源为此题写了"崇报立达"匾额，并作修坝记勒碑于祠，祠名由此得来。现在匾额依旧高悬，但所勒之碑已然不见。崇报祠主要有两大功能，一是供奉修建维护渔梁坝的有功人士，自隋末唐初吴王汪华到清康熙年间徽州知府朱廷梅等8人牌位在列。二是记录有关渔梁坝的重大事项，有各种碑石、匾额、图片等，详细记录了渔梁坝的千年历程。

（六）村民

与以血缘宗族为本的大多数徽州村落不同，渔梁村为多姓杂居，除人数占优的姚、巴两姓之外，尚有施、汪、杨、胡、李、毛等姓氏。渔梁村人口由码头工、渔民和商家等组成，居民大部分已脱离传统农业劳作，从事商品贸易。在当地的家谱记载当中，除了明初乡老姚琏、清代金石家巴慰祖等少数几人外，几乎没有什么官宦人家。当地人戏称渔梁姚姓为"摇啊摇，摇到外婆桥"，因为姚氏后人多为船工。

目前，渔梁村辖两个村民小组，共有137户405人，乡村从业人数为283人，其中劳动年龄内241人，其中男136人，女147人，农业从业人数204人。有耕地面积246亩，其中水田209亩，旱地37亩。

（七）所获荣誉

2001年6月，渔梁坝被国务院公布为第五批全国重点文物保护单位。

2005年9月，渔梁村被建设部、国家文物局公布为第二批中国历史文化名村。

2012年12月，渔梁村被列入第一批中国传统村落名录。

2014年8月，渔梁村被列入安徽省第一批省级传统村落名录。

九、屏山村

（一）村落概况

屏山村隶属于安徽省黄山市黟县宏村镇。

屏山村位于黟县县城东北约4千米的屏风山和吉阳山的山麓，属于典型的江南水乡传统村落。

（二）历史溯源

屏山村，古称九都、长宁里，因村庄北面有山状如屏障而得村名。清朝诗人余逢辰在游屏山时写下诗句："青山列画屏，雨余翠欲滴。秋叶更春花，纷披似锦织。"屏山村因古建制属黟县九都，村中为舒姓聚族而居，故又名九都舒村。屏山舒姓是伏羲九世孙叔子的后裔，唐末从庐江迁居长宁里，至今已1 100多年历史（图3-75）。

九都有两个村落，通常以河为界，分上九都、下九都，上都村民姓舒，下九村

图3-75　屏山村民居（图片来源：中国民族建筑网）

民都姓朱。如今为加以区别，人们习惯称舒村为九都，而下九都却直呼朱村。据有关文献记载："九都舒氏族大势强，朱氏不可与之同日而语，更不可与之同呼地名也。"又载："九都舒氏得风水之先机，朱氏得风水之余尾。"

（三）村落选址与布局

屏山建村十分讲究风水，追求人与自然的和谐统一。屏山村坐落在谷地中，周围青山环绕，北有屏风山作"靠"，南有东头岭为"照"，东有吉阳山，西有双凤山"含抱"：发源于吉阳山的吉阳溪曲折蜿蜒，穿村而过，溪上建有8桥，并且各具特色。古人认为"水主财，水主发"，因此水口成了传统村落风水的重要组成部分。屏山村水口的长宁湖为南宋年间挖掘，就是为了使穿村而过的吉阳河水能在村口"弯聚曲行""曲折环抱""而增村中之龙气"。湖的左边是（青）狮山，右边是（白）象山，白象山是村人依循风水要求人工堆起来的。村口还有水口林、水口亭，又在离长宁湖不远的地方修建了关王庙、观音阁、华佗庙等红墙庙宇建筑群。青山连着红墙衬以长宁湖的绿水，着实使得屏山村的水口更为绚丽多彩。这样一来，既符合风水上的"狮象把门，水口紧锁""藏风得水，五行不缺"模式，又使村居自然环境更为优美协调。明永乐初年（1403年），休宁风水大师何可达乘轿经黟县古城，过九都，越虞山溪到宏村为汪氏相墓，后来在返程中停留九都，赞叹不已：此乃风水宝地，藏风得水，五行不缺（图3-76，图3-77）。

图3-76 屏山村民居
（图片来源：中国民族建筑网）

图3-77 屏山村溪水
（图片来源：中国民族建筑网）

屏山村全村自北而南沿吉阳溪而建。整个村子的格局宛如一艘扬帆出海的航船，长长的吉阳溪宛如一根缆绳，周边秀美的群峰围就了一个美丽的港湾，南面开阔的盆地原野犹如浩瀚的海洋，而村内数百幢鳞次栉比的民居，如同一间间船舱，众多祠堂前矗立的旗杆和村头高大的乔木如同船桅，那一座座高大的青石牌坊又如同一片片风帆。

九都舒村建村依循风水"地理五诀"，大致坐北朝南。各家各户均不朝正南：应"商不朝南，征不面北"之规矩，其他方向视五行所需而定。

图 3-78　屏山村远眺（陈叶摄）

屏山村总体布局以菩萨厅和舒庆余堂为中心，沿吉阳溪上下南北分布，北部屏风山与东部吉阳山形成天然秀丽的屏障。村中的古民居、祠堂，密密匝匝，鳞次栉比（图 3-78）。

（四）村落建筑与空间营造

屏山村依山傍水，吉阳溪水自北向南穿村而过，村中房舍沿溪流两岸建造。为了方便两岸住户的往来，明朝成化年间，在小溪上建了 8 座石拱桥，俗称为"长宁八古桥"。沿溪而建的民宅、古朴的石桥、桥下潺潺的溪水，构成了典型的"小桥、流水、人家"的山乡风韵（图 3-79）。

屏山村古建筑群是安徽省文物保护单位。这些古建筑主要集中在吉阳溪的西畔。

屏山村现有明清建筑占 70% 以上，随处可见数不清的小巷子、古祠堂以及各具特色的石桥。明清鼎盛时期，村内有 12 条街、60 条巷、24 口井、18 幢祠堂、16 座牌楼、400 多幢民居。有"三千烟灶，五里长街"之称（图 3-80）。

图3-79 屏山村村口的下桥亭（陈叶摄）

图3-80 屏山村民居（陈叶摄）

如今村中的祠堂仅剩下庆余堂、光裕堂等7座，除庆余堂是皖南极为少见的明代宗族祠堂，其余均为清代建造。庆余堂、光裕堂、咸宜堂、御前侍卫祠堂（图3-81）、道光堂5座祠堂保存较为完好。

庆余堂是建于明万历年间的一座舒氏宗祠，占地480平方米，坐北朝南，体型高大，梁柱雄伟，步架规矩，雕刻精美，是安徽省重点文物保护单位。庆余堂的大门正面是水平型高墙，用水磨砖砌成的双柱三楼大型贴墙牌坊，高约10米，砖柱宽50厘米，呈梭形，砖雕月梁，简朴大方，两层楼檐，层层挑起，承以斗拱，整个牌坊型大门主从疏密，互为烘托，相得益彰。

溪畔有小街，多为前店后坊、前店后居的小商号。

图3-81 御前侍卫贴墙牌坊（陈叶摄）

另外，还存有明清民居200余幢，有"三女食桃、化鲤成仙"的三姑庙、御前侍卫贴墙牌坊、舒绣文故居、玉兰庭、葫芦井、小绣楼等名胜古迹。

（五）舒氏宗族

据屏山村《舒姓宗源实务》和《舒氏宗谱序》等记载，屏山舒氏为伏羲九世孙叔子后裔，于唐末自庐江迁居屏山，至今已有1 100多年历史。屏山自唐朝则聚居舒姓，故屏山村又名舒村。说起舒姓，不能不上溯到颛顼时代伏羲氏九世孙的叔子。颛顼任他为纾的地正，后改纾为舒，遂以地为姓，故叔子为舒姓的始祖，至今4 000多年。汉武帝时，舒姓传至九十九世舒骏，中举贤良，任官至丹阳太守（在今当涂）。在任9年，施行许多惠政，并留居长住，故皖江南北，包括安徽庐江郡的舒姓，皆为其后裔。

再传至一百三十四世舒德舆，因唐僖宗时政治腐败，黄巢起义，僖宗中和三年（883年），因兵乱，德舆偕堂兄德与、德兴自庐江南逃，德与至歙县长龄桥定居，德兴至黟县长演岭定居，德舆至黟县长宁里（即屏山村）而居，故德舆是为黟县屏山舒姓始祖，至今已1 100多年。屏山村口有一拱门，上嵌"长宁里"青石横额一幅。由于这段自庐江南来的历史，所以屏山村舒氏宗祠中有楹联一副："源溯庐江，舒国舒城寻旧派；秀钟徽岭，长龄长演尽同根。"德舆来屏山时，原住皆如庵，至屏山十六世舒佛六，迁至花园畔村心，即今舒姓聚居地方。

屏山村自古尊义重文，重视教育，因此人才辈出。黟县屏山由科举而中进士的自宋至清有舒介夫、舒升中、舒彦中、舒夷中、舒宾王、舒擢、舒叔宝、舒荣都、舒崇功、舒斯笏等人，至于中举人的更多。为官清正刚直、留名后世的主要有：明朝万历年间刚正不阿的御史舒荣都，清光绪年间的钦点主政、兵部主事进士舒斯笏。屏山村，素来文风极盛。清以前，村塾不少，学子除部分科举入仕外，其他于诗词书画各有成就的亦复不少。清光绪三十二年（1906年），废科举，兴新学，黟城办起碧阳高等小学堂，屏山亦先后办起启蒙、尚志初等小学堂，后合并为私立屏山小学，并收女生，以作育英才。毕业后，有人负笈外出求学，深造于最高学府北京大学及其他高等或中等学校，从事学术研究并深有成就，其中有曾主掌白鹿书院的明代学者舒希武，明代诗人舒祥，清代学者舒度、舒学诗，清代书画家舒之翰、书法家舒元达,当代著名哲学家舒炜光、现代语言学家舒耀宗等。

宗族社会极重宗法秩序,而以血缘联系。其主要信条是信神、忠君、尊祖,因此建有总祠、支祠,于元旦、清明、中元、小年、除夕各节,分别祀神、奉君、祭祖,长幼行礼有序。外屋总祠为序伦堂,因其建筑高大宽敞,所以又称敞厅;里屋总祠为光裕堂,因其门楼饰以神仙、松柏等彩雕,所以又称菩萨厅。两总祠下各房均有支祠。大长房因人稀财薄,未单独建祠。为尊长兄,每逢喜庆,外屋里屋总祠随其使用。为免族内世系颠倒错乱,排有班辈统之。最后一轮班辈是一首五言诗:"立朝遵尧君,法天广其仁。秉志崇功道,梦怀希纯乡。学成允升用,守令知子民。同年若与选,克家存忠心。"表达尊圣求仁崇道的理想及求学知用、为官爱民,克家忠心的修身之道,用以教育后辈。由于各家婚娶生育有早晚,故千百年来,班辈相距甚远。2010年,最高者为"君"字辈,而最低者已至"崇"字辈,相距已达八辈。按旧规排之,辈份高低有别,秩序井然,所以,序伦堂有副楹联是:"合群联雁序,尊祖重人伦。"概括了封建宗法社会的特征。为明确族规,里屋舒志道遗训中主要有"不许衙门当役,不许行赌作状,不许败坏社会(指祭祖的祀会),不许因利屠宰,不许作倡优贱"等。从中可以清楚看到封建等级观念,对某些职业的歧视外,还可以看到对后辈的立身做人要求(图3-82)。

屏山村最有名的是孝文化,"孝道"还被写进不少舒氏后人的家规家训,村里特别看重为老人过生日的习俗,寿宴也成为这里村民最隆重的家宴。传说明嘉靖年间,村民舒善天进京赶考,中探花却不赴任,只为能在家照料体弱多病的母亲。明朝嘉靖皇帝专门下旨兴修孝子牌坊,以嘉奖舒善天的孝行。明万历年间进士舒荣都在外为官,因担心父母在村中无人照顾,便把自己的妻子留在家中尽孝。后其因多次弹劾魏忠贤而被迫害致死,明朝崇祯皇帝下旨为其修建了"九檐门楼祠

图 3-82 屏山村崇德堂
(图片来源:中国民族建筑网)

堂"。据介绍，九檐门楼即墙头须建有一长八短九个飞檐，是封建社会宗族祠堂的最高规格。

（六）所获荣誉

2007年5月，屏山村被建设部、国家文物局公布为第三批中国历史文化名村。

2012年12月，屏山村被列入第一批中国传统村落名录。

2014年8月，屏山村被列入安徽省第一批省级传统村落名录。

十、石屋坑村

（一）村落概况

石屋坑村隶属于安徽省黄山市休宁县汪村镇。

石屋坑村地处皖浙赣三省交界地区，是一个典型的山区传统村落。这里曾是第二次国内革命战争时期中共皖浙赣省委的常驻地之一，也是皖浙赣三年游击战争中的重要活动中心，有"皖南革命摇篮"之美誉。石屋坑村独特的山泉流水养鱼系统已经成为中国重要农业文化遗产（图3-83）。

图3-83　石屋坑村全貌（图片来源：智慧屯溪网）

（二）历史溯源

石屋坑原名苦竹坞，古时村民山采石为墙，伐木剥树皮为瓦，村中所有的房屋都是采用石块垒砌而成，村名"石屋坑"也由此而来。

1935年4月，方志敏带领的皖南红军独立团来到石屋坑开展工作，建立了党支部、农民团和妇女会等群众组织。1935年秋，闽浙赣省委书记关英向皖南转移，由刘毓标等带领到了石屋坑一带，从此，石屋坑成了皖浙赣省委常驻地。1936年4月，闽浙赣省委改为皖浙赣省委，关英任书记，下设赣东北、皖赣、开婺休、上浙皖、下浙皖5个特委，省委机关就设在村中的一幢三层楼房里。第二次国内革命战争时期，皖浙赣省委、皖南红军独立团以此为中心区域，在当地人民的支持下，开展三年游击战争。英雄的老区人民和英勇的红军游击队战士在血雨腥风、艰苦卓绝的战争中患难与共，取得了累累战果，开辟部公山游击根据地，也付出了惨重的代价：有20多人为革命而被捕入狱、7人献出生命，成为徽州当之无愧的"革命圣地"。

（三）村落选址与村落建筑

石屋坑村位于皖浙赣三省交界地区，也是休宁、婺源、祁门、浮梁四县交界之处。石屋坑村地处皖赣边界海拔1 630米的六股尖北麓，位于高山峡谷、崇山峻岭之间，地势险峻。村庄地势较高，四面环山，山间平缓之地面积不大，一条由西向东流淌的小溪穿村而过，溪中多磐石和卵石。

石屋坑村除了沿河的一条主街道，其他都是小路，弯弯曲曲。村中传统民居建筑依山傍水，建在陡峭的石崖上，集中连片，随山体走势而呈现带状分布。

石屋坑村不大，现在也只有几十户，200余人。马头墙高耸的徽派民居掩映在古木参天的莽莽丛林中，"中共皖浙赣省委驻地旧址""红军屋""小岭头战役指挥所""烈士广场""留芳亭"等"红色"标识几乎遍布每一处路口（图3-84，图3-85）。

石屋坑村的民居建筑中有一种石头屋，村名"石屋坑"也由此而来。其建筑构造与徽派民居的砖木结构相同，区别仅在于石头屋外墙结构用石料垒立，如青石块、片石等，石屋坑村民张流元家的石头屋就是典型代表。石屋坑村交通闭塞，从外地运输建筑材料不便，只能就地取材（图3-86）。

石屋坑村还有一种徽州地区少见、即将消失的民居建筑树皮屋，其建筑构造与传统徽州民居的砖木结构基本相同，有四根立柱，外墙结构采用杉树皮或杉树板为原料包裹，用木条和铁钉加以固定。树皮屋有一层或二层不等，屋顶呈"人"字

图 3-84　中共皖浙赣省委驻地旧址
（图片来源：黄山先锋网）

图 3-85　石屋坑村红军屋
（图片来源：智慧屯溪网）

图 3-86　石屋坑村的石头房屋
（图片来源：智慧屯溪网）

图 3-87　石屋坑村树皮屋
（图片来源：智慧屯溪网）

架，短木密集排放，罩稍出屋檐，覆盖石块或瓦片或茅草。屋内建筑构件皆为木料，如木梯、木壁板、天花木板等。富贵人家所建的树皮屋规格较高，常用青石垫基，墙体四周围墙上檐脚石以防止屋脚木料腐烂。石屋坑村民胡荣庆、余高祥家的树皮屋是典型代表（图 3-87）。石屋坑村所处的六股尖山区素有"徽杉仓库"之称，盛产杉木，当时许多农户家庭经济拮据，所以大量利用杉树皮作为建筑材料。

（四）农业文化遗产山泉流水养鱼系统

山泉流水养鱼是休宁山区传统的养鱼方法，历史悠久，主要分布在休宁西南部和南部，石屋坑村的山泉流水养鱼极具代表性。南宋淳熙二年（1175年）的《新安志》中最早记载了古徽州人疏池养鱼的历史，明清时期的《徽州府志》《休宁县志》也有详细记载。它是休宁山民适应人多地少的自然条件，创造和发展起来的农业生产方式和土地综合利用方式，是山区代代延续的生产传统，也是一道别具特色的人文风景（图3-88）。

图3-88　山泉流水养鱼系统
（图片来源：农业农村部农产品加工局）

石屋坑村民的房屋大都与小溪近在咫尺，聪慧的村民利用这一优势，因地制宜利用流水养鱼。他们利用房前屋后的空地，修筑了一些大大小小的池塘，这些池塘用毛石、卵石或凿制平整的条石垒砌而成，面积5~15平方米，形状以方形为主，少量为圆形，用明渠、暗渠或毛竹筒把小溪里的泉水引入池塘中，在池塘里投放几十尾或上百条红鲤鱼、草鱼喂养。由于流入池塘里的泉水水温较低，石屋坑人习惯把这种方法养殖的鱼叫"冷水鱼"。小溪里的水从六股尖的山头奔流而下，水质清澈，入水手感冰凉，因此，这里养的鱼生长得非常缓慢。"冷水鱼"常年生长于山泉流水环境中，采食当地无污染的天然饵料，是地道的有机绿色食品。山泉流水养鱼系统通过水陆相互作用，把多种生物聚集在同一单位的土地上，多层次利用物质和能量，构成了"森林—溪塘—池鱼—村落—田园"为要素的农业生态系统，形成了人与自然和谐共处，村落与池塘共生，"冷水鱼"与山林共育，人文与自然共荣的生态系统。2015年10月，休宁山泉水流水养鱼系统成功入选第三批中国重要农业文化遗产，这也是全国第一个纯渔业的中国重要农业文化遗产。

石屋坑这种山泉流水养鱼的方法至今有近200年的历史了。在这种环境生长的"冷水鱼"体色乌黑、肉质细嫩、入口甜美，一直是石屋坑村民招待远客的必备佳肴。现在，村里一些村民以泉水鱼为招牌菜办起了"农家乐"。

目前，休宁县人民政府已制定了"山泉流水养鱼系统"专项规划和管理办法，通过生物多样性的保护，传统农业文化传承及乡村旅游和生态农业发展，从根本上解决农业增效、农民增收和文化遗产保护问题。

（五）红色文化遗产"中共皖浙赣省委驻地旧址"

石屋坑村留下了众多红色文化遗产，如中共皖浙赣省委驻地旧址、红军屋、红军礼堂、小岭头战役指挥所、平鼻岭伏击战遗址等。近年来，还建有铭刻着石屋坑的红色记忆的留芳亭、反映军民鱼水情的红军雕塑、红军烈士纪念广场等。

中共皖浙赣省委驻地旧址位于村头的石屋坑村21号，是栋三层徽式民居，背倚青山，俯瞰全村。这里是当年石屋坑村民张志周的老屋，建于1924年。它是当年中共皖浙赣省委领导机关的驻址，是皖浙赣三省40余县革命斗争的指挥枢纽。当年这里一楼是一个女裁缝做掩护，现在有许多刘毓标将军的宣传照片；二楼是省委书记关英同志的住处和省委开会、研究工作的场所，陈旧的书桌上摆放的是关英当年使用的物品，那早已掉漆的水壶、闹钟、茶缸，铁锈斑斑的双管油灯悬于梁上，仿佛述说着那段逝去的岁月；三楼是中共皖浙赣省委的小印刷厂，专门油印各种文件和传单，红军以此大力开展抗敌宣传，筹集活动经费，组织发动群众，机智灵活地牵制和打击敌人。墙边放着一个木制的佛龛，据说这个佛龛在三年游击战争中发挥了重要作用。群众用此佛龛挡住报警通道，一旦遇有危险，移开佛龛就可通知二楼的同志安全转移。设在三楼的瞭望口可以清楚地观察村头的一切动静，只要敌人进村，可以立即发现。

石屋坑村的另一处红色文化遗产红军屋，是当年红军学习、休息、训练的地方，门楣上有一颗硕大的红五星。在石屋坑的葛藤坞、野猪塘、石狮、螺丝宕等地还保存着当年红军搭建的简易军棚、临时医院等遗址。

（六）流芳亭

村口的流芳亭是1993年2月休宁县委、县人民政府筹资修建的，并且立碑铭书，缅怀先烈，告慰英灵，激励后人。流芳亭占地110平方米，亭为三角形，象征皖、浙、赣三省，亭中黑色大理石的石碑上，正面的碑文追述了在血雨腥风的年代里，石屋坑人民抛颅洒血、奋勇抗敌的英雄壮举，是徽州当之无愧的"革命圣地"。休婺中心区委书记张志流在敌人"集家并村"后，为了保护中心区委和伤病员，冒着生命危险，四处奔波，筹粮弄药，不幸被捕，受尽敌人拷打，直到流尽最后一滴血，表现了一个共产党员大无畏的英雄气概；他的两个儿子张仲云、张仲宏参加红军后相继牺牲。石碑反面镌刻着当年的红军独立团政委、原南京军区副司令员刘毓标少将 1985 年 10 月 10 日写就的急就章《石屋坑往事》："三年游击战争，石坑贡献最优。只为革命需要，甘愿洒血抛首……胜利来之不易，先烈永垂不朽。"

（七）所获荣誉

1998 年 5 月，石屋坑村中共皖浙赣省委驻地旧址被列为安徽省级重点文物保护单位。

2012 年 8 月，石屋坑村被列为安徽省级爱国主义教育基地。

2014 年 11 月，石屋坑村被列入第三批中国传统村落名录。

2015 年 10 月，休宁山泉水流水养鱼系统成功入选第三批中国重要农业文化遗产。

第四章
皖南宣池地区传统村落

皖南宣池地区传统村落，是指安徽省长江以南，宣城市（除绩溪县以外）和池州市地域范围内的传统村落群体。皖南宣池地区传统村落特征与皖南徽州地区较相似，其数量和质量仅次于皖南徽州地区。传统村落主要分布在池州市东至县、宣城市泾县。

第一节　皖南宣池地区概况

皖南宣池地区是相对于皖南徽州地区而言的，包括宣城市（除绩溪县以外）和池州市。

宣城市位于安徽省东南部，东临浙江省杭州、湖州，南倚黄山。宣城市地处皖南山区与沿江平原结合地带，地势东南高西北低。地貌复杂多样，为"六山一水二分田，一分道路和庄园"，海拔高度南部中山区一般为800~1 800米，低山区500~800米，中部丘陵区一般为50~500米，北部平原区一般在50米以下。境内有黄山、天目山、九华山三大山脉。宣城市下辖宣州区1个市辖区和郎溪、广德、泾县、旌德、绩溪5个县，代管宁国市1个县级市。共有24个乡，57个镇，14个街道办事处，730个村，156个社区。全市面积12 340平方千米，2015年年末户籍人口279.9万人，常住人口259.2万人。

宣城市位于复杂多样的地貌和四季分明的自然气候条件，孕育了丰富多样的宣城特产。宣城市所辖宣州区是宣木瓜之乡、蜜枣之乡、香菇之乡、河蟹之乡；郎溪县是中国绿茶之乡；广德县是板栗之乡和竹子之乡，宁国市是中国山核桃之乡、中国元竹之乡；泾县是著名的宣纸之乡、绿茶之乡、木梳之乡；绩溪为中国八大菜系之一的徽菜之乡、蚕桑之乡；旌德是中国灵芝之乡、苎麻之乡。此外，宣城为中国历史文化名城，历史悠久，人文荟萃。

池州市（表4-1）位于安徽省西南部，北临长江，南接黄山。池州地势东南高、西北低，自南向北呈阶梯分布，东南部以九华山、牯牛降为主体构成南部山区骨架，是皖南山区的组成部分，中部为岗冲相间的丘陵区，西北部沿江地带为圩区，地势低平，河湖交错。池州市下辖贵池区1个市辖区和东至县、石台县、青阳县3个县，共有9个乡，36个镇，11个街道办事处，588个村，87个社区，总面积8 272平方千米，2013年年末总人口162万。池州市是中国第一个国家生态经济示范区、长江南岸重要的滨江港口城市、安徽省历史文化名城。

表4-1 皖南宣池地区行政区域划分

区域	地级市	区、县（市）
皖南宣池地区	宣城市	宣州区、郎溪县、广德县、泾县、旌德县、宁国市
	池州市	贵池区、东至县、石台县、青阳县

第二节 皖南宣池地区传统村落分布与保护

一、入选中国历史文化名村情况

皖南宣池地区入选中国历史文化名村的村落共有3个，分别为宣城市旌德县白地镇江村（2005年9月，第二批）、宣城市泾县桃花潭镇查济村（2008年10月，第四批）、宣城市泾县榔桥镇黄田村（2014年3月，第六批），占安徽省中国历史文化名村总数的15.8%。

二、入选中国传统村落名录情况

皖南宣池地区入选中国传统村落名录的村落共有38个，占安徽省中国传统村落总数的23.3%。其中，池州市16个，宣城市（除绩溪县外）22个。从中国传统村落的县级区域分布来看，除宣城市郎溪县外每个区县都有中国传统村落分布，其中，池州市贵池区3个、东至县4个、石台县6个、青阳县3个；宣城市宣州区2个、广德县1个、泾县12个、旌德县4个、宁国市3个。宣城市泾县的中国传统村落分布最为集中，占皖南宣池地区中国传统村落总数的31.6%（表4-2）。

表 4-2　皖南宣池地区被列入中国传统村落名录的村落

所属地区	传统村落	批次	时间
池州市贵池区（3个）	贵池区墩上街道渚湖姜村	第一批	2012年12月20日
	贵池区棠溪镇石门高村	第一批	2012年12月20日
	贵池区唐田镇沙山嘴文化村	第二批	2013年8月6日
池州市东至县（4个）	东至县花园乡南溪古寨	第一批	2012年12月20日
	东至县东流镇菊江村东流老街	第二批	2013年8月6日
	东至县龙泉镇观桥村	第二批	2013年8月6日
	东至县龙泉镇老屋村	第二批	2013年8月6日
池州市石台县（6个）	石台县大演乡严家古村	第二批	2013年8月6日
	石台县七都镇高路亭村	第三批	2014年11月17日
	石台县横渡镇琏溪村	第三批	2014年11月17日
	石台县仙寓镇南源村	第三批	2014年11月17日
	石台县仙寓镇河东村	第三批	2014年11月17日
	石台县大演乡泮巷村	第三批	2014年11月17日
池州市青阳县（3个）	青阳县陵阳镇所村村	第二批	2013年8月6日
	青阳县陵阳镇上章村	第四批	2016年12月9日
	青阳县西华镇宋冲村	第四批	2016年12月9日
宣城市宣州区（2个）	宣州区水东镇七岭村	第四批	2016年12月9日
	宣州区水东镇东胜村小胡村	第四批	2016年12月9日
宣城市广德县（1个）	广德县柏垫镇前程村月克冲村	第三批	2014年11月17日
宣城市泾县（12个）	泾县桃花潭镇查济村	第一批	2012年12月20日
	泾县榔桥镇黄田村	第一批	2012年12月20日
	泾县茂林镇奎峰村	第三批	2014年11月17日
	泾县云岭镇章渡村	第三批	2014年11月17日
	泾县桃花潭镇桃花潭村	第四批	2016年12月9日
	泾县桃花潭镇厚岸村	第四批	2016年12月9日
	泾县桃花潭镇宝峰村	第四批	2016年12月9日
	泾县桃花潭镇龙潭村	第四批	2016年12月9日
	泾县茂林镇潘村村	第四批	2016年12月9日
	泾县榔桥镇溪头村	第四批	2016年12月9日
	泾县琴溪镇马头村	第四批	2016年12月9日
	泾县黄村镇九峰村	第四批	2016年12月9日
宣城市旌德县（4个）	旌德县白地镇江村	第一批	2012年12月20日
	旌德县蔡家桥镇朱旺村	第三批	2014年11月17日

（续表）

所属地区	传统村落	批次	时间
宣城市旌德县（4个）	旌德县蔡家桥镇乔亭村	第四批	2016年12月9日
	旌德县俞村镇仕川村	第四批	2016年12月9日
宣城市宁国市（3个）	宁国市胡乐镇胡乐村	第二批	2013年8月6日
	宁国市港口镇山门村	第四批	2016年12月9日
	宁国市霞西镇白茂村	第四批	2016年12月9日

三、入选安徽省传统村落名录情况

皖南宣池地区入选安徽省省级传统村落名录的村落共有76个，占安徽省省级传统村落总数的20.9%。其中，有51个村落入选第一批省级传统村落名录，池州市30个，宣城市（除绩溪县外）21个；有25个村落入选第二批省级传统村落名录，池州市5个，宣城市（除绩溪县外）20个。池州市共有35个省级传统村落，宣城市（除绩溪县外）共有41个省级传统村落（表4-3）。

从安徽省级传统村落的县级区域分布来看，皖南宣池地区每个区县都有传统村落分布，其中，池州市贵池区7个、东至县18个、石台县6个、青阳县4个；宣城市宣州区3个、郎溪县2个、广德县9个、泾县17个、旌德县5个、宁国市5个。整体来看，池州市东至县、宣城市泾县的省级传统村落分布最为集中，分别占皖南宣池地区总数的23.7%和22.4%。

表4-3 皖南宣池地区被列入安徽省省级传统村落名录的传统村落

所属地区	传统村落	批次	时间
池州市贵池区（7个）	贵池区墩上街道渚湖姜村	第一批	2014年8月
	贵池区棠溪镇石门高村	第一批	2014年8月
	贵池区唐田镇沙山嘴文化村	第一批	2014年8月
	贵池区涓桥镇大叶村	第一批	2014年8月
	贵池区里山街道元四村	第一批	2014年8月
	贵池区棠溪镇曹村	第一批	2014年8月
	贵池区梅街镇刘街村	第二批	2016年1月

（续表）

所属地区	传统村落	批次	时间
池州市东至县（18个）	东至县张溪镇白石村	第一批	2014年8月
	东至县花园乡南溪古寨	第一批	2014年8月
	东至县东流镇菊江村东流老街	第一批	2014年8月
	东至县龙泉镇观桥村	第一批	2014年8月
	东至县龙泉镇老屋村	第一批	2014年8月
	东至县官港镇许村村	第一批	2014年8月
	东至县龙泉镇上下街	第一批	2014年8月
	东至县龙泉镇郑家村	第一批	2014年8月
	东至县木塔乡木塔口	第一批	2014年8月
	东至县木塔乡横山村	第一批	2014年8月
	东至县泥溪镇元甲山	第一批	2014年8月
	东至县龙泉镇小元山	第一批	2014年8月
	东至县龙泉镇林田	第一批	2014年8月
	东至县昭潭镇刘屋组	第一批	2014年8月
	东至县泥溪镇西溪坞	第一批	2014年8月
	东至县张溪镇湖光村	第一批	2014年8月
	东至县官港镇横岭村北源自然村	第二批	2016年1月
	东至县木塔乡黎痕村	第二批	2016年1月
池州市石台县（6个）	石台县大演乡严家古村	第一批	2014年8月
	石台县七都镇七都村	第一批	2014年8月
	石台县横渡镇琏溪村	第一批	2014年8月
	石台县仙寓镇南源村南村	第一批	2014年8月
	石台县大演乡大演村	第一批	2014年8月
	石台县仙寓镇奇峰村	第二批	2016年1月
池州市青阳县（4个）	青阳县陵阳镇所村村	第一批	2014年8月
	青阳县陵阳镇谢村村	第一批	2014年8月
	青阳县陵阳镇上章村	第一批	2014年8月
	青阳县西华镇宋冲村	第二批	2016年1月
宣城市宣州区（3个）	宣州区水东镇七岭村	第二批	2016年1月
	宣州区水东镇前进村宗村	第二批	2016年1月
	宣州区水东镇东胜村小胡村	第二批	2016年1月
宣城市郎溪县（2个）	郎溪县姚村乡姚村村	第一批	2014年8月
	郎溪县凌笪乡侯村	第一批	2014年8月

（续表）

所属地区	传统村落	批次	时间
宣城市广德县（9个）	广德县卢村乡桃山村	第一批	2014年8月
	广德县卢村乡甘溪村	第一批	2014年8月
	广德县卢村乡宋陈村陈坞自然村	第一批	2014年8月
	广德县柏垫镇前程村月克冲自然村	第一批	2014年8月
	广德县柏垫镇茅田村	第二批	2016年1月
	广德县四合乡耿村村	第二批	2016年1月
	广德县杨滩镇燎琳村虞家头村	第二批	2016年1月
	广德县誓节镇茆林村	第二批	2016年1月
	广德县四合乡宏霞村	第二批	2016年1月
宣城市泾县（17个）	泾县榔桥镇黄田村	第一批	2014年8月
	泾县桃花潭镇查济村	第一批	2014年8月
	泾县桃花潭镇桃花潭村	第一批	2014年8月
	泾县桃花潭镇厚岸村	第一批	2014年8月
	泾县桃花潭镇龙潭村	第一批	2014年8月
	泾县琴溪镇赤滩村	第一批	2014年8月
	泾县云岭镇章渡村	第一批	2014年8月
	泾县茂林镇奎峰村	第一批	2014年8月
	泾县黄村镇九峰村	第一批	2014年8月
	泾县琴溪镇马头村	第一批	2014年8月
	泾县桃花潭镇宝峰村	第二批	2016年1月
	泾县榔桥镇溪头村	第二批	2016年1月
	泾县丁家桥镇小岭村	第二批	2016年1月
	泾县茂林镇茂林村	第二批	2016年1月
	泾县茂林镇潘村村	第二批	2016年1月
	泾县云岭镇云岭村	第二批	2016年1月
	泾县云岭镇中村村	第二批	2016年1月
宣城市旌德县（5个）	旌德县白地镇江村	第一批	2014年8月
	旌德县蔡家桥镇朱旺村	第一批	2014年8月
	旌德县孙村乡玉屏村	第一批	2014年8月
	旌德县俞村镇仕川村	第二批	2016年1月
	旌德县蔡家桥镇乔亭村	第二批	2016年1月
宣城市宁国市（5个）	宁国市胡乐镇胡乐村	第一批	2014年8月
	宁国市云梯畲族乡千秋村	第一批	2014年8月

（续表）

所属地区	传统村落	批 次	时 间
宣城市宁国市（5个）	宁国市霞西镇白茂村	第二批	2016年1月
	宁国市港口镇山门村	第二批	2016年1月
	宁国市方塘乡上坦村	第二批	2016年1月

第三节　皖南宣池地区代表性传统村落

一、查济村

（一）村落概况

查济村隶属于安徽省宣城市泾县桃花潭镇，是一个具有明清风格的庞大传统村落（图4-1）。

查济村位于黄山山脉北部的群山之中，是一个方圆20余平方千米、绵延十里

图4-1　查济村全景（图片来源：中国民族建筑网）

的巨大村落，村落规模之大，在皖南地区堪称第一。查济村古建筑群也是中国现存巨大的古民居群之一。查济也被称为"最原汁原味的古村落"。

（二）历史溯源

查济村建村至今已有1 380余年的历史。查氏先祖封在查地，即济阳县，后人便把两地各取一字，名查济。①

查济村始建于隋初，兴于宋元，鼎盛于明清，废毁于晚清及近代。

隋代宣州刺史查伟，巡视郡邑，被这青山绿水所迷恋。唐武德八年（625年），其在广东南岩刺史任上致仕，便举家由古丹阳徙迁于此卜居。

查济村离著名的桃花潭不足20千米。李白受查济人查师模（官至中书郎、校书郎）之邀，来到查济的石门碧山游历栖息，一连数日因流连而忘返。直到校书郎携茶带酒来款待他，他才如梦方醒，随即挥毫写下"问余何意栖碧山，笑而不答心自闲。桃花流水杳然去，别有天地非人间"的千古佳句。

据记载，查济村最辉煌的时候，有钟秀、平岭、石门、巴山四门，有巴山、青山、如松三塔，有108座桥梁，108座庙宇，108座祠堂，民居更是"粉墙矗矗，黛瓦鳞鳞，棹楔峥嵘，鸱吻耸挺，宛如城郭"。后因自然损毁、兵火摧毁、"文革"，古迹十不留一（图4-2）。

图4-2 查济村建筑群（泾县人民政府提供）

---

① 查季：《安徽查济村——黄山脚下最完整的古村落》，《农村、农业、农民（A版）》2015年第06期。

（三）村落选址与布局

查济村位于泾县县城西南的泾县、太平、青阳三县交界处，坐落于流水潺潺的查济河两岸。

查济人"依山造屋，傍水结村"，村落的分布格局巧妙地运用中国古典园林艺术的借景、对景等手法，形成"门外青山如屋里，东家流水入西邻"的"天人合一"的格局。查济村的建筑以3条溪（许溪、岑溪、石溪）为轴线，以各祠堂为节点，红楼桥以上为生活区，以下为商业区，形成完整的空间格局。3条溪逶迤穿村而流，石渠绕每家每户而过；查济河因落差较大，清澈的河水叠瀑式地流淌，沿河错落有致地建有多道拱石桥、板石桥、洞石桥，将两岸民居相连，石桥与两岸粉墙黛瓦遥相呼应。[①] 查济古村还具有"先建沟，后建房"的传统，地下建立了完整的排水系统，是查济村持续发展利用的重要基础设施（图4-3）。

图4-3　查济村俯瞰（泾县人民政府提供）

（四）村落建筑与空间营造

查济古建筑群是目前皖南保存较为完整的古建筑群，它的规模在皖南也堪称

---

① 查季：《安徽查济村——黄山脚下最完整的古村落》，《农村、农业、农民（A版）》2015年第06期。

第一,也是中国现存最大的古民居群之一。现有古建筑180余处,类型有祠堂、民居、村门、古塔、路亭、牌坊、石桥、古街、庙殿,其中有红楼、天申、麟趾等30余座石桥和10余座祠堂、庙宇,规模较大的有元代德公厅屋、明代二甲祠、宝公祠、洪公祠、馏公祠,类型多样、设计精美、雕刻细腻。在查济,素有"奇葩三雕,交相辉映"之说,在查济的民居、祠堂、牌坊、桥梁等建筑上,处处可见"三雕"的身影,姿态各异,美轮美奂(图4-4,图4-5)。

图4-4 查济村小溪与民居
(图片来源:中国民族建筑网)

图4-5 查济村如松塔
(图片来源:中国民族建筑网)

1. 德公厅屋

元代建造的德公厅屋,位于村中水郎巷(图4-6)。其四柱三层牌坊式门楼,五朵斗拱屋面,略带翘角分三层覆盖门楼,古朴典雅、雄浑大方;它的独特之处在于它既是一座厅屋的门楼,又是一座独立的牌坊。牌坊为砖木结构,共有4层:第一、第二层砖雕在"文革"中被砸毁;第三层砖雕图案为"鲤鱼跳龙门",象征着房屋主人已步入显赫官位之意;第四层为皇帝御书"圣旨"和"明曦官"大字。"文革"期间,这座牌坊门意外保存下来,甚至"圣旨"和第三层"鲤鱼跳龙门"

砖雕也没有被毁。进入门楼，隔一道天井，便是厅屋三间，看起来和一般民宅相似，前檐较低，但厅内却有16根楠木檐柱，粗矮浑圆，显露出查氏富可敌国的经济实力，素面朝天的覆盆式柱础并无雕琢，体现了元朝人粗犷豪放的个性。德公厅屋不仅是查济仅有的元代建筑，也是皖南地区非常少见的元代建筑之一，借前朝牌坊为门楼，盖了德公厅屋这座不显眼的房子，为避嫌把明朝初年建成的房子仿元代建筑风格而建，其用心良苦实在令人称奇。

图4-6　查济村德公厅屋
（图片来源：中国民族建筑网）

2.二甲祠

据查济人的口口相传，在鼎盛时全村共有祠堂108座，现在尚存的只有二甲祠、宝公祠、洪公祠等几座了，而且目前的保护状况不容乐观，亟待修缮。

二甲祠是为纪念祈宝公而建，又名光裕堂。二甲祠始建于明嘉靖四十四年（1565年），清康熙年间重修。二甲祠位于村落中部，坐北朝南，建筑面积1 100平方米，是查济村现存最大最完整的一座祠堂。大门左侧有仁让坊以及两座巨大的牌坊基石。

二甲祠采用五凤重檐式门楼。门楼下精雕"空城计"等戏文图案，门墙下有白石雕花墙裙。三级石阶，上设汉白玉护栏，两侧各有一方上马石。因位于"瑞凝午道"，祠堂内出了"救驾王"查之恺、故门庭上曾悬有"诰封荣禄大夫"的竖匾，甚为显赫。门庭极为狭长，进入厅堂，放眼四望周围全为木质内墙镶板，所谓"见木不见砖"正是二甲祠的独特之处。第一进的镶板上贴满了当年祠堂收支账目，充分体现了当年"祠务公开"制度的健全。越过天井，来到二进，这里的木雕、石雕精致非常，目不暇接。8个青石柱础选料上乘，所雕人物的喜怒哀乐，表现得淋漓尽致。而斜撑上大型镂空雕"喜鹊登梅"栩栩如生，令人叹为观止。三进檐柱上的斜撑，系圆雕和合二仙、松鹤延年、孔雀开屏，尽显雕刻高超技艺。二甲祠内石雕、木雕数量之多，技艺之精湛，堪称"三雕"精品艺术宝库。在厅堂与后堂之间，设有屏风隔开。屏风后，又是天井的过渡空间，只是后堂天井较厅堂天井狭长，光线较暗，给人以沉重肃穆的感觉。后堂比较狭小，中间用于祭祀活动及存放祖宗牌位，两侧耳房用于存放祭祀用品。后堂比厅堂高出5个台阶，以示祖宗与子孙地位的差异。

3. 宝公祠

宝公祠建于明洪熙年间，至今已有近600年历史。宝公祠是为纪念中兴五世祖查宝源而建造的。查宝源有"华封三祝"之称：即多财、多寿、多子（88岁，有子10人，孙50余人，曾孙不计其数）。宝公祠出了许多人才，包括浙江按察使、官至三品的查绛，神童孝廉、著名学者查三聘，"狱中无冤"之称的清官湘潭县令查大期，明威将军、广西中标游击查道生，更有名垂史册、《清史》列传的查崇华。

宝公祠外表其貌不扬，但祠内却另有乾坤。宝公祠的非凡之处，首推进门大梁上的两块大浮雕，上刻"狮子滚绣球"，其雕刻之精、气势之雄伟世之罕见。宝公祠最大的特点就是他的石雕，石雕一般用于住宅和祠堂的基座、柱础、栏板以及牌坊的梁坊、柱头，主要采用浮雕、透雕、立体雕等技法，几十根杏木大柱下的圆八边束腰白石精雕柱础，直径近1米，刻有龙凤鸟兽图案，令人赞叹不绝。2000年，中国文物专家组到查济进行文物考察，组长罗哲文教授这样评价查济的石雕柱础"体积之大，雕刻之精，可以与故宫媲美"。

（五）查氏宗族

查济唐代兴盛，宋元有所衰落，至明末清初，进入鼎盛时期，"人丁数万"，屋舍鳞次栉比、连绵数里，成为郡邑巨族之一，有"查村查（遮）半天"之誉。查氏宗族非常庞大，据说在极盛的明末清初有7万人左右。

查姓族人从1 300余年前开始繁衍生息，支系丛生，一旦某一支系发达了（无外乎中举、进士及第、做官、封诰、发财等），后人就会建祠堂以光宗耀祖、鞭策后人。宋末元初，查郁始开基立业，建宗祠、修宗谱。后其曾孙查桂申更为发达，生六子，个个发迹。他们的后辈就在明宣德年间各建大祠堂一座，每座均具有自己的特色。

查济的兴盛，走的是"由商致富，富而重学，学而致仕"之路。查氏乃周公后裔，邹鲁传人，崇儒重教。仅明代商人查图源、查洪源、查宝源弟兄3人就先后建有龙山书院、石门书院、晓山书屋、栈岭书屋；明末清初的查若灏一次捐给济阳家塾沃田四百余亩；清查玉衡除专建有红杏山庄给自己儿子读书外，还一次捐给族校千两银子，正是这些商人对教育的一掷千金，奠定了义学的基础，使得查济人才辈出。

明末清初时，查济人的官宦生涯进入了鼎盛时期，一门六进士、三进士、兄弟进士、文武进士、文武举人一浪接着一浪，翰林、京官、封疆大员、知府、知州、知县等官职不绝于政坛，据统计，明清两朝，查济七品以上的官宦就达129人。这些官宦衣锦还乡后往往通过建祠立堂来光宗耀祖了。清代书画名家查秉钧、查春如，当代的武侠小说大家金庸（查良镛）都是查氏宗族的后人。

自唐宋以来，查氏族人就开始建立了一系列的家规、家训及家理。明嘉靖年间，查绛又进行了整理，订立家规十条、家训十四条和家理五条。这些家规、家训和家理相当于查济的法律，在某些方面甚至超越当局法律的效力。

（六）所获荣誉

2001年6月，查济古建筑群被国务院公布为第五批国家重点文物保护单位。
2006年5月，安徽省建设厅、省文物局公布查济为安徽历史文化名村。
2008年10月，查济村被住建部、国家文物局公布为第四批中国历史文化名村。
2012年12月，查济村被列入第一批中国传统村落名录。
2014年8月，查济村被列入安徽省第一批省级传统村落名录。

二、黄田村

（一）村落概况

黄田村隶属于安徽省宣城市泾县榔桥镇（图4-7）。

黄田村是一个有着深厚文化底蕴的传统村落，是中国古代哲学和建筑美学的结晶，这里有造型别致的洋船屋，有千年不粘灰的水磨花砖，有参照工部图纸规划布局的大宅院，有以培风阁为代表的辉煌教育发展史。

图 4-7　泾县黄田村（图片来源：中国民族建筑网）

（二）历史溯源

黄田村始建于北宋嘉祐年间，当时称黄田里，至今已有上千年历史；元明时期为其发展期，清代为其鼎盛期。

黄田村成为以朱姓为主的聚居村落，历史可以上溯至南宋时期。泾县朱氏与朱熹出自同一远祖，其始祖朱纬与朱熹曾祖朱绚为兄弟。南宋初年，朱纬率其子由婺源迁至泾县黄田，为迁泾之朱氏始祖。

清乾隆年间，朱武勋建造了培风阁作为朱氏家族的藏书楼，之后朱氏宗族果然文名鹊起，人才辈出。培风阁也成了清代家族藏书楼之中的一个典型代表。朱武勋在嘉庆年《泾县志》上有详细记载："朱武勋字燕侯，国学生，赠儒林郎。性孝友。少服贾，备尽劳瘁，凡筑室置田，悉分之手足。家政一听长兄武烈，无间。族有旁支流落他乡，武勋千里访得之，为之置室成家，后嗣遂以繁衍。近里龙潭山水暴涨，人多淹溺，武勋倡首建大石桥，曰永隆，济人无算。又置义田百亩，给族之贫者，今六世守之不改。生平最重读书士，临终遗训卷卷，以郡学未修为憾，后裔于嘉庆六年（1801 年）捐资七千余金，大修殿庑、明伦堂、名宦、乡贤、忠孝、节义诸祠，成先志也。生五子，均邀封赐。曾孙理、兰坡并入词林，其余登巍科例仕版者，不可胜计，人以为盛德之报。嘉庆十一年（1806年）奉旨崇祀乡贤。"朱武勋所生的五子就是黄田朱氏的所谓"上五房"。曾孙朱兰坡是清代中后期著名学者，进士出身，曾任翰林院编修、国史馆总纂，值上书房。

（三）村落选址与布局

黄田村位于榔桥镇东南部，黄子山西麓，从选址、规划到建筑的设计，都是依据中国古代《周易》阴阳、五行等学说，成功地把古人"天人合一"的理念表现得淋漓尽致。在村落的选址上，"依山造屋、傍水结村"，村落东依黄子山，南临凤子河，取"背山面水，负阴抱阳"之势。发源于黄子山的凤子河与马冲河汇合于村口，使整个村庄的布局酷似船形。而村中的洋船屋就成为"船中船"了。村口的狮子山、象山与凤子河、东新桥、古道构成了黄田村的水口，狮子山和象山对峙，谓之"狮象把门"，当中建一圆洞形石拱桥，称为"狮子滚绣球"，形成黄田村的门户（图4-8）。

黄田村在建设中运用强大的宗族力量进行了严格规划，据传说，黄田村是由朱

图4-8　黄田村俯瞰（泾县人民政府提供）

图 4-9 黄田村村民劳动场景
（图片来源：中国民族建筑网）

必达、朱法父子两代人参照清朝工部的图纸，在废除原有建筑的基础上精心规划、筹建而成的（图 4-9）。

村落坐西朝东，东面有一个约长 150 米、宽 20 米的人工明池，池边用青石板铺就一条宽约一米的村道，村头村尾各有一棵榕树和一座祠堂；村里有 4 条东西向纵街和 8 道南北向横巷，完全是几何布局。村边原有四五道围墙将村子严密包围，凤子河环村而流，是天然的护村河。村中的道路和河岸都用石块砌护，就连凤子河床也于清道光十年（1830 年）全部用石块砌成，河上架设 10 余座石桥沟通两岸来往。街与巷的横竖交错构成一个个相对独立的居住单元，每个单元由一间厅堂、两间厢房、两间耳房（供煮食和储粮）、一口水井、一个露天庭院构成，并有排水暗渠；一条纵街就是一个里，里门就朝向水池，分别称福善里、存仁里、中和里。

（四）村落建筑与空间营造

黄田村现存清代建筑 57 处，单体建筑 135 栋，建筑面积 3.3 万平方米，均保存完好。村中的建筑以家庙、住宅、书院和书舍为主，规模宏大，屋宇高墙巍峨，或前后数座相联，或大屋左右并列，巷道平直相通，明沟暗渠相连，东水西流，活水穿村，排水通畅。一般正屋与两侧的边屋及前方院墙构成四合院，地面均用河卵石铺设了美丽的图案，房屋的内外墙和屋顶天花均本地奇特的水磨花砖贴面，永不沾灰，崭新如初。所以大小门坊、室内外基础和墙裙均为整块花岗岩精制而成，屋内有门厅、天井、堂厅和厢房等，梁柱粗大，青山柱础、梁柱、屏风、嵌方、门罩、漏窗、檐柱上的斜撑、斗拱以及墙裙和门窗上均精美的木雕、石雕和砖雕，栩栩如生。村中主要建筑有洋船屋、思慎堂、聚星堂、旗峰公家庙、敬修堂、崇德堂、思永堂等。黄田村古建筑群在建筑设计和营造上集清代建筑艺术、技术之大成，体现了典型的"儒商"文化，也是古代皖南民居建筑精品的代表作，2006 年被国务院公布为第六批全国重点文物保护单位（图 4-10，图 4-11）。

图 4-10 黄田村民居
（图片来源：中国民族建筑网）

图 4-11 黄田村内部
（图片来源：中国民族建筑网）

1. 洋船屋

洋船屋又名笃诚堂，建于清道光初年（1821 年），是特意设计建造的船型建筑院落，在众多黄田村落建筑中最为著名。传说清道光年间，当时的黄田盐商朱一乔、朱宗怀父子在沪经商，成巨富，并接触到很多新事物。每每回到家中，便向家人讲述外面的风土人情和奇闻轶事，朱一乔的母亲和妻子在听到"洋火轮"的情形后，产生了想见一见的愿望，因交通落后加之缠足不便，难以如愿，禀性孝顺的朱一乔为圆母亲夙愿，便与儿子商议修建一座外形酷似大轮船的建筑，因此便有了洋船屋。洋船屋四周围以高墙，两侧开有深渠，围墙及屋体皆仿轮船形状依地势而筑，"船头"呈尖角状，院墙的尖端微微上翘，院内的花园和塾馆，其高度不出院墙，亦无明显高差，唯梅家村塾两层，上层露于墙头之上，似驾驶室楼舱；中部稍前为私家花园，恰似船前甲板；船腰为高层住宅和厅堂建筑，体积庞大，形同客舱；马房与厨房两处的院墙，砌成高高的跌落式马头墙，借以遮蔽里面的建筑。源于黄子

图 4-12 黄田村"洋船屋"
（泾县人民政府提供）

山的风子河水，沿着洋船两侧的深渠奔泻而去。站在村北山坡上的观景台俯瞰院落的全景，洋船屋宛如一艘洋船正在逆水而上，惟妙惟肖（图4-12）。

洋船屋占地4 200多平方米，现有20余幢房屋及附属建筑，包括敞厅、陪厅、梅村家塾、花园、门房、马房，等等。整个建筑内部结构能有效满足封建大家庭的起居、饮食、祭祖、读书、休息等多种功能要求，外观上又巧妙地利用溪水和山势，充分体现了朱氏先人的儒家思想与西方文化的完美结合。1998年5月，洋船屋被安徽省政府公布为省级文物保护单位。

2. 思慎堂

思慎堂又名紫盛堂，是朱家"上五房"中的长房敞厅。由朱庆霞与其子孙建于清雍正、乾隆年间（1736—1795年）。其坐北朝南，占地面积5 750平方米，建筑面积3 700平方米，4座并列的正屋均为前有长方形大院，两侧各有一座边屋，构成四合院式的庭院。麻石门坊，正屋与边屋都是一字前墙，墙面上是精细的水磨花砖。水磨花砖是泾县独有的特色传统建材，号称千年不粘灰。思慎堂前墙是目前泾县保存最大的花砖墙面。

3. 聚星堂

聚星堂是朱武勋、朱武烈兄弟住宅，建于清雍正至乾隆初年（1723—1750年）。坐北朝南，建筑面积为1 300平方米。也是花砖门墙，麻石门坊。门内有门厅、天井、堂厅。堂厅两边各有3间正房，走廊两端还有两个约4平方米的小板楼。门墙内外均为花砖贴面，麻石门坊。门坊内侧上有木板小姐楼，递次为天井、堂厅、正房。聚星堂原建筑三大幢前后两进，6个堂建有风格一致的小姐楼。朱武勋生5子，兄弟5人共养育18个姑娘。皖南民间有一段广为流传的顺口溜"溪头的干子、椰桥的伞、黄田的姑娘不用拣"，就出自此堂。

4. 旗峰公家庙

旗峰公家庙又名敦睦堂，建于清乾隆至嘉庆年间（1736—1820年）。坐北朝南，砖木结构，建筑面积500平方米。花砖门墙，白石门坊，以后依次为大门、门厅、天井、正厅、两厢楼、整个建筑物内的梁柱门窗都施朱红油漆。右边本立堂敞厅，一进三开间，坐北朝南，建筑面积192平方米。大门两侧各有厢房、天井。左边敬修堂，一进五开间，前后两进。建筑面积317平方米，递次为天井、堂厅、正房。

5. 思永堂

思永堂由黄田朱家"上五房"中的五房朱庆周、朱安邦父子建于清乾隆年间。思永堂现存面积依然十分宏大,坐北朝南,占地 7 000 多平方米。中间三座大屋并列,两侧各有数栋配屋和边屋。屋前有大院,大门前有旗杆斗和旗杆夹各 4 个。大门内凹,内外花砖面墙和望板花砖,花岗岩门坊。屋内有前厅、天井、堂厅和两边正房。

6. 荣禄大夫第

荣禄大夫第又名裕怡堂,是由朱宗潘、朱子典父子建于清道光年间。朱宗潘弃儒从商,积累了大量财富,并且乐善好施,在长沙捐资修管道及长寿街大路数百里等。清代朝廷赏戴花翎,封荣禄大夫。荣禄大夫第原建筑三幢两进,现存正厅后进五开间和九开间边屋一幢。院落前面临河,院门在前面临河处立有一堵照壁墙。

(五)朱氏宗族

黄田朱氏宗族是泾县一大望族,"以商贾兴,以官宦显",历代文风昌盛,人才辈出。据《泾县乡土记》记载:"山之西南为朱氏村,山之正西为胡氏村,朱氏族大,散居于县之东乡,纵横十余里,户口数万。"黄田村有着浓厚的儒家书卷气息,清中期有书院书舍 10 余所,藏书斋室 6 处,其中著名的培风阁藏书楼就藏书 10 余万卷,小万卷斋藏书 10 万余卷,另外还有松竹轩、绍衣堂、板桥书屋、绿水山房等藏书楼。朱氏宗族培养出许多栋梁之才,如清乾隆年间的贵州巡抚朱理,嘉庆年间的翰林院侍讲、国史馆总纂朱珔;近代的民族实业家朱鸿度、朱幼父子;当代的著名交响乐作曲家朱践耳,中国工程院院士、核物理学家朱永濬等。

现在的黄田村是由原来的黄田、灰坑、南冲 3 个村合并形成的,总面积 25.7 平方千米,辖 6 个社区,25 个互助组,农户 922 户,人口 3 183 人,有水田 3 570 亩,茶园 650 亩,出产全国十大名茶"涌溪火青"茶叶。

（六）所获荣誉

2006年5月，黄田村古建筑群被国务院公布为第五批国家重点文物保护单位。

2012年12月，黄田村被列入第一批中国传统村落名录。

2014年3月，黄田村被住房城乡建设部、国家文物局公布为第六批中国历史文化名村。

2014年8月，黄田村被列入安徽省第一批省级传统村落名录。

三、江 村

（一）村落概况

江村，别名金鳌村，隶属于安徽省宣城市旌德县白地镇。其历史上是一座规模巨大的传统村落，并以文风昌盛、人才辈出而闻名。

（二）历史溯源

江村始建于隋末唐初，有1 300余年的历史。据江氏宗谱记载，夏禹国相伯益子玄仲，被禹的儿子启封于江地，为江氏始祖。江玄仲第八十六世孙、文学家江淹是南北朝梁时考城人，任宣城太守。江淹五世孙江韶遍游黄山白岳，发现旌德金鳌山是块不可多得的风水宝地，举家迁往建村族居，始称江村。

明清时期，江村渐入鼎盛时期，村中最多时建有8座宗祠，巍峨壮观；老街牌坊接踵林立，肖然雄踞；二十四天井古民居布局严谨，气势恢宏；数十亩之广的聚秀湖汇聚金鳌山飞流直下的双溪之秀。历经千年沧桑，现在江村境内牌坊、老街、宗祠、民居风韵依旧。有美名远扬的"江村十景"等自然景观，景色旖旎，如诗如画。

据记载，清咸丰初年（1851年）江村人丁达8万余口，号称"小杭州"。据史查，清咸丰年间（1855—1860年），江村连年遭受严重的旱涝虫灾，加之太平天国残兵劫掠，江村十室九空，所存者不及盛时百分之一。村民背井离乡、流落四方，大多数从芜湖顺江而下，至南京、扬州落户。

（三）村落选址与布局

江村位于黄山北麓，距黄山风景区 30 千米，距旌德县城 34 千米。

江村地处群山围合的盆地西部，盆地东高西低，村中有双溪纵贯，水向西流。登上狮山，俯视江村，可见村落坐东朝西，东南北环山，西面开阔平敞，中间是村落建筑，形似一把太师椅，村后金字塔形的高大的金鳌山似椅背，左右两侧连绵不断的低山则如同太师椅的扶手，村落左侧从东至西，依次是毛粟山、豸顶山、鸡公山、象山，右侧从东至西依次是笔山、星歧山、日华山、钟山、狮山。

发源于金鳌山的龙溪、凤溪两股溪水，经过江村人的精心设计分两路穿村而过，绵绵不绝，汇流于村口的聚秀湖。聚秀湖挖掘于明代成化、弘治年间，是江村的水口，湖边有文昌塔和牌坊，湖中的荷花与湖边的垂柳相映成画，狮山、象山卧居江村村口左右。江村在设计水口时，赋予其深厚的文化内涵：聚秀湖是砚台，牌坊是墨，文昌塔是笔，大地是硕大的纸，寓意江村文风昌盛（图 4-13）。

图 4-13　江村水口（江村提供）

江村周围风景秀丽，有黄峰晓日、羊岗夕照、聚秀荷风、狮山暮雨等自然景观，号称"江村十景"。

（四）村落建筑与空间营造

江村的乡土建筑是一个完整的系统，它由交通建筑、居住建筑、慈善建筑、文教建筑、崇祀建筑、宗教建筑等众多子系统组成。散落的石板、路亭、古道，老墙；四水归堂并雕梁画栋的民居；水口、水系；庙宇、古塔、书屋、义塾；祠堂、族谱、牌坊、祖坟等是对此系统的详尽注解。

江村曾有宗祠9座，牌坊18座，书院、书屋9处，由于历史原因，现宗祠仅存江氏宗祠、溥公祠和孝子祠3座。

1. 江氏宗祠

江氏宗祠为江氏家族总祠，始建于明永乐十八年（1420年），距今已有600年历史。该祠最初是为江允宗公而建，所以又叫允宗公祠。江氏宗祠原为四进四厢两明堂三天井的大院落，飞檐重阁，气势恢宏。历史上江氏宗祠曾两度毁于大火，两度重建，第一次毁于清咸丰年间太平天国战乱，第二次毁于民国时期的火灾。祠堂第一进在20世纪30年代被烧毁，现存的江氏宗祠只有三进二天井，原第二进改成了现在的第一进，但依然是一座保存较完整的大型祠堂（图4-14，图4-15）。

图4-14　江氏宗祠
（江村提供）

图4-15　江村江氏宗祠内部
（图片来源：绿野户外网）

祠堂正前方约50米处有一条小溪横贯，下端有闸，溪水满溢。祠堂前有一个大水池，实际上原是一进与二进之间的明塘水池，蓄水用于防火，在祠堂的第一个天井明塘里设置水池，尚属首例。池中间有一座三步两拱桥，通往二门。站在桥上即可观望祠堂门楼上精美的木雕、石雕和砖雕，这些雕刻虽遭破坏，但依旧十分精美。门楼为五凤楼式，中间三间为木结构，两稍间为砖墙。祠堂屏风壁板上有民国时的木雕，上面雕刻的是"二十四节气"，共24块，非常精美。不过现在只保存了21块，还有3块不知所踪。

祠堂的两口井仍然有活水进出，始终保持着一定的水位，又称放生池，里面放养着一些龟、鱼之类的吉祥动物。上方是钟鼓楼，楼上存放着钟、鼓、宗谱等。如果村中有紧急事物，就在这里敲钟击鼓，好让族人集合议事、祭祖。楼下壁板里面陈列着祖宗牌位。

2. 溥公祠

溥公祠也称为纪源公祠，始建于明，清代几经修缮。溥公指明弘治元年（1488年）进士江溥，即江纪源，也是双凤坊上的双凤之一。溥公祠前后三进院落，两天井，由门楼、廊庑、享堂、寝楼组成。中堂是一幅江溥夫妇画像，江溥与唐寅交好，这幅画像据说就是出自唐寅之手（图4-16，图4-17）。

檐下并列立着4块匾额，记录着后辈延续的荣光。4块匾上分别为"钦赐义官"、清乾隆年间的"钦赐武举"、清咸丰年间的"钦加同知衔"、清光绪年间的"钦赐法政科举人"。这里面有两块非常有意思，"钦加同知衔"的立匾人为"大挑

图4-16 溥公祠
（江村提供）

图4-17 江村溥公祠
（图片来源：绿野户外网）

一等江一爽"。清代制度，举人参加会试屡次不中者，可通过挑选任职，一等任知县，二等任教职，称为"大挑"。这种"大挑"的选拔标准只是容貌体态言语等外部条件，江一爽获得"大挑一等"，并享受了副市级（同知）待遇。"法政科举人"立匾人江洪杰为南京格致书院和日本东京明治大学毕业。清末西学东渐，种种改良运动渐次实行，旧式科举不再是读书人的唯一途道，西学人才也被官方承认。

3. 孝子祠

孝子祠，全称明孝子江文昌公祠，位于老街的西侧。建于明嘉靖十四年（1535年），原为民居，清光绪二十七年（1901年）改建成祠堂。祠堂仍然保持民宅风格的建筑格局，不似通常的宗祠那样气象森严。前后三进两天井，前一进院落疏阔开朗，后一进中正厅和寝楼之间的距离十分狭窄，天井几乎窄成了一条缝。

4. 父子进士坊

据说江村原有牌坊18座，历尽劫难，保存至今仅有两座父子进士坊。金鳌江氏第四十八代江汉和第四十九代江文敏均为明朝进士，父子同朝做官，成为当时徽州的一大美谈。江汉是明成化壬辰（1472年）进士，曾任湖南宝庆府知府，为官清廉，是旌德文庙乡贤祠中受祭的7位先贤之一。江汉的次子江文敏是明弘治十八年（1505年）进士。父子进士坊是江村后人为表彰其父子而建的。其中，父坊正面雕有狮子、麒麟、凤凰寓意威严、吉祥、繁荣，背面"双凤"寓意江汉、江溥堂兄弟分别中甲、乙科进士，像两只凤凰展翅高飞、鹏程万里，所以父坊也称双凤坊（图4-8）。子坊也称恩荣坊，右边鲤鱼表示"鲤鱼跳龙门"，左边龙凤表示"龙凤呈祥"。两座石坊相距百步之遥，形制相似，均为二柱三楼。其中的父坊紧靠民居，也因此逃脱了"文革"时期被破坏的厄运。另外，新修复的进士第牌坊，据说是我国民间仅存的一座汉白玉牌坊。

5. 笃修堂

江村所存的名人故居有"三堂一墅两居"。"三堂"指江村古民居中现存最早的笃修堂、木雕精美的进修堂、民国代总理江朝宗的祖居茂承堂；"一墅"指民国时期安徽省长江绍杰的故居黯然别墅；"两居"指江冬秀故居和江泽涵故居。

明代建筑笃修堂，是江村现存年代最久的古民居，如今建筑只保存了原来的1/5。堂门两侧有两块扁形的旗杆石，它是身份地位的象征，按封建等级规定，只有二品以上的官员才能用扁形的旗杆石。大门是牌坊式门楼，砖雕精美，此门楼五檐门罩也只有二品以上大官才能采用。门槛很高，要进屋，先得跨上几级台阶。

该堂厅房抬首有块"椿庭衍庆"匾，意思是说这家主人80岁生日大寿时，老夫妻俩身体都很健康，并且子孙满堂，共同衍庆。江村现存的古民居大都有显赫的身世，笃修堂中就出了大量的杰出人士，比如清光绪年间"叔侄翰林"江澍昀、江希曾，还有"人痘接种法"的发明者、清代医学家江希舜，近代"兄弟博士"江绍铨、江绍原。江村明清进士18人，这座老宅子里就出了4位。如今"笃修堂"屋内壁板上面还依稀可见江希曾进士、江绍宗当年中举人的捷报。

6. 江村老街

江村老街是村中心一条南北走向的主街道，全长350米左右，北起江氏宗祠，南至溥公祠，沿街有数十家商店，大多属前店后坊式，民居均呈明清风貌：高高的马头墙，青青的蝴蝶瓦，清新典雅。老街的特色是"街三曲"，即弯弯曲曲分成三段，看似偶然，其实其中凝聚着古人的智慧。当初设计者考虑到江村街道呈南北走向，若道路成一条直线，冬天寒风北来，将从街头刮向街尾，不利经商；再者街道弯曲，商人们隔断经营，互不干扰，又相互连通，起到防风、防火、防寒的效果，如此设计颇见匠心。

（五）江氏宗族

江村自古文风淳厚。史书记载，咸丰初年（1851年）江村共有书屋9所，"重诗书，勤课诵，多延名师以训子弟"。明清时期，江氏族人考取进士18人（其中授翰林院编修4人），文举人42人，武举人6人，另有明经40人，辟举4人。民国初10年出学士、博士18人，这在中国古村落中实属罕见。1938年，宁国府属六县联中师生员工2 000余人由宣城迁址旌德江村，8年间在江村求学就读的学生竟达8 000余人，在海内外颇有声誉。发达的文化教育孕育了江村众多英才：唐侍御史江全铭，明代顺天府推官江中文，明代湖广分巡江廷寄，明代护理南河总督清河道江瀚，二品顶戴翰林院编修江树昀，内阁学士兼礼部侍郎二品戴江麟瑞，清代医学家江希舜，清代翰林院编修、书法家江志伊，中国社会党领袖江绍铨，《语丝》

发起人、民俗学家江绍原，著名数学家江泽涵，胡适夫人江冬秀，民国北京市特别市长、代总理江朝宗，民国安徽省长江绍杰，民国为国捐躯的海军将领江泽澍，革命烈士江上青（江泽民同志之父）等。"父子进士""兄弟博士"的美谈更是江村重文兴教的例证。江村还是前中共中央总书记、国家主席江泽民的祖居地。1917年，清末翰林江志伊组织了大量人力物力开始编修江氏宗谱《济阳江氏金鳌派宗谱》，直到1926年才得以完成，全套22本，历经千载。这套江氏宗谱从地理、人物、世系、志传、墓志表等多方面记载了江姓的延脉。20世纪20年代，与曲阜孔氏、爱新觉罗氏族谱同被举荐参加巴拿马万国谱牒大会，被史学家称为中国三大宗谱之一，现被纳入国际徽学研究范畴。

（六）所获荣誉

2002年，江村被列为安徽省省级历史文化保护区。

2005年9月，江村被建设部、国家文物局公布为第二批中国历史文化名村。

2006年5月，江村古建筑群被国务院公布为第五批国家重点文物保护单位。

2012年12月，江村被列入第一批中国传统村落名录。

2014年8月，江村被列入安徽省第一批省级传统村落名录。

第五章
皖中丘陵地区传统村落

第五章 皖中丘陵地区传统村落

皖中丘陵地区传统村落指安徽省中部，合肥市和滁州市地域内的传统村落群体。由于皖中丘陵地区传统村落特殊的地理位置和人文环境，各种不同文化在此碰撞、交流，具有兼容性和过渡性的特点，文化兼备北方的磅礴气势与南方的温婉情调。皖中丘陵地区保存至今的传统村落较少，尤其是保存完整、历史文化价值高的传统村落极少，传统村落主要分布在合肥市巢湖市、肥西县和庐江县。

第一节 皖中丘陵地区概况

皖中丘陵地区包括合肥市和滁州市，位于淮河平原与沿江平原之间，由台地、丘陵和河谷平原组成。台地分布于该区域中部和西部，海拔 50~80 米，大部为剥蚀堆积台地；低山、丘陵主要分布该区东部，海拔 100~300 米，呈北东向断续展布，由片岩、千枚岩、玄武岩、石灰岩等组成。皖中丘陵地区地理位置上处于南北的过渡地带，历来为兵家必争之地。

合肥市位于安徽省中部，为安徽省省会、皖江城市带核心城市，下辖瑶海区、庐阳区、蜀山区、包河区 4 个市辖区和长丰县、肥东县、肥西县、庐江县 4 个县，代管巢湖市 1 个县级市，总面积 11 445 平方千米，人口 786.9 万。

合肥地处江淮丘陵，北起舜耕山，南至巢湖盆地周围，大部分地域岗冲起伏，垄畈相间。地势为中部高，南北低，江淮分水岭横贯中部（大别山余脉），江淮分水岭以南为长江水系，流域面积 4 316 平方千米，地势由北向南（巢湖盆地周围）倾斜，沿巢湖一带形成冲积平原，地势平坦，土地肥沃，圩畈绵延。江淮分水岭以北为淮河水系，流域面积 2 950 平方千米，地势由南向北倾斜，大部分为海拔高程 30~50 米台地，沿瓦埠湖、高塘湖周围有小块狭长的冲积平原。巢湖面积 770 平方千米，为安徽省最大的湖泊，全国第五大淡水湖。合肥境内农业、水产、畜牧资源丰富，适宜稻、麦、棉、油料、菜、瓜、果、麻等多种作物的种植和猪、禽、渔业的发展。合肥市的肥西、肥东和长丰 3 县都是全国商品粮生产基地。

滁州市位于安徽省东部、苏皖交界地区，是南京都市圈核心圈层城市、皖东区域中心城市，下辖琅琊区、南谯区 2 个市辖区和来安县、全椒县、定远县、凤阳县

4个县，代管天长市、明光市2个县级市，总面积13 398平方千米，人口454万。滁州市域跨长江、淮河两大流域，主体为长江下游平原区及江淮丘陵地区。滁州市区与来安、全椒县以及天长部分地区属于长江流域，明光市、定远等县属于淮河流域。市境地貌分丘陵、岗地、平原三大类型，地势西高东低，围绕丘陵分布的平台和波状起伏地带，构成岗地，滁河、淮河沿岸和女山湖、高邮湖的滨湖地带是主要的平原区和圩区。滁州是国家重要商品粮基地，盛产水稻、小麦、鱼虾、油菜等农产品。著名土特产有滁菊（中华四大贡菊之首）、来安花红、南谯贡茶（西涧春雪）、明光绿豆、凤阳花生等（表5-1）。

表5-1 皖中丘陵地区行政区域划分

区域	地级市	区、县（市）
皖中丘陵地区	合肥市	瑶海区、庐阳区、蜀山区、包河区、长丰县、肥东县、肥西县、庐江县、巢湖市
	滁州市	琅琊区、南谯区、来安县、全椒县、定远县、凤阳县、天长市、明光市

第二节 皖中丘陵地区传统村落分布与保护

一、入选中国历史文化名村情况

皖中丘陵地区入选中国历史文化名村的村落仅1个，为滁州市天长市铜城镇龙岗村（2014年3月，第六批），占安徽省中国历史文化名村总数的5.3%。

二、入选中国传统村落名录情况

皖中丘陵地区入选中国传统村落名录的村落仅2个，其中合肥市1个，滁州市1个。分别为合肥市巢湖市黄麓镇洪疃村（2014年11月17日，第三批）、滁州市天长市铜城镇龙岗村（2014年11月17日，第三批），仅占安徽省中国传统村落总数的1.2%（表5-2）。

表5-2 皖中丘陵地区被列入中国传统村落名录的传统村落

所属地区	传统村落	批次	时间
合肥市巢湖市（1个）	巢湖市黄麓镇洪疃村	第三批	2014年11月17日
滁州市天长市（1个）	天长市铜城镇龙岗村	第三批	2014年11月17日

三、入选安徽省传统村落名录情况

皖中丘陵地区入选安徽省省级传统村落名录的村落共有20个，占安徽省省级传统村落总数的5.5%。其中，有9个村落入选第一批省级传统村落名录，合肥市6个、滁州市3个；有11个村落入选第二批省级传统村落名录，全部在合肥市。合肥市共有17个省级传统村落，滁州市仅3个省级传统村落。

从安徽省省级传统村落的县级区域分布来看，皖中丘陵地区有6个县市有传统村落分布，仅占全部18个区县的1/3，其中，合肥市巢湖市6个、肥西县5个、庐江县4个、肥东县2个，滁州市天长市2个、明光市1个。整体来看，合肥市巢湖市、肥西县、庐江县的省级传统村落分布比较集中，分别占皖中丘陵地区总数的30%、25%和20%（表5-3）。

表5-3 皖中丘陵地区被列入安徽省省级传统村落名录的传统村落

所属地区	传统村落	批次	时间
合肥市巢湖市（6个）	巢湖市黄麓镇洪疃村	第一批	2014年8月
	巢湖市柘皋镇北闸老街	第二批	2016年1月
	巢湖市烔炀镇烔炀老街	第二批	2016年1月
	巢湖市烔炀镇唐嘴村	第二批	2016年1月
	巢湖市黄麓镇张疃村	第二批	2016年1月
	巢湖镇苏湾镇方涂村	第二批	2016年1月

（续表）

所属地区	传统村落	批次	时间
合肥市肥东县（2个）	肥东县长临河镇西湖村	第一批	2014年8月
	肥东县长临河镇六家畈村	第一批	2014年8月
合肥市肥西县（5个）	肥西县铭传乡启明村	第一批	2014年8月
	肥西县丰乐镇河湾村	第二批	2016年1月
	肥西县山南镇小井庄村	第二批	2016年1月
	肥西县柿树岗乡新街村	第二批	2016年1月
	肥西县高店乡长镇回民村	第二批	2016年1月
合肥市庐江县（4个）	庐江县汤池镇果树村	第一批	2014年8月
	庐江县柯坦镇柯坦老街	第一批	2014年8月
	庐江县龙桥镇黄屯老街	第二批	2016年1月
	庐江县白山镇齐咀村	第二批	2016年1月
滁州市天长市（2个）	天长市铜城镇龙岗村	第一批	2014年8月
	天长市万寿镇汊河村	第一批	2014年8月
滁州市明光市（1个）	明光市三界镇梅郢村	第一批	2014年8月

第三节　皖中丘陵地区传统村落的特点

一、圩堡村落最具特色

圩堡村落是皖中丘陵地区最具特色的传统村落形式之一，其融合了北方合院式民居、南方天井式民居、山地堡寨及水网地区圩子民居的特点，是由水利系统、防御系统和居住系统共同组成的集生活、军事、防洪、生产等功能于一体的综合型聚落，有着鲜明的时代特色和地域特色。圩堡村落主要集中分布于合肥市肥西县，在第三次全国文物普查中，肥西县共发现圩堡30余处。由于

图5-1　独特的江淮圩堡建筑群

（图片来源：新华网）

历史原因，现在多数圩堡遭到严重破坏（图5-1）。

圩堡村落的历史可上溯至春秋战国时期的"垒"、秦汉时期的"壁"和东汉魏晋时期的"坞"。圩堡村落的建筑重点是突出防御功能。晚清淮军将领总结了在乡寨对抗太平军的经验，将圩堡村落都建筑在丘陵地带的两冲之中或山地两山夹坳之间，以保证水源充足。圩堡四周环以深壕并蓄水，内砌石墙，四角建有碉堡，内外以吊桥连通出入道路。

晚清咸丰年间，为防兵燹祸乱，合肥地区的世家大族纷纷编练乡勇、修筑圩堡，以求自保。清同治、光绪年间，功成名就的淮军将领衣锦还乡，再次掀起圩堡建设的热潮，在肥西县紫蓬山、大潜山一带先后营造了100多个圩堡，形成了极具江淮特色的圩堡庄园群落。在众多圩堡中，以张树声家族的张老圩、刘铭传家族的刘老圩、周盛传家族的周老圩、唐定奎家族的唐五房圩最为著名，四大圩堡庄园各有特色。其中，尤以肥西县铭传乡启明村的刘老圩（刘铭传故居）最为有名。

清同治七年（1868年），刘铭传回乡休假之时，就在老宅附近择地兴建了刘老圩。16年后，刘铭传再次从刘老圩走出来，奉命渡海入台，赢得了保卫台湾的胜利。之后，他返乡又兴建了一座刘新圩（即六安刘大圩）怡养闲居。刘老圩为全国重点文物保护单位，仍遗存10多间旧宅，圩内还有慈禧太后御赐、刘铭传亲手栽种的广玉兰。

清同治八年（1869年），淮军"盛"字营将领周盛波在取得一系列战功之后，以奉养母亲为由回乡，筑周老圩闲居。周老圩尚存书房、影堂、四合院和典当房30多间，现为农兴中学校址。

清咸丰年间，张树声与父亲张荫谷及弟弟树珊、树屏、树槐等在周公山下殷家畈筑堡寨，兴办团练，抗击太平军，后在堡寨的基础上，扩建为张老圩。解放后作为原聚星中学校址。张老圩内原有各式建筑300多间，占地约6.6万平方米，目前尚存后堂屋1幢9间及守卫住房5间。

清光绪十一年（1885年）中法战争结束之后，福建陆路提督唐定奎因病辞职归乡，兴建了唐五房圩闲居。唐五房圩原占地200余亩，圩内拥有内外壕沟多道，建筑400余间，亭台楼阁，轩榭庙宇，样样俱全。现为袁店中学校址。现存一幢中西合璧的两层转心楼，上下共32间。2004年，转心楼被列为安徽省文物保护单位

（图 5-2，图 5-3）。

图 5-2　四合院式江淮民居——唐五房圩转心楼（图片来源：中国搜索网）　　图 5-3　圩堡建筑——唐五房圩转心楼（图片来源：中国搜索网）

二、村落民居类型主要为江淮民居

皖中丘陵地区为中国北方建筑风格与南方建筑风格交汇融合的地带，其传统民居类型为江淮民居，其中的江淮天井式民居、江淮院落式民居、合肥院落式民居分布最为广泛（图 5-4）。

图 5-4　典型的晚清江淮地区民居建筑——李鸿章故居天井和门楼（图片来源：马蜂窝）

江淮天井式民居是皖中地区分布最为广泛的传统民居样式之一。其建筑形式具有江淮地区典型的建筑特点，布局严谨，设计精巧，既满足了部分深宅内的采光、通风和排水等功能，又与天通与地连，具有江淮民居建筑地方特色。其主要分布在肥东县、肥西县、巢湖市北部一带，在城镇、临街、江淮地区南部也有分布，其中，较为典型的民居建筑位于肥西县三河镇和巢湖市烔炀镇等区域范围内。巢湖市烔炀镇中李村金家大宅是典型的江淮天井式民居。

江淮院落式民居主要分布在皖中丘陵地区北部，所处地带为亚热带季风气候，受梅雨影响明显，以合肥市、肥东县、肥西县、巢湖市北部黄麓镇、烔炀镇等分布较为集中。

江淮院落式民居多为一层建筑，体量不大。屋顶形式以硬山为主、少有悬山，防风火之需。屋内承重的木构架多为明间抬梁式，次间或稍间使用穿斗式的组合式，少见全抬梁式。民居出檐较浅，一般在20~30厘米，山墙檐口挂方。面阔三间到五间不等，墙面为青砖勾缝，屋顶覆以小青瓦，平脊、屋角起翘，紫格窗。民居院落一般为围合式，内院周边以廊连接，院内建有水井。主要分布在江淮之间与苏北交界地区，滁州市天长市龙岗村江淮民居群为典型代表，安徽传统村落中民居属于此种类型仅此一个村落。

合肥院落式民居融合了北方院落的布局模式和皖南徽派建筑的部分元素，形制古朴，空间形式和空间组织模式充分反映了家庭结构、家族关系和家族生活，是江淮民居的代表建筑类型之一。巢湖市黄麓镇洪疃村的张治中故居是典型的合肥院落式民居。

第四节　皖中丘陵地区代表性传统村落

一、洪疃村

（一）村落概况

洪疃村又名洪家疃，隶属于安徽省合肥市巢湖市居巢区黄麓镇（图5-5）。

洪疃村是巢湖北岸古村落的典型代表，属于山地传统村落，也是一个徽州移民村落。

洪疃村文风浓厚、民风淳朴，在20世纪30年代就形成了一个从幼稚园、小学

图 5-5　洪疃村村落风貌（图片来源：中国民族建筑网）

到中等师范的完整乡村教育体系，素有"文化之乡"之称。

洪疃村现有农户 216 户，781 人，面积 2.85 平方千米，耕地面积 1 100 亩。

（二）历史溯源

洪疃村的发展进程和宗族变迁密切相关。从明代初期相对单纯的江西移民村落，逐步发展成为徽州洪氏宗族主导的"徽州移民村落"，其间历经 600 余年。

洪疃村起源于明代洪武初年的大移民时期，其前身是一座水坝。相传，宋元战争之后，江淮地区一片荒芜，原来富饶的土地和村庄成为荒场，巢湖岸边也是野草丛生。明朝政府下令从江南地区迁移百姓到巢湖岸边，其中最著名的就是来自江西的瓦屑坝移民和从皖南徽州迁移来的家族。瓦屑坝又称瓦家坝、瓦砾坝，它位于江西的莲湖边，是一个早期的港口。移民者先在巢湖北岸建成了两个小村落——徐家坝和九黄疃。这两个小村落都是早期的民屯，移民者们以此为据点，逐步开垦周围的土地。

徐家坝整体呈正方形，基地处于坝下的缓坡，巷子里修着下水道，巷子前有口小小的水塘，天空下雨的时候，落在村庄的水就通过下水道进入了水塘，是一个设计得十分精妙的排水系统（图5-6）。

两个村落建成后，产生了一个新问题：西黄山地区的山水常常灌流而下，难以控制。下游地区为了保证农业生产，必须在西黄山上修筑一个水坝，才能调节山水，保证丰收。徐氏、黄氏和庄氏族人一起选择了面向下游的一个较窄的山口修筑了一个拦水坝，水坝长150米左右，落差在6米以上。通过这个拦水坝，山水在水坝前形成了一个小小的湖泊。

图5-6　洪疃村水库（图片来源：中国民族建筑网）

在徐家坝建好之后。在它的东边建起了一个小小的村落，居住着从徽州迁来的洪氏族人。按照族谱的记载，他们是唐代歙县观察使的后代，又称"桂林洪"。洪氏的村子叫清水塘，小村前面有水塘，后面有一口井，常年汩汩的冒着泉水。

清代初年，徐家坝里居住的三支家族之一——庄氏家族突然遭遇一个重大变故。一个叫"隆公"的人触犯了朝廷律法，依法将被满门抄斩。庄姓族人为避祸匆匆逃离了这个村庄，留下了空空的建筑和房屋的基址。洪氏族人这个时候趁机迁到了村庄中，成为了徐家坝村第二批移民者。洪氏族人来到徐家坝之后，迅速扩展，并成为其中最大的家族。清乾隆年间，洪氏族人建起了全村唯一的祠堂——洪氏宗祠。

洪氏族人在取得了村庄的控制权之后，慢慢将村庄的名称"徐家坝"改为"洪家疃"，而原来因为兴修坝而形成的湖泊也更名为清水塘。

不久后，来自东部小村的"靠山张"张氏族人也迁来洪家疃。张氏族人与洪氏族人慢慢融合，形成了村庄最大的宗族势力。张氏族人除了张治中先生外，还有十位家族成员在解放前获得少将军衔，此外获得校级军衔者更多。到了近代，洪家疃已经成为西黄山脚下第一大村，他们修筑道路、兴建商业街，甚至计划修筑运河，促进村庄经济的发展。

(三) 村落选址与布局

洪疃村位于巢湖北岸西黄山南麓，隔西黄山与巢湖市烔炀镇以及肥东县长临河镇接壤（图5-7）。

图5-7　洪家疃远景（合肥市住建局提供）

洪疃村地处典型的江淮丘陵地区，村子被山、岗和冲所包围。村子北面耸立着7座山峰：大黄山（西黄山）、二黄山、三黄山、团山、稞子山、窝子山和战山，村口有一座大塘名为清水塘。洪疃村的地形呈一个坡状，清水塘就是这里最低的地方。

洪疃村的先民也正是利用了这一地形的特点，将村落依地形而建。洪疃村东南主体部分，村庄呈正方形，南北、东西各长约180米，是明初洪疃村基址所在，按"九龙攒珠"规划建造，东西方向有巷道9条，互相平行，略向东南倾斜，每个巷道里原先都有人工挖的水渠，雨水从村子的最高处通过水渠向下流淌，汇集到村口的清水塘。清水塘的塘埂处有数个涵洞，这些涵洞都对应着一条巷道，洪疃村的民居则分布在巷道间的狭长地块上，三五幢一组"抱"在一起，民居的天井都修了阴沟，与巷道边的水渠是连通的，如遇大雨，村内雨水经由九条巷道的水渠汇集到"清水塘"，如同九龙戏水，这一现象被当地人形象地称为"九龙攒珠"（图5-8）。

作为蓄水池的清水塘有多个排水口，可以灌溉下游的农田。由于洪疃村古老的排水系统设计精巧，这才使得洪家疃百年都难得遇到一次洪灾。

图5-8 洪家疃水系图
（合肥市住建局提供）

（四）村落建筑

洪疃村传统建筑占村落建筑的60%，村中有名的建筑有张治中故居、黄麓师范学校等，此外还有始建于唐朝贞观年间的相隐寺，明代庄氏居住时留下的庄氏井，原汁原味保留的洪氏古祠堂（图5-9）。

图5-9 洪疃村民居
（图片来源：中国民族建筑网）

1. 张治中故居

张治中故居由故居和桂翁堂组成，两处房屋均系20世纪20年代末30年代初建筑物。

张治中故居由客厅、卧室、侍卫室、库房、厨房等组成，现有三进四厢15间房屋，第四进和后两厢1937年被日本侵略者烧毁。其砖木结构、小瓦屋面，是典型的合肥院落式民居，融合了北方院落的布局模式和皖南徽派建筑的部分元素，形制古朴，空间形式和空间组织模式充分反映了家庭结构、家族关系和家族生活，是江淮民居的代表建筑类型之一。正门旁悬挂着赵朴初先生题写的"张治中故居"花岗岩匾额。故居大厅水泥地面是水磨石地板，水泥是苏联产的，地面中央镶嵌有"五福（蝠）捧寿"图案，五只蝙蝠捧着一个变体的"寿"字，周围点缀着祥云，当时镶嵌这些图案采用的是中国元素、苏联技术。客厅里陈列着介绍张治中生平的图片资料，每幅照片都记录着一段故事。位于大厅左侧的卧室按当年的样子摆设，再现张治中在此生活的情景。在故居的院子里，还有棵张治中亲手栽植的梓树，枝繁叶茂。张治中故居1989年被公布为安徽省省级文物保护单位，1995年被确定为巢湖市爱国主义教育基地（图5-10）。

图5-10　张治中故居
（合肥市住建局提供）

桂翁堂是黄麓师范建校之初兴建的集礼堂与教室为一体的堂馆，张治中将军为纪念父亲张桂徵的"桂"字辈而取此名，当时担任国民政府考试院院长的戴季陶题写了"桂翁堂"匾额。桂翁堂建成时，张治中从南京移栽广玉兰一棵、龙柏两棵作纪念。据考证，这棵广玉兰最早栽种于1885年的金陵大学农学院，由张治中从南京空运过来移栽。后来张治中回乡视察期间，曾经多次在桂翁堂向黄麓师范全体师生演讲，传播陶行知先生的教育思想，鼓励学校师生要致力于乡村教育事业。如今的桂翁堂布置为展览室，详细展示了黄麓师范80多年的风雨历程以及张治中为家乡教育作出的巨大贡献（图5-11）。

图5-11　桂翁堂
（合肥市住建局提供）

2. 黄麓师范学校

黄麓师范学校（安徽省黄麓乡村简易师范学校）是由张治中先生于1933年创办的，为安徽省第一所乡村师范学校，培养农村小学教师。由张治中亲任名誉校长，是安徽省一所历史悠久、成绩斐然的教师培训基地，现为巢湖学院黄麓教学点。80多年来，黄麓师范为社会培养了几万名各类人才，是享誉海内外的教师摇篮（图5-12）。

1929年，张治中回乡创立了黄师附小一部（在洪家疃村）和黄师附小二部（在张家洼村）；1932年创立幼稚园。从而在巢湖之滨形成了一个从幼稚园、小学到中等师范的完整乡村教育体系。现存的黄麓学校占地30亩，教师22名、学生120人，有9个班级，实行九年义务教育一贯制。

图5-12　黄麓学校
（合肥市住建局提供）

黄麓师范创立时，亲任名誉校长的张治中题写校训"敬勇诚毅"，即"敬以待人，勇以行义，诚以存心，毅以立志"。张治中在创办黄麓师范时说："这不但包括做学问，并且包括着做人，不但包括了做人，还包括了做事。"这也就意味着学校不仅为学生传授知识，更重要的是对学生进行全面的教育和培养，服务于社会。早期黄麓师范的教学活动，深受陶行知"生活即教育""社会即学校"的影响。当时黄麓师范的校歌中写道："巢湖宽，黄山高。云绵绵，浪涛涛。自然是吾师，万众皆同胞。人人教我，我教人人，愿与大众向上进步，共学好。敬勇诚毅，吾校之宝；敬勇诚毅，人生之宝。从此建设，从此教育；复兴农村，复兴民族，那怕艰苦和辛劳。衣食住行，与民同乐。礼义廉耻，与国永保。中国少年！黄麓少年！记取记取！人生之乐，和合与创造！"

黄麓学校是典型的私立学校，包括小学、初中和师范，但却是免费的。首任校长是张治中，后来接任的是张治中的女儿张素我，解放后交给了地方政府。但张治中的儿子张一真一直没有忘记父亲那一腔爱乡情，依然不断投资完善学校的各种设施。

3. 相隐寺

相隐寺位于洪疃村西黄山腹地，坐落在山谷中的凹地，三面环山，这里的地形叫作"宝塔凹"；寺院左侧山形叫作"青龙嘴"，延伸的山口像青龙张开嘴巴一样；山泉水汇聚成"龙泉"，顺着山谷流淌而下。

相隐寺原名白衣庵，始建于唐朝贞观年间，曾经是一座高僧辈出的古刹。明朝末年，在京城为官的吴相影（祖籍合肥人）目睹世事沧桑、明朝没落衰亡景象，回到故乡愤世出家，法名万如，隐居于白衣庵，并于此设书院执教，有学生48人。清朝顺治皇帝入关后，派人来请吴相影出山为官。吴相影不肯出山，并说："吾出家之志坚，指南即不向北矣！"由此则将白衣庵更名为指南庵。清咸丰三年（1853年），相隐寺毁于战火。光绪十五年（1889年），由慈济、浩参与金陵宝华山隆昌律寺任住持的浩净老和尚及行宽和尚共同修复。1949年后，相隐寺被彻底拆除。现任安徽省佛教协会会长的妙安法师，1934年在指南庵出家为僧；1991年经过四方募化，重建指南庵，并根据吴相影归隐的历史，改名为相隐寺。

如今的相隐寺三进院落，"相隐寺"匾额由已故的中国佛教协会主席赵朴初题写。第一进天王殿；第二进大雄宝殿高约四层，飞檐翘角；第三进藏经楼高两层，供奉来自泰国的玉佛。

4. 洪氏祠堂

洪疃村西南端还有一座建于清乾隆年间的洪氏祠堂。从祠堂"八"字形大门、重檐翘角的门楼样式来看，它带有明显的皖南徽州古建筑特色，为安徽江北地区少有的标准徽派建筑。尽管祠堂的部分墙体、顶部已经倒塌，在祠堂正门厅堂里，主体木质结构还保留完好，顶部木椽、挑檐、梁托上布满了各种精美的雕花。据洪氏家谱记载，洪疃村洪氏一世祖被称为"德公"，祖籍徽州府歙县桂林村。元末至正年间，德公中了进士，可他还未赴任，朱元璋的明兵就开始进攻徽州，德公携家眷逃至庐州府巢县西黄山山中，在此繁衍生息，形成了洪家疃村。洪家祠堂始建于清乾隆年间，并于民国十三年（1924年）进行了重修（图5-13）。

在通往洪氏宗祠的路上，还有一口"庄氏井"，该井据说是明代庄氏居住时留下的。井圈是白色大理石造的，内壁被绳索磨出10道痕，每道痕都有1~2厘米深。

图5-13 洪疃村洪氏祠堂
（图片来源：中国民族建筑网）

(五)"和平将军"张治中先生

洪疃村是"和平将军"张治中先生故里。张治中为安徽巢县人,1916年保定军官学校毕业。北伐前任黄埔军校入伍生总队总队长、军官团团长,1926年参加北伐。"八一三"事变时任第九集团军总司令,参加并直接指挥淞沪杭抗战。抗战胜利后,任西北行营主任兼新疆省主席。1945年抗战胜利后,张治中将军力主和平建国,并积极促成国共两党的重庆谈判;1949年,张治中作为国民党政府代表团团长,到北平同共产党代表进行和平谈判,当双方达成的协定被国民党当局拒绝以后,他对国民党完全失望了,接受了周恩来的恳劝留在北平,声明同国民党顽固派划清界限,从此开始了新的生活。他毕生主张国共合作,不遗余力地为国内和平而奔走,被誉为"和平将军"。毛泽东称赞张治中将军"专做好事,做了许多好事"。中华人民共和国成立后,张治中历任西北军政委员会副主席、全国人民代表大会常务委员会副委员长、中华人民共和国国防委员会副主席、政协全国委员会委员、中国国民党革命委员会中央副主席等职,对促进民族团结和社会主义建设事业做出了贡献。1969年4月6日在北京逝世。

洪疃村也是张氏族人和洪氏族人聚居的传统村落,曾被称为"黄埔军校村",因张氏族人和洪氏族人中有国民党军官将军军衔的达10人,从黄埔军校毕业的军官有十几人。

(六)所获荣誉

1989年,张治中故居被公布为安徽省省级文物保护单位。
2013年,洪疃村被评为安徽省特色景观旅游名村。
2014年8月,洪疃村被列入安徽省第一批省级传统村落名录。
2014年11月,洪疃村被列入第三批中国传统村落名录。
2015年,洪疃村被评为全国特色景观旅游名村。
2016年,洪疃村被评为安徽省3A级旅游景区。

二、启明村

(一) 村落概况

启明村隶属于安徽省合肥市肥西县铭传乡,是一处具有皖中民居特色的圩堡型传统村落,也是晚清合肥淮军圩堡式庄园的代表(图5-14)。

图5-14　启明村俯瞰(合肥市住建局提供)

(二) 历史溯源

启明村,旧称潜山冲,隶属于庐州府合肥县潜山乡,后改为启明冲、启明村。

刘老圩为清同治七年(1868年)刘铭传在二次剿捻获胜回故乡后择地而兴建的圩堡型住宅群(图5-15)。

图 5-15　刘铭传故居鸟瞰图（合肥市住建局提供）

（三）村落选址与布局

启明村位于肥西县铭传乡西部，地处紫蓬山区最高峰大潜山北麓 2 千米处，地跨江淮分水岭中脊线，处于亚热季风气候与暖温带半湿润气候的过渡地带，属丘陵地貌，境内冈峦起伏、草木葱茏、植被浓密、生态多样。东距合肥市 46 千米，西北距六安 50 千米，北临 G312 线 6 千米。

据说刘家在兴建刘老圩在选址布局上颇为考究。刘老圩为了面对大潜山，总体建筑坐西朝东，开东南、西南大门及东北水师门，正大厅大门面对外壕沟月牙塘。大潜山的老虎崖上有一称为"老虎口"的山洞，洞口面对刘老圩。刘与"牛"谐音，为避"老虎吃牛"之忌，刘老圩里专门于圩中正厅北面修建了一座"钢叉楼"，楼内摆设有钢叉等兵器对准老虎口，以此"压邪镇圩"，破解禁忌。刘家还拆掉了附近有碍风雅名为"老母猪圈"的村庄，并对某姓的墓地通过挖大水沟的方法以避免其挡住刘老圩的龙脉（图 5-16）。

图 5-16　东大门及吊桥
（合肥市住建局提供）

刘老圩圩基包括水面，占地约 6 公顷。建圩时进行了统筹规划，圩四周挖壕沟垫圩基地，圩西面挖大堰烧砖瓦，就近从山上取石料。

刘老圩四周是深壕和石围墙，大潜山汇流的金河水绕圩而过。圩内有内、外两层围墙，中距可达 4 米，围墙上配有 5 座碉堡、炮台。兵勇可在圩四周贯通巡逻。主题建筑群皆有大巷及内围墙相隔，如此形成了外壕、吊桥、城楼、内外围墙、炮台、内宅围护的严密军事防御系统。使得刘老圩在晚清时局动荡的年代、盗匪横行时期可以安然处于青山秀水之间。

刘老圩内、外划分明确，除去外围的防御系统，内部主要分为中央正大厅、南部游赏区、北部会客厅 3 个主要功能。中央正大厅分 3 条轴线，中央四进，南北各三进厅堂，南北路设后厨房，为主要的生活区。南部游赏区在园林中布置南书房、小洋楼，随山采形，就水取势，园林隐蔽清奇，闲雅淳朴，富于皖中园林特色。北部以九间厅为主体，设有盘亭、荷花池、北书房等建筑，曾是刘铭传主要的会客场所（图 5-17）。

图 5-17　九间厅
（合肥市住建局提供）

（四）村落建筑与空间营造

刘老圩（刘铭传故居）位于在启明村中部，面西朝东，面对大潜山。它既具有古城防御特点（壕沟、围墙、城堡），又兼具南北民居的功能特点，并且吸取了西洋建筑的风格，独具特色。刘老圩是江淮地区圩堡的突出代表，是研究圩堡类建筑和圩堡文化的重要资料。刘铭传曾任台湾首任巡抚，刘铭传故居也是推动海峡两岸友好交流的重要平台。

刘老圩四周筑有内外两道深深的壕沟，壕沟内的水是从大潜山引来的金河水。围墙用石头砌成，其上共建有 5 座碉堡。故居的外壕东南、东北角各建有一座大吊桥（现已改建为石桥）与外界相连。两桥分别有两层门楼 7 间，旧时住有兵勇保护圩堡。过外吊桥进圩，便是内壕沟，再过一座吊桥和门楼，才是刘铭传家族居住的内宅。

当年的刘老圩占地约 70 000 平方米,有房屋 300 余间。正大厅为三进,每进三间,头进与二进之间的天井院是回廊包厢,第三进为两层堂楼,主要为女眷居所,正厅大门面对外壕沟的月牙塘,月牙塘的两尖角内弦是一个矩形荷花池,池中有花圃。正大厅的西南角是一座西式洋楼,三间两层,小巧玲珑,楼上藏书,楼下住人。正大厅北面有一座两层五间的"钢叉楼",据说因潜山有一名为"老虎口"的山洞,故建"钢叉楼"用于"压邪镇圩"。

楼后的盘亭是刘铭传为收藏被称为西周三大青铜器之一的虢季子白盘特地建造的,它四面环水,只有一座石桥可通。当年刘铭传建亭供奉,并亲撰《盘亭小录》。(图5-18)虢季子白盘为中华人民共和国首批禁止出国(境)展览文物,商周时期盛水器,晚清时期出土于宝鸡,现收藏于中国国家博物馆,是镇馆之宝。盘形制奇特,似一大浴缸,为圆角长方形,四曲尺形足,口大底小,略呈放射形,使器物避免了粗笨感。四壁各有两只衔环兽首耳,口沿饰

图 5-18　盘亭
(合肥市住建局提供)

一圈窃曲纹,下为波带纹。盘内底部有铭文 111 字,讲述虢国的子白奉命出战,荣立战功,周王为其设宴庆功,并赐弓马之物,虢季子白因而作盘以为纪念。铭文语言洗练,字体端庄,是金文中的书家法本,被视为西周金文中的绝品。其长 137.2 厘米,宽 86.5 厘米,高 39.5 厘米,重 215.3 千克。1950 年 1 月,刘铭传的曾孙刘肃曾亲自护盘进京,将虢季子白盘献给国家(图 5-19)。

刘老圩呈南北长、东西短的不规则形状,圩内树木茂盛,清幽静穆,有 3 棵数百年树龄的古柏,400 年树龄的榆

图 5-19　虢季子白盘
(图片来源:中国国家博物馆)

树，100年树龄的香椿，它们都枝繁叶茂。还有棵120年树龄的广玉兰，是中法战争后慈禧太后赐给刘铭传的，百年后广玉兰成了合肥的市树。

刘老圩南部为生活区，西北部为大堰，是当年为建造故居取土烧砖瓦形成的一大片水面，堰中有大小两座小岛，小岛正好位于刘铭传的会客厅九间厅后，曾经是刘铭传居家时的弹药库。大岛上建有读书亭，仅一座栈桥与外相通，故名读书岛。据说刘铭传晚年时曾拆了栈桥，每天摇船送孙辈到岛上读书，中午送饭吃，傍晚才准回家。刘铭传的后代多在圩内居住。

刘老圩建筑群19世纪末曾遭火灾。中华人民共和国成立以后，刘老圩的大部分建筑因军工建设需要改建为仓库。现存有古建筑40余间，主要有九间厅、子药房、西更楼、东大门及护门房、南门楼、盘亭、围墙（部分）等建筑，其余建筑正在按历史原貌进行分期分批修复（图5-20，图5-21）。

图5-20　刘老圩民居
（合肥市住建局提供）

图5-21　刘老圩钢叉楼
（合肥市住建局提供）

刘老圩附近有一处旱庄，因为周围没有建造壕沟，也无水，故名旱庄。相传是刘铭传早期居所，也是其办团练的所在地，最高峰时曾有房屋近百间，之后逐渐被毁，现仅存三开间房屋及一副门罩。资料显示，该房屋梁架为五架前单步后双步，五架梁上均有木雕，总面阔11.45米，总进深6.21米，正脊高度5.5米；门罩为仿木样式，正脊两端升起，样式轻盈美观，总高度2.85米，宽2.37米。现为肥西县文物保护单位，其核心保护区占地面积约300平方米。

（五）"台湾洋务运动之父"刘铭传

刘老圩的主人刘铭传（1836—1896年），安徽合肥人，字省三，自号大潜山人。刘家祖籍江西进贤。据《刘氏宗谱》记载："始祖赛公，江西进贤县紫溪村人也。"元至正十七年（1357年），陈友谅农民起义军进入江西，战乱频发。刘赛遂随大流"跑反"到合肥西乡，后定居大潜山下。刘家世代务农，铭传父刘惠，母亲周氏，生六子，刘铭传最幼，排行第六。

刘铭传是清末淮军重要将领和著名的政治家，洋务派骨干。清同治元年（1862年），刘铭传组建铭字营加入淮军，在平定太平天国和捻军起义中立下大功，随李鸿章在内战中一路升迁，28岁官至直隶提督，封一等男爵，号称"淮军第一名将"。清同治八年（1869年）自请开缺回乡，筑刘老圩。清光绪十年（1884年）中法战争爆发，刘铭传临危受命，以巡抚衔督办台湾军务，后首任台湾巡抚，为台湾的现代化奠定了深远的基础，被誉为"台湾洋务运动之父"和"台湾近代化之父"。甲午战争失败后，台湾被割让，刘铭传于清光绪二十二年（1896年）1月12日在六安刘新圩忧愤而死，赠太子太保，谥壮肃，著有《刘壮肃公奏议》及诗集《大潜山房诗稿》《盘亭小录》（图5-22）。

图5-22 刘铭传墓园
（合肥市住建局提供）

（六）村民与产业发展

启明村辖28个自然郢，399户，1 604人。总面积5.51平方千米，其中，山林面积2 600亩、水域面积900亩，有水稻田1 710亩、桑园1 100亩、苗木花卉苗圃基地和园林750亩。目前，该村发展了百亩日本大葱生产基地和西甜瓜作为产业支撑。

（七）所获荣誉

1998 年，刘铭传故居被公布为安徽省省级文物保护单位。

2006 年 5 月，刘铭传故居被国务院评为第六批全国重点文物保护单位。

2006 年 5 月，启明村被安徽省人民政府批准公布为安徽省历史文化名村。

2012 年，刘铭传故居被国台办批准为"海峡两岸交流基地"。

2013 年，启明村被列入安徽省第一批美好乡村示范点。

2014 年 8 月，启明村被列入安徽省第一批省级传统村落名录。

2015 年 2 月，启明村被授予第四届"全国文明村镇"荣誉称号。

三、龙岗村

（一）村落概况

龙岗村隶属于安徽省滁州市天长市铜城镇，是一个具有拥军爱民传统的商贸型传统村落。

龙岗村辖 1 个街道，12 个村民小组，536 户，总人口 2 476 人，耕地面积 4 087 亩。

（二）历史溯源

龙岗村始建于唐代，古称芙蓉岗，有 1 200 多年的历史。

明清时期，龙岗村商贾云集、店铺林立，东西南北均建有阙门，东西南北中均建有庙宇，胭脂沟、花园塘、登峰桥、绿杨桥相通相连，传说由明太祖朱元璋下令开凿的 72 口古井遍布各处，一派"小桥流水人家"风貌。

全国抗战爆发后，为了培养抗战人才，中共中央、中央军委于 1940 年 2 月 10 日做出指示，明确指出"皖东"等地"须各办一个抗大分校"。不久，抗大先后在全国设立了 14 所分校，天长抗大八分校即是其中之一。该校以新四军江北军政干校为基础创办，1941 年 5 月在天长张公铺成立，高级将领张云逸（时任新四军副军长）、全国 33 位著名军事家之一——罗炳辉（时任新四军二师师长）曾先后兼任该校校长。1942年4月该校迁至龙岗,并将真武庙作为一个重要的教学地点。

龙岗村的真武庙初建于元惠宗元统二年(1334年),清嘉庆十八年(1813年)重建。整座庙共有3个院落、24间房屋、1座藏经楼,现存2个院落、3间正殿、3间偏殿、3间门楼。清光绪三十二年(1906年),龙岗秀才戴子灵等在该庙创办过天长最早的新式小学堂"崇实学堂",日军侵占天长后停办。

抗日战争时期,龙岗成为培养淮南抗日民主根据地干部的摇篮。1941年"皖南事变"后,新四军进行了整编,原江北指挥部所辖第四、第五支队和江北游击纵队整编为第二师,新四军副军长张云逸兼任师长,罗炳辉任副师长。为加强部队和根据地建设,遵照中共中央和新四军军部的指示,第二师筹建了中国人民抗日军政大学第八分校。1941年5月,抗大八分校在天长张公铺成立,张云逸、罗炳辉分任正副校长。由于日军的疯狂大扫荡,抗大八分校几经辗转,于1941年8月迁至龙岗。抗大八分校在龙岗办学历时4年多,共培训学员4期3 000多人,为抗日民主根据地的建设以及抗日战争的胜利做出了巨大的贡献。

抗大八分校在龙岗办学期间,正是敌后斗争十分艰苦之时,学校没有教室、没有住房、没有办公室,真武庙观主道全、道士如觉等为了支援抗日队伍早日赶走日本侵略者,主动让出房屋,作为八分校的教室、办公室使用,有的道士没有地方住,则借住到其他寺院里。当地广大信众还主动腾出家中住房,让全校师生分散住在自己家里,从而使学校教育、教学工作得以正常开展。

解放后,抗大八分校改为龙岗小学。1985年,抗大八分校旧址群被公布为县级重点文物保护单位,1998年被安徽省人民政府列为省级重点文物保护单位。现已成为全国国防教育示范基地、全国宗教场所爱国主义教育基地、省地市三级爱国主义教育基地(图5-23)。

图5-23 中国人民抗日军政大学第八分校纪念馆(龙岗村提供)

（三）村落选址与布局

龙岗村位于安徽省天长市东北边陲的苏皖交界处，三面环水，东临高邮湖，南有铜龙河，北有苏皖河，山清水秀，水陆畅通。因其地貌形似一朵盛开的芙蓉，古称芙蓉岗。

由于毗邻高邮湖，龙岗村的水路交通非常发达，在相当长的一段时期内一直是本地区的商贸中心，这里人口稠密，人民生活较为殷实，商贾大户众多。龙岗民居建造十分考究，多为青砖小瓦、排山隔扇、浮梁浮柱式建筑。这里的民风淳朴，佛教香火鼎盛，东、西、南、北、中建有十余所庙宇：东有观音寺，西有三宜殿，南有二曾庵，北有白景子庵，中有真武庙。

（四）村落建筑与空间营造

龙岗村老街纵横，村落现存古民居建筑多建于清代和民国时期，为青砖小瓦结构，排山隔扇，镂空雕刻，平门格扇，浮梁浮柱式建筑，均为四合院样式。古街、古阁、古楼、古庙、古井等布局合理，构成了一个原汁原味的古民居群落。中国人民抗日军政大学第八、第九分校旧址分布在龙岗古民居群中（图5-24）。

图5-24　龙岗村老街（图片来源：天长市民生活网）

（五）村落名人

龙岗村历史悠久、人文荟萃，是一个文化底蕴十分厚重的地方。清代曾出过皖东地区唯一的状元戴兰芬，"韦门兄弟文武双探花"韦镜湖、韦镜川，"陈门四进士"陈于豫、陈于荆、陈以刚、陈以明，举人秀才甚多。清道光二年（1822年），朝廷为道光皇帝登基而专设恩科会试，6岁即能赋诗的龙岗学子戴兰芬高中本科状元。至今在天长市仍然流传着许多关于戴兰芬的传说，相传他进京会考，本来只是第九名，皇上见其籍贯、姓名富有吉祥之意，即"天长地久（第九），代代（戴）兰芬"，遂钦点为状元。

龙岗村是中国人民抗日军政大学第八分校旧址所在地，从第八分校培养出去的革命志士，正团职以上有200多人，遍布全国各地。抗大八、九分校旧址是抗大各分校中保存最完整的一处旧址，现已成为安徽省重点文物保护单位、全国国防教育示范基地、安徽省国防教育基地、滁州市国防教育基地，全国宗教场所爱国主义教育基地，安徽省、滁州市、天长市爱国主义教育基地、安徽省反腐倡廉预防犯罪教育基地和皖东重要的红色旅游景点（图5-25）。

图5-25　龙岗村士兵雕塑
（龙岗村提供）

龙岗是我党我军历史上拥军爱民的典范。当时由于日寇的侵扰，龙岗的商贸活动受到严重影响，空闲的房屋较多，为抗大八分校提供了较为宽敞的生活和学习场所。学校下设机构、党政军领导和学员都散居在老街民居中，龙岗300多民宅里，几乎家家都有抗大学员。老一辈革命家刘少奇、陈毅、张云逸、粟裕、郑位三、罗炳辉、方毅、邓子恢、张劲夫等先后在龙岗工作生活过。

（六）芡实小镇

龙岗村水网发达，水生资源丰富，水生产品较多，其中龙岗芡实最负盛名。龙岗芡实又名龙岗鸡头，粒大饱满，品质优良。2012年，"天长龙岗芡实"被国家工商总局认证为"中国地理标志证明商标"。近年来，龙岗村正在积极建设包含种植、采摘、认养、加工、特色美食等活动的芡实产业园、芡宝亲子绿乐园和芡实小镇，形成芡实种植、观光、加工、品尝、销售一条龙，打造"中国芡实第一镇"。

（七）所获荣誉

1998年，中国人民抗日军政大学第八分校旧址被安徽省人民政府列为省级重点文物保护单位。

2010年7月，龙岗村被公布为安徽省历史文化名村。

2013年，龙岗村被评为安徽省省级特色景观旅游名村。

2014年3月，龙岗村被住房城乡建设部、国家文物局公布为第六批中国历史文化名村。

2014年8月，龙岗村被列入安徽省第一批省级传统村落名录。

2014年11月，龙岗村被列入第三批中国传统村落名录。

第六章
沿江平原地区传统村落

第六章 沿江平原地区传统村落

沿江平原地区传统村落，指安徽省长江中下游地区，芜湖市、马鞍山市和铜陵市地域内的传统村落群体。安徽省沿江平原地区由于处于经济发达地区，传统村落保存完好的较少。

第一节 沿江平原地区概况

安徽省沿江平原地区包括芜湖市、马鞍山市和铜陵市。

安徽省沿江平原地区位于皖西丘陵山地、江淮丘陵台地和皖南丘陵山地间的长江两岸，属长江中下游平原的一部分。平原地势低平，河网密布，湖泊众多，海拔10~60米，由西向东渐次降低。平原上分布成片的低山、丘陵，海拔300米左右，以北东走向为主。

安徽省沿江平原地区西狭东阔，大致在铜陵以西由于受皖西、皖南两山地约束，宽度一般30~50千米，成为谷地。在铜陵以东，则突见开阔。沿江平原就总体而论为平原，但实际上有相当山地和丘陵散布，即使同为平原，各地的地貌特征也有区别，故又可将其分为巢湖盆地、滁河平原、天长平原、大别山东南山前平原、江北丘陵带、安庆谷地、和芜平原和宣芜平原等8个次级单元。

芜湖市（图6-1）位于安徽省东南部，地处长江下游，南倚皖南山系，北望江淮平原。地势南高北低，地形呈不规则长条状。地貌类型多样，平原丘陵皆备，河湖水网密布，青弋江、水阳江、漳河贯穿境内。

图6-1 芜湖非遗"十兽灯"表演（图片来源：中国文明网）

芜湖市下辖镜湖区、弋江区、鸠江区、三山区4个市辖区和无为、芜湖、繁昌、南陵4个县，共有31个街道、40个镇、4个乡。市域面积6 026平方千米，人口388万。芜湖有文字记载的历史2 500多年。公元前109年置县，始称芜湖。古代芜湖得两江交汇、舟楫之利，农业、手工业、商业比较发达。近代芜湖是长江中下游地区工商业的发祥地和全国四大米市之一，素有"长江巨埠、皖之中坚"的美誉。

芜湖市属亚热带湿润季风气候。光照充足，雨量充沛，四季分明。年平均气温15~16℃，日照时数2 000小时左右，年降水量1 200毫米，无霜期每年达219~240天。

宣芜平原位于长江以南的芜湖、宣城一带，为沿江平原中最重要的一块平原，在其北、东、南三方面断续有丘陵围绕，故在宏观上实为一马蹄形平原。平原中心在芜湖和其邻近地区，原为湖沼地区，现在成为一片圩区，这是近1 000年来不断围垦的结果。据史书记载，围垦活动最早出现在三国时期，如芜湖东面的咸保圩是在吴赤乌二年（239年）从古丹阳湖群中围出的。到了宋代，围垦扩大，如在嘉祐六年（1061年）所扩大重修的万春圩，便是当时江南最大的圩区，圩内耕地达10余万亩。宣芜平原上的河湖滩地土质良好而肥沃，适合围垦，但到了近代，过度围垦已严重导致了洪涝灾害的形成。

铜陵市位于安徽省中南部、长江下游，是长江经济带重要节点城市和皖中南中心城市，素有"中国古铜都，当代铜基地"之称。采冶铜的历史始于商周，盛于汉唐，延绵3 500余年。中华人民共和国第一炉铜水、第一块铜锭出自铜陵，第一个铜工业基地建于铜陵。铜陵市下辖铜官区、义安区、郊区3个市辖区和枞阳1个县，面积3 081平方千米，人口171万人。

铜陵位于长江中下游平原与皖南山区的交接地带。境内南部低山、丘陵纵横交结，呈北东向展布；中部丘陵、岗地起伏，也呈北东向展布；北部平原地势低下坦荡，地面海拔大部分为8~10米，水网密度高，河沟纵横，是富饶的鱼米之乡。

马鞍山市（图6-2）位于安徽省东部，长江下游。下辖博望区、花山区、雨山区3个市辖区和当涂、含山、和县3个县。面积4 049平方千米，人口229万（表6-1）。

图6-2 马鞍山市当涂民歌《姑溪情歌》(图片来源：皖江在线)

表6-1 安徽省沿江平原地区行政区域划分

区域	地级市	区、县(市)
沿江平原地区	芜湖市	镜湖区、弋江区、鸠江区、三山区、芜湖县、繁昌县、南陵县、无为县
	马鞍山市	博望区、花山区、雨山区、当涂县、含山县、和县
	铜陵市	铜官区、义安区、郊区、枞阳县

安徽省沿江平原地区气候温和，雨量充足，无霜期长，土壤肥沃，河湖众多，水网发达，灌溉方便，成为省内农业生产水平最高的地区，全省进入市场交易的稻米历来大部分出于此处，故芜湖历史上是中国的四大米市之一。

第二节 沿江平原地区传统村落分布与保护

一、入选中国传统村落名录情况

安徽省沿江平原地区入选中国传统村落名录的村落仅有5个，其中，芜湖市芜湖县1个、铜陵市铜陵县2个、铜陵市郊区1个、马鞍山市含山县1个，仅占安徽省中国传统村落总数的3.1%（表6-2）。

表6-2 沿江平原地区被列入中国传统村落名录的传统村落

所属地区	传统村落	批次	时间
芜湖市芜湖县（1个）	芜湖市芜湖县红杨镇西河老街	第三批	2014年11月17日
铜陵市铜陵县（2个）	铜陵县钟鸣镇龙潭肖村	第三批	2014年11月17日
	铜陵县东联乡水浒村赵氏戏楼村	第三批	2014年11月17日
铜陵市郊区（1个）	郊区大通镇和悦村	第四批	2016年12月9日
马鞍山市含山县（1个）	含山县运漕镇蓼花洲村	第四批	2016年12月9日

二、入选安徽省传统村落名录情况

安徽省沿江平原地区入选安徽省省级传统村落名录的村落共有14个，仅占安徽省省级传统村落总数的3.9%。其中，有7个村落入选第一批省级传统村落名录，芜湖市3个、铜陵市4个；有7个村落入选第二批省级传统村落名录，芜湖市4个、铜陵市2个、马鞍山市1个。芜湖市共有7个省级传统村落，铜陵市共有6个省级传统村落，马鞍山市仅有1个省级传统村落（表6-3）。

从安徽省省级传统村落的县级区域分布来看，沿江平原地区有6个区县有省级传统村落分布，仅占全部18个区县的1/3，其中，芜湖市芜湖县4个、南陵县2个、无为县1个，铜陵市郊区4个、铜陵县2个，马鞍山市含山县1个。整体来看，芜湖市芜湖县、铜陵市郊区的省级传统村落分布比较集中，均占沿江平原地区总数的28.6%。

表6-3 沿江平原地区被列入安徽省省级传统村落名录的传统村落

所属地区	传统村落	批次	时间
芜湖市芜湖县（4个）	芜湖县陶辛镇胡湾村	第一批	2014年8月
	芜湖县红杨镇西河古镇	第一批	2014年8月
	芜湖县六郎镇官巷村	第二批	2016年1月
	芜湖县陶辛镇东莞村	第二批	2016年1月
芜湖市南陵县（2个）	南陵县何湾镇龙山村	第一批	2014年8月
	南陵县工山镇八都何村	第二批	2016年1月
芜湖市无为县（1个）	无为县蜀山镇黄姑老街	第二批	2016年1月

（续表）

所属地区	传统村落	批次	时间
铜陵市郊区（4个）	郊区大通镇澜溪老街	第一批	2014年8月
	郊区大通镇和悦老街	第一批	2014年8月
	郊区铜山镇南泉村	第二批	2016年1月
	郊区大通镇永平村	第二批	2016年1月
铜陵市铜陵县（2个）	铜陵县顺安镇凤凰山村	第一批	2014年8月
	铜陵县钟鸣镇龙潭肖村	第一批	2014年8月
马鞍山市含山县（1个）	含山县运漕镇蓼花洲村	第二批	2016年1月

第三节　沿江平原地区代表性传统村落

一、西河老街

（一）村落概况

西河老街，原为宣城所辖，现隶属于安徽省芜湖市芜湖县红杨镇。

西河老街位于芜湖县南部，处于宣城市宣州区、芜湖市南陵县、芜湖县三地交界处。其东濒青弋江，西北与高兴、沈公行政村接壤，是一座集商业、水运码头、农副产品集散地为一体的贸易类传统村落，具有徽派古民居建筑与自然环境相融合的水乡风貌。老街虽历经沧桑，但风貌依存，格局完好（图6-3，图6-4）。

图6-3　红杨镇西河老街
（芜湖县美好办提供）

图6-4　西河老街
（芜湖县美好办提供）

（二）历史溯源

远在西汉时，西河乃是湖滩，杂草丛生、人烟寥寥、水患严重，俗称"草头湖"，当地有一庵堂建造于此，当地人称之为"茶庵"，属丹阳郡宛陵县。隋朝改宛陵为宣城，此地始属宣城县；明洪武年间，百姓挑圩筑堤，开始迁徙至此定居，并渐成小集镇，因其坐落于青弋江西岸，故得名"西河"，逐渐成为青弋江下游重要的水运码头，也是芜宣一带徽商的集散地。

自明代中叶起，西河老街便成为皖南地区太平、旌德、泾县等地客商到芜湖经商的必经之地，往来船只常泊于此歇宿，成为山区竹、木、柴、炭等农副产品的销售中转地；来自下游的粮商在此设点收购粮食，使得西河老街商业逐渐兴旺，据说，当时镇上有浴池3家、饭店4家、杂货店44家，不少店铺前店后坊，上近王家村下到八面佛都是住宅区，河沿一带都有房屋。西河老街逐渐形成了独特的水埠码头文化和商帮文化。

明万历年间，西河老街曾遭兵毁，房屋店铺焚毁严重，村民流离，集镇经济萧条。

清代中期，西河人民生活安定，行商者渐多，集镇复于繁荣。竹木手工制作业盛行，街头巷尾遍及竹木器店铺，大户人家开设粮行，收购粮食运销沿江城市，河岸上还有竹、木商行，此时街道逐渐扩展向北延伸，镇上除山、杂、百货店外，还新开糟坊、糖坊、药铺、烟店、客栈、饭馆等，经商者多来自江北巢县、无为和江南泾、旌、太等县，商业兴旺，一度成为宁国府宣城县西乡要镇；清咸丰年间，由于太平天国军队与清兵在此筑营鏖战达4年之久，百姓蒙受其难，店铺多倒闭，居民背井离乡，西河集镇再度衰败。

民国初年，西河集镇又趋于复兴。青弋江中过往船筏增多，大批的竹木排筏由山区运来停靠于此，船只往来也很频繁，常达七八十条，此时集镇已成内河天然码头。20世纪二三十年代，集镇商业发达，各种店铺有100多家，大的店铺作坊雇佣学徒工匠达二三十人。当时有名的糕饼店有王义隆、元泰和等，加工的糕点花色繁多，尤其是方片糕制作精细，片薄匀整而香甜。中药店铺有6家，最大的有陈恒生、太和春、胡广生，自制中药，诊病配方。布店有恒丰和、同裕源等5家，浴池有沧浪园、大乐园、新新园3家，茶馆有金谷春等3家，还有杂货店30多家，粮行6家。据说兴盛时，常住人口将近6 000。这一时期，纺纱、织布、织袜、刺绣等手工制作开始盛行。本地人王景玑还创立了西河私立培英小学。

据《宣城古今》载："民国二十年（1931年），（西河）定为建制镇，民国三十八年（1949年）冠以标准集镇。属宣城县七大集镇之一"。中华人民共和国成立后，西河历为乡、镇、区署机构驻地，随行政机构设置沿革，曾称过西河行政村、西河街道大队、西河镇等，1971年1月10日由宣城划归芜湖县管辖。

（三）村落布局与空间营造

西河老街建造在一条长堤顶部两侧，呈南北走向，既是街道也是沈公圩的堤防，全长约1 200米，分为上街头和下街头两个部分。西河老街街道曲折、宽窄不匀，一般为2~3米，最窄处仅容三两人擦身过。街心为鹅卵石路面，两侧房屋绝大多为传统的徽派建筑，翘角飞檐，黛瓦粉墙，古朴典雅。由于连年筑堤防汛加固堤埂，街面一直在增高，使得两边的房屋和店铺明显低于现在的街面，许多屋基已经低于路面1.5米左右。沿河一侧的旧宅，屋高墙峭，基部麻石驳砌，拔地数丈，汛期任凭水冲浪击岿然不动，外河沿岸青石护栏，人可以通行。内侧房屋店铺多为数进串连，从街心踏青石台阶下入室内，可延伸10余米。此外，上街头外侧有章家巷、土地巷，下街头外侧有徐会兰巷、江东巷，中街内侧有芮家巷，均为老街横连，通往沈公圩内，也可通向沿河水运埠头（图6-5）。

如今的西河老街为清咸丰三年（1853年）以后所建，虽然时隔100余年，大体

图6-5 西河老街（图片来源：E都市旅游网）

图 6-6 青弋江边的"吊脚楼"
（芜湖县美好办提供）

仍保留晚清的徽派风貌，沿河的老建筑屹立岸边，颇具特色，有"皖南吊脚楼"的美誉（图 6-6）。近年来，许多电视台、电视剧组都相继前来取景。电影《米市春秋》《关关雎鸠》，电视剧《米市春秋》，电视专题片《走遍中国·走进芜湖之"宝姑出逃"》《李鸿章与芜湖米市》等，均到此取景拍摄过。

20 世纪 70 年代，集镇建设逐渐向圩内扩展，修筑了一条长 50 米、宽 5 米的水泥街道，人称法制路。其拦腰横穿老街，东至河沿，西至圩内，与老街交叉处为十字街，上架设水泥旱桥连通老街，旱桥高于路面 4 米左右，人们可在旱桥下往来，也可由旱桥北侧的青石台阶下，步入老街。1983 年又在圩堤内侧新铺设一条长 200 米、宽 9 米的水泥路面街道，与老街平行，人称民主路，上到粮站下至芮家巷口，横越法制路，是目前最宽阔的一条街，农副产品交易都聚集在此。

西河老街的渡口是游人必到之处，这里曾是水陆交汇、商贾云集的必经之处，数百块青石板修筑的上下台阶已被磨得光滑如镜，由于坡度较陡，由上而下行走需注意脚下防滑，站在码头的最低处向上仰望，沧桑之感油然而生。

（四）所获荣誉

2014 年 8 月，西河老街被列入安徽省第一批省级传统村落名录。

2014 年 11 月，西河老街被列入第三批中国传统村落名录。

2017 年，西河古镇景区被评为国家 3A 级旅游景区。

二、龙潭肖村

（一）村落概况

龙潭肖村隶属于安徽省铜陵市义安区钟鸣镇。它是一个集合江南建筑特色和徽州文化的山区传统村落，村落中徽派建筑风貌明显且保留完整（图6-7）。

图6-7　龙潭肖村全貌（*龙潭肖村提供*）

（二）历史溯源

据《铜陵县志》和《龙潭肖氏宗谱》等资料记载，明朝宪宗年间（1465年），江西吉水地区闹灾荒，一位名叫肖鼎戴的年轻人带着新婚妻子逃荒至此，发现这里山清水秀，土地肥沃，是个落脚的好地方，于是搭起窝棚、垦荒种地，在此安家落户、繁衍后代，逐渐形成了一个200多户、近千人口的村落。

"龙潭肖"之名来源于一个美丽的传说：这个村落有个深潭，里面住着一条龙，但这条龙生性懒惰，整天在里面嬉戏而不务正业。一天一名村妇前去洗衣，在用洗衣棒槌敲打衣服时，不小心将那条龙的尾巴给敲断了。那龙生气了，兴风作浪，弄得整个村子无法安宁。后来天宫知道了此事，多次调解，终于将此事给平息了下来。那条懒龙也不再懒惰，时不时降甘霖于此地，使得该村风调雨顺，年年丰收。村民为了纪念这条改过自新的龙，而将村名称作龙潭肖。传说到了春节玩龙灯的时候，龙灯必定要来此地祭拜，但围着池塘走时，纵使再长的龙灯也无法全部围住池塘，意指"该龙无尾"。

（三）村落选址与布局

图6-8 龙潭河
（龙潭肖村提供）

龙潭肖村地处凤凰山风景区，四面环山，距离钟鸣镇镇区约10千米，龙潭河从村庄内穿流而过，村庄依地形散落在龙潭河两侧（图6-8）。

村落东西南三面被竹林覆盖，常年绿意盎然。村落中常见古树有檀树、圆柏和楸树等树种。龙潭肖村的南面，有一道缓坡，挖凿搭建的石道阶梯通向山外。这原本是一条马帮商道，已有200多年历史，是村民们与外界沟通的重要通道。古时常有马帮商人，赶着几十匹驮着各种日用百货的骡马，来村中与村民交换各种山货，曾盛极一时。

（四）村落建筑与空间营造

龙潭肖村整座村落地形错落有致、风貌独特，保持较为完整。该村是典型的"小桥流水人家"的风貌，进村口就有一座青石拱桥，龙潭河上共有7座小桥。龙潭肖村中部有一处潭水，名龙潭，面积两亩左右。从高处鸟瞰，龙潭似一颗璀璨的明珠镶嵌在村落中心。村后有一处山泉，名龙泉，与龙潭遥相呼应，泉水清凉甘甜，终年潺潺不息。

村中主要街道为金山路，南北向贯穿村落。村落建筑包括民居、古桥、古寨门、古道、古巷、古树、古亭，其中古民居主要有清乾隆年间民居 2 栋，清末民居 2 栋，民国时期民居 5 间，其余大部分民居则为 20 世纪 60 年代至 80 年代的建筑。[①] 大部分民居围绕龙潭依山而建，属皖南徽派建筑风格，以马头墙、小青瓦最有特色（图 6-9）。

图 6-9　龙潭肖村古民居
（龙潭肖村提供）

1938 年 12 月，新四军第三支队在副司令谭震林的率领下，奉命开赴铜（陵）繁（昌）抗日前线，第三支队第五团进驻铜陵，团部驻龙潭肖村，该团所属的一、二、三营分别驻凤凰山、金山冲、水龙山和三条冲一带。新四军五团团部旧址位于龙潭之侧，房屋建于民国初期，坐北朝南，呈"回"字形，依入口顺序有下堂、天井及东西两廊、上堂，占地面积 145.6 平方米，建筑面积 242 平方米（图 6-10）。

图 6-10　新四军五团团部旧址
（龙潭肖村提供）

（五）肖姓族人与特产

龙潭肖村占地面积约 166 亩，含青山、南山、龙潭、前山四个村民组，全村共 186 户，户籍人口 548 人，如今龙潭肖村中 90% 以上的村民为肖姓（图 6-11）。全村耕地面积为 184 亩，山场面积 3 200 亩，水域面积为 16 亩。[②] 村中主要特产以檀

[①] 程堂明，卢凯，陶冠军：《记忆传承乡愁文化　保护发展传统村落——以龙潭肖村保护发展方法探索为例》，《小城镇建设》，2016 年第 07 期。
[②] 余宏：《"旅游+"视角下的传统村落保护与利用——以铜陵龙潭肖村为例》，《怀化学院学报》2018 年第 01 期。

图6-11 龙潭肖村村民洗衣（图片来源：铜陵文明网）

皮、丹皮、毛竹为主，近些年村中逐步引入牡丹嫁接种植产业。[1]

（六）所获荣誉

2014年8月，龙潭肖村被列入安徽省第一批省级传统村落名录。

2014年11月，龙潭肖村被列入第三批中国传统村落名录。

2014年，龙潭肖村被列为安徽省省级美好乡村中心村建设示范点。

---

[1] 程堂明，卢凯，陶冠军：《记忆传承乡愁文化 保护发展传统村落——以龙潭肖村保护发展方法探索为例》，《小城镇建设》，2016年第07期。

第七章
皖西山地丘陵地区传统村落

皖西山地丘陵地区传统村落，指安徽省安庆市和六安市地域内的传统村落群体。皖西皖西山地丘陵地区传统村落以"皖西大屋"为特色，其传统村落的数量和质量在安徽省处于中等水平。传统村落主要分布在六安市金寨县以及安庆市岳西县、潜山县和宿松县。

第一节　皖西山地丘陵地区概况

皖西山地丘陵地区包括安庆市和六安市，位于安徽省西部，与湖北、河南、江西三省接壤，约占全省总面积23.9%，平均海拔500~1 000米，1 500米以上的高峰有多座，山体多为北西走向，为河谷深切，山间分布断陷盆地，多呈椭圆状。皖西地区历史上以农业为主，历代官府和乡民注重对水利工程设施的兴建，留下了许多有关水利设施的地名，如"堰""塘""陂"等，如安丰塘，也称芍陂。

安庆市下辖迎江区、大观区、宜秀区3个区和怀宁县、潜山县、太湖县、宿松县、望江县、岳西县、桐城市7个县（市）。枞阳县原隶属于安庆市，2015年10月，国务院批复同意将枞阳县划归铜陵市管辖。

安庆地区西北靠大别山主峰，东南倚黄山余脉，素有"万里长江此封喉，吴楚分疆第一州"的美称。地貌大致分为中山、低山、丘陵、台地（岗地）、平原几个部分。中山主要分布于岳西、潜山、太湖、宿松境内，均属大别山系。低山是区内分布最广的一种山地类型，分布于桐城—潜山—太湖深断裂西北侧；怀宁、宿松境内的低山，多为侵蚀低山；少部分为溶蚀低山，它们都属大别山支脉。丘陵的海拔大都在300~500米。台地海拔一般小于150米，相对高度30~80米，分布于宿松、太湖、望江、怀宁等县的沿湖地带。平原分布于长江沿岸及其支流华阳河、皖河等下游地带以及龙感湖、大官湖、黄湖等湖滨地区。安庆是古皖国的所在地，历史悠久，文化积淀深厚。

六安市下辖金安区、裕安区、叶集区3个区和霍邱、金寨、霍山、舒城4个县。寿县原隶属于六安市，2015年12月，国务院批复同意将六安市寿县划归淮南市管辖。六安是农业大市，物产丰富，素称"江淮粮仓""白鹅王国""茶药宝库""丝绸之府"和"水电之乡"。六安是国家重点商品粮生产基地，盛产110多种名特优稀农副产品和1 400余种中药材，粮、油、麻、栗、茶、茧、肉、禽、水产等农副产品产量居安徽省前列，基本形成了优质粮油、蔬菜、茶叶、生猪、家禽、水产品、丝绸、油茶、大麻、中药材、草竹柳编等一批主导产业和特色产业（表7-1）。

表7-1 皖西山地丘陵地区行政区域划分

区域	地级市	区、县（市）
皖西山地丘陵地区	安庆市	迎江区、大观区、宜秀区、怀宁县、潜山县、太湖县、宿松县、望江县、岳西县、桐城市
	六安市	金安区、裕安区、叶集区、霍邱县、舒城县、金寨县、霍山县

第二节 皖西山地丘陵地区传统村落分布与保护

一、入选中国传统村落名录情况

皖西山地丘陵地区入选中国传统村落名录的传统村落共有16个，占安徽省中国传统村落总数的9.8%。其中，安庆市10个，六安市6个。从中国传统村落的县级区域分布来看，有7个区县有中国传统村落分布，其中，安庆市太湖县2个、宿松县3个、岳西县4个、潜山县1个，六安市金寨县4个、舒城县1个，六安市裕安区1个（表7-2）。整体来看，皖西山地丘陵地区中国传统村落主要分布在安庆市岳西县、六安市金寨县和安庆市宿松县，分别占皖西山地丘陵地区总数的25.0%、25.0%和18.8%。

表7-2 皖西山地丘陵地区被列入中国传统村落名录的传统村落

所属地区	传统村落	批次	时间
安庆市太湖县（2个）	汤泉乡金鹰村蔡畈古民居	第一批	2012年12月20日
	汤泉乡龙潭寨古民居	第一批	2012年12月20日

（续表）

所属地区	传统村落	批次	时间
安庆市宿松县（3个）	柳坪乡大地村	第二批	2013年8月6日
	趾凤乡团林村	第二批	2013年8月6日
	趾凤乡吴河村	第四批	2016年12月9日
安庆市岳西县（4个）	响肠镇响肠村	第二批	2013年8月6日
	响肠镇请水寨村	第二批	2013年8月6日
	店前镇店前村	第三批	2014年11月17日
	黄尾镇马元村	第四批	2016年12月9日
安庆市潜山县（1个）	官庄镇官庄村	第四批	2016年12月9日
六安市舒城县（1个）	晓天镇晓天街道居委会中大街	第二批	2013年8月6日
六安市金寨县（4个）	汤家汇镇上畈朱家湾	第三批	2014年11月17日
	汤家汇镇瓦屋基村宴湾	第三批	2014年11月17日
	果子园乡姚冲村姜湾	第三批	2014年11月17日
	汤家汇镇斗林村李家湾老屋	第四批	2016年12月9日
六安市裕安区（1个）	独山镇蔬菜村	第四批	2016年12月9日

二、入选安徽省传统村落名录情况

皖西山地丘陵地区入选安徽省省级传统村落名录的村落共有59个，占安徽省省级传统村落总数的16.3%。其中，有46个村落入选第一批省级传统村落名录，安庆市21个，六安市25个；有16个村落入选第二批省级传统村落名录，安庆市12个，六安市4个。安庆市共有33个省级传统村落，六安市共有29个省级传统村落。

从省级传统村落的县级区域分布来看，有12个区县有省级传统村落分布，占全部17个区县的70.6%，其中安庆市太湖县2个、潜山县6个、岳西县8个、宿松县5个，安庆市金寨县23个、桐城市3个、望江县3个、宜秀区1个、舒城县3个，六安市金安区1个，霍邱县1个、裕安区1个（表7-3）。整体来看，皖西山地丘陵地区省级传统村落主要集中分布在六安市金寨县、安庆市岳西县、潜山县和宿松县，分别占皖西山地丘陵地区总数的39.0%、13.6%、10.1%和8.5%。

表 7-3　皖西山地丘陵地区被列入安徽省省级传统村落名录的传统村落

所属地区	传统村落	批　次	时　间
安庆市太湖县（2个）	汤泉乡金鹰村蔡畈古民居	第一批	2014年8月
	汤泉乡龙潭寨古民居	第一批	2014年8月
安庆市潜山县（6个）	潜山县黄泥镇黄泥街道	第一批	2014年8月
	潜山县水吼镇横中村	第一批	2014年8月
	潜山县龙潭乡龙潭村	第一批	2014年8月
	潜山县官庄镇戈元村河湾老屋	第二批	2016年1月
	潜山县官庄镇金城村河西大屋	第二批	2016年1月
	潜山县余井镇田乐村占庄老屋	第二批	2016年1月
安庆市岳西县（8个）	岳西县姚河乡梯岭村	第一批	2014年8月
	岳西县响肠镇响肠村	第一批	2014年8月
	岳西县响肠镇请水寨村	第一批	2014年8月
	岳西县店前镇店前村	第一批	2014年8月
	岳西县五河镇河南村	第一批	2014年8月
	岳西县黄尾镇马元村	第二批	2016年1月
	岳西县响肠镇千佛塔村	第二批	2016年1月
	岳西县响肠镇新浒村	第二批	2016年1月
安庆市宿松县（5个）	宿松县柳坪乡大地村	第一批	2014年8月
	宿松县趾凤乡团林村	第一批	2014年8月
	宿松县趾凤乡九重城村	第一批	2014年8月
	宿松县趾凤乡吴河村	第一批	2014年8月
	宿松县隘口乡小圩村	第一批	2014年8月
安庆市桐城市（3个）	双港镇练潭村	第一批	2014年8月
	孔城镇八甲村	第二批	2016年1月
	范岗镇新西村	第二批	2016年1月
安庆市望江县（3个）	望江县华阳镇吉水社区	第二批	2016年1月
	望江县鸦滩镇望马楼村帅家下屋	第二批	2016年1月
	望江县高士镇新坝村	第二批	2016年1月
安庆市宜秀区（1个）	罗岭镇小龙山社区狮岭自然村	第二批	2016年1月
六安市金寨县（23个）	汤家汇镇上畈朱家湾	第一批	2014年8月
	汤家汇镇瓦屋基李老湾	第一批	2014年8月
	汤家汇镇瓦屋基宴家老湾	第一批	2014年8月
	汤家汇镇金刚台东湾古民居	第一批	2014年8月
	汤家汇镇金刚台岳林古民居	第一批	2014年8月

（续表）

所属地区	传统村落	批次	时间
六安市金寨县（23个）	汤家汇镇斗林李老湾	第一批	2014年8月
	汤家汇镇廖氏庄园	第一批	2014年8月
	汤家汇镇易家湾古民居	第一批	2014年8月
	果子园乡姜湾村	第一批	2014年8月
	天堂寨镇前畈村八湾组	第一批	2014年8月
	天堂寨镇前畈村南河组	第一批	2014年8月
	斑竹园镇徐家湾	第一批	2014年8月
	沙河乡楼房村	第一批	2014年8月
	燕子河镇方坪村中坪组	第一批	2014年8月
	燕子河镇闻家店村张畈组	第一批	2014年8月
	燕子河镇燕溪村北街组	第一批	2014年8月
	吴家店镇长源村	第一批	2014年8月
	吴家店镇吴畈村	第一批	2014年8月
	吴家店镇太平山村	第一批	2014年8月
	南溪镇岗家山冈家老屋	第一批	2014年8月
	花石乡花石村汪家老屋	第二批	2016年1月
	花石乡大湾村汪家祖宅	第二批	2016年1月
	花石乡大湾村汪家新屋	第二批	2016年1月
六安市舒城县（3个）	晓天镇晓天街道居委会中大街	第一批	2014年8月
	汤池镇汤池老街	第一批	2014年8月
	庐镇乡唐家大屋	第一批	2014年8月
六安市霍邱县（1个）	马店镇李西圩村	第一批	2014年8月
六安市金安区（1个）	毛坦厂镇明清老街	第一批	2014年8月
六安市裕安区（1个）	独山镇蔬菜村	第二批	2016年1月

第三节 皖西山地丘陵地区传统村落的特点

一、民居以"皖西大屋"为代表

皖西山地丘陵地区传统村落的民居多为大宅，一幢有百余间房的大宅即组成一个村落,也称"皖西大屋",是一种聚族而居的集合式民居。各地的皖西大屋虽形式规模略有不同,但建筑形制、空间格局、风格等基本相同。①皖西大屋大多是徽派建筑与皖西风格的结合,此外,皖西地区不少村落居民是由明清时期江西移民而来,因此,在建筑中融合了许多江西民居建筑风格。

皖西自古以来是兵家必争之地,山势陡峭,植被繁茂,迁居至此的宗族,既要防御自然灾害及野兽的侵扰,又要防御外族及原住民的掠夺,故对其建筑的防御性的要求很高。皖西大屋注重防御性能,多建有高大厚重的青砖院墙或石墙,对外少开门窗,整个建筑仅设置数道门,形成一个封闭完整的宅院,入口上方往往设有瞭望孔和射击孔。

皖西大屋建筑手法大都简约,以砖木构架框架为主,单层单檐硬山顶,小瓦马头墙,墙面为青砖勾白缝。大屋装饰多体现为石雕,常有各式雕饰,以圆雕和浮雕为主,内容包罗万象,如山水、草木、人物、珍禽异兽等。

皖西大屋讲究对称工整,一般为一轴三进或一轴五进,左右对称延伸。一般有数进,每进以天井相隔。两边设有厢房,回廊相连。中轴线上分别分布着门厅、厅堂、祖堂,两侧是接待客人的官厅、餐厅、厢房及仆人的住所,左右围以脚屋。皖西大屋一般有上百个房间,但房内空间狭小,只能满足家居活动,因此,屋前场地就成为族人活动的公共场地。

二、重视风水,聚族而居

皖西山地丘陵地区传统村落秉承传统的风水观念,村落的选址、布局均尊崇风水学说,如选择吉地的要旨是"背靠来龙,屋前明堂"。因此,一般皖西大屋前凿建月牙形水池,用于聚集山涧溪水,满足生活需求,也造就了背山面水的理想生态居住环境。通常,皖西大屋、屋前池塘、屋后山体、屋侧山体等构成了皖西山地丘陵地区传统村落空间格局的完整配置。目前,皖西保存比较完整的村落如毛坦厂明

---

① 金乃玲,车力驰:《皖西大屋民居宅形文化浅析——以天堂寨南河新屋湾明代古民居为例》,《安徽建筑大学学报》2016年第4期。

清老街、晓天镇老街、舒城庐镇唐家大院、金寨县八屋湾古民居、霍山刘家花屋、金寨县李老湾古民居、东河口高氏祠、金寨罗杰故居等均依山傍水而建，选址布局十分讲究，注重人与自然的和谐统一，注重风水理念，使整个村落或街道与自然融为一体。

皖西山地丘陵地区传统村落大多因袭血缘，聚族而居。许多传统村落的建造者为移民族群，他们多于元末明初来自江西、湖北及山东兖州等地，与明初"江西填湖广"运动的时间相吻合。特殊的移民背景及宗族文化因素造就了皖西大屋民居建筑形式的形成。[①] 在皖西山地丘陵地区传统村落，一个大家族往往几十户家庭共同居住在一处大屋中，老幼有序分别居住正屋和脚屋，体现出儒家"仁""礼"的观念。世代繁衍的族人可能会以中轴线左右不断延展建屋。

第四节 皖西山地丘陵地区代表性传统村落

一、姚冲村姜湾

（一）村落概况

姚冲村姜湾隶属于安徽省六安市金寨县果子园乡姚冲村，属于典型的皖西山区传统村落。

（二）历史溯源

姚冲村姜湾始建于明朝，传说是李自成的旧部姜姓将领起超公带5个儿子避难在此所建（图7-1）。

当年姜氏族人为躲避战乱自湖北黄石迁入姚冲村。姚冲村姜湾历经数百年繁衍传承，形成相拥而居的传统村落。姜湾目前共有22户人家，100多人，仅有1户

---

① 金乃玲，车力驰：《皖西大屋民居宅形文化浅析——以天堂寨南河新屋湾明代古民居为例》，《安徽建筑大学学报》2016年第4期。

图7-1　姚冲村姜湾俯瞰（图片来源：搜狐网旅游栏目）

姓肖，其余均姓姜。姜湾人淳朴善良，至今仍是日出而作、日落而息，还保留有传统的农耕习俗。

（三）村落建筑与空间营造

姚冲村姜湾，也称作姜家大宅，是皖西民居的典型代表之一（图7-2）。

姜家大宅现存120余间明清古屋，占地2 700余平方米，具有大别山地区典型的人居格局，百余间房屋连为一个整体，仅有一个大门供姜氏族人出入。姜家大宅采用构图方正、轴线分明的传统布局手法。姜家大宅以中厅为中心，有三层房屋，每一层都有环廊相通。从内到外按八

图7-2　姚冲村姜湾姜家大宅
（姚冲村提供）

卦的乾、坤、震、巽、坎、离、艮、兑方位开了8个门通往宅外，各处房屋均有巷道通往8个门。① 每层房屋之间由大石块搭成的暗道相通，下雨时用于排水，战乱之时，用于地下通达。各房屋之间均有楼门相通，这些可构成地下、地上、楼上立体交通。如果发生战争或灾乱可通过这些通道来相互支援和进退。外人进了姜家大宅有种如同进入了迷阵的感觉（图7-2）。

姜家大宅重防御、轻装饰，装饰多体现为石雕，如正门门楣上有铜钱石雕图案。房屋内多为木构架承重，柱基为方形石块以防腐，台阶多为长条石块铺砌而成。外围为青砖墙体，青瓦屋顶，大门外是11级石条台阶，甚是壮观。大门设有门楼，门楼与中厅以天井院相隔，中厅分为3间，8根木柱子落地，满架升斗，气势雄伟。中间一间大厅正面装有鼓皮，镶有闪门，专供寨中迎接新娘，外嫁姑娘出入。穿过中厅，再过一天井院即是上堂屋。姜家大宅除去天井、院落和"隆子"（通道），每间屋子占地才十几平方米；姜家大宅的大门是斜开的，这与古代风水一说相关，讲究的是门开方向朝山对水，寓意为吉祥（图7-3）。

姜家大宅背后是400年树龄的枫树，等到深秋，这里满山都是红色枫叶（图7-4）。

图7-3　姜家大宅大门
（姚冲村提供）

---

① 江春雪：《安徽省传统村落地理研究》，湖南师范大学硕士论文，2016年，第62页。

图7-4　姜家大宅后400年树龄的枫树（姚冲村提供）

（四）所获荣誉

2014年8月，姚冲村姜湾被列入安徽省第一批省级传统村落名录。

2014年11月，姚冲村姜湾被列入第三批中国传统村落名录。

二、大地村

（一）村落概况

大地村隶属于安徽省安庆市宿松县，属于典型的皖西山区传统村落。

（二）历史溯源

大地村保留着大量的古建筑遗存，最知名的是吴家五房屋，是皖西地区不多见的徽派古民居。吴家五房屋建于清乾隆四十八年（1783年）。据说吴家五房屋是当年一个叫吴大彪的富绅带领子孙花了6年时间才建成。因为吴天彪排行老五，因此，人们将其称为吴家五房屋（图7-5）。

（三）村落选址与布局

大地村位于大别山南端，安徽、湖北两省交界处，面积5.4平方千米，境内有

第七章 | 皖西山地丘陵地区传统村落

图7-5　大地村吴家五房屋（图片来源：《宿松周刊》2014年7月31日）

吹风寨、凤凰墩、黑尖寨、鸡公石、燃古洞、亭子岭、响水崖、三驴桥等自然景观；村坛河、梅家河两条水系在大地村境内交汇。大地村自然生态环境优越，森林覆盖率60%，树龄超过200年的古树有七八株。[①]

大地村的选址与布局充分体现了"天人合一"的思想，选址时非常注重地理环境。从村外的黑尖寨往南望去，高高的山脊就像一根青藤，大地村后的小山坡酷似一只巨大的葫芦，大地村正处于葫芦的腹部。因此，大地村的地形被称为"金线吊葫芦"。在我国传统文化中，葫芦与福禄读音接近，是一种风水吉祥物，被视为福禄吉祥、健康长寿的象征，寓意多子多孙、家庭幸福。

（四）村落建筑与空间营造

大地村还保留着大量的古建筑遗存，其中，最知名的是吴家五房屋。整个村落由类似吴家五房屋这样的大屋组成了一个整体，屋内四通八达，4条主弄，联通每

[①] 孙凯华：《传统村落的精神遗存》，《宿松周刊》2014年7月31日。

一个房间。是安庆地区为数不多的保存较为完好的徽派古民居。此外，村里还保留着吴家三房屋和岩屋两处建筑遗迹，这两处古屋建筑风格与吴家五房屋类似，但目前保存状况较差。

吴家五房屋坐南朝北，三进七开间，抬梁式、悬山顶，东西两边各设有厢房，建筑面积达 1 150 平方米，规模庞大，设计风格独特，十分宏伟。在吴家五房屋古朴的外表下，里面是一个公共设施齐全、以亲情为纽带的古代居民聚居区。4 条主弄道从上下厅堂延伸向房屋两端，联通每个房间，让整座建筑融为一体。屋内有 2 个大天井，6 个小天井，12 个水池，3 条暗排水沟，形成整个排水系统。排水沟四通八达，防火水池一应俱全，屋面雨水"四水归堂"落入天井，再从四通八达的暗沟流向屋外。

吴家五房屋为全木制结构，建筑皆以木架支撑，俗称"四水归堂"式列架屋，即四周用青砖墙围起，墙上不开窗，除一座大门、两扇耳门、两扇侧门朝外，外墙全封闭，以增加安全性。3 米多宽大门厅门楣上装有代表一年四季的"梅、兰、竹、菊"四根雕花木柱，柱础为鼓形青石，天井地面由麻砂石板和石条铺成，厅堂地面全部用巨大的石板和青砖铺就，整个墙面以特殊涂料涂抹，历经风雨，至今仍十分平整。当年村民就地取材，独创了以竹片编结，外涂灰泥的隔墙，灰泥上绘制墨色图案，代替位置较高部分的版筑墙（图 7-6，图 7-7）。

图 7-6　大地村吴家五房屋内部
（图片来源：宿松广电网）

图 7-7　大地村吴家五房屋大门
（图片来源：诗乡宿松）

革命战争时期，吴家五房屋曾是宿松县红军赤卫队总指挥、宿松暴动委员会委员吴贵新的居所。

（五）非物质文化遗产

大地村身在竹乡茶海，当地盛产毛竹、棕箬，大地村也成为周边斗笠制作、黄表纸生产的集中地，在田间地头偶尔还能见到一些大型的水碓、水磨、纸槽、纸帘等生产用具。近年来，宿松县开展传统村落非物质文化遗产抢救行动，进一步推进非遗的传承。大地村成立"斗笠制作保护协会"和"黄表纸制作保护协会"，继承并发展斗笠制作（图7-8）、黄表纸生产工艺，生产工艺品斗笠，提升黄表纸质量并改进用途。

图7-8　大地村村民制作斗笠

（图片来源：《宿松周刊》2014年7月31日）

（六）所获荣誉

2011年1月，大地村吴家五房屋被列为宿松县县级文物保护单位。

2013年1月，大地村吴家五房屋被公布为安徽省第七批省级文物重点保护单位。

2013年8月，大地村被列入第二批中国传统村落名录。

2014年8月，大地村被列入第一批安徽省传统村落名录。

三、团林村

（一）村落概况

团林村隶属于安徽省安庆市宿松县趾凤乡，毗邻凉亭青竹村、破凉、黄大村，属于典型的皖西山区村落。

（二）历史溯源

团林村始建于清康熙四十四年（1705年）前后，至今保留下来的有古祠堂、古桥、古树、古牌匾等。其主体部分刘家大屋始建于乾隆四十八年（1783年），距今已有200多年的历史。

据《刘氏宗谱》记载，刘家大屋的房主刘氏祖先年轻时为一户富人家养马，因其忠实可靠、头脑灵活，深得主家的信任喜爱，主家因此赠与他此屋的宅基地。多年后，刘氏先祖通过水运从事木材生意，经营有方，成为富甲一方的财主。这时，他开始筹建刘家大屋，整座大屋耗时5年左右。由于当时屋主有6个儿子，因此，在盖房时，从东到西，盖了六进，6个儿子按大小一个支系住一进，称"六房"。随着各房开枝散叶，人丁兴旺，刘氏自此成为当地望族。

（三）选址与布局

团林村地处大别山西北部，四周青山环抱，绿树成荫，森林覆盖率达95%以上，野生动植物种类繁多。全村共有土地面积近6.2平方千米，耕地面积591亩，山场面积5 196亩。全村16个村民组，人口1 400人，人均耕地不足0.5亩，人均山场不足4亩。

刘家大屋在选址和建造时，遵循传统风水理论，强调天人合一，十分注重人与自然的和谐，整个建筑融于山水之间，背山面水，屋后有雄伟的狮子山，碧岭河、毛栗河一东一西于村落前汇聚，经凉亭河注入泊湖。

从外型上看，刘家大屋的墙面和马头檐高低进退、错落有致；从色彩上看，整个刘家大屋粉墙黛瓦，古朴中透着清秀，颇具皖南徽派建筑的风格（图7-9）。

图7-9 团林村刘家大屋
（图片来源：诗乡宿松）

(四)村落建筑与空间营造

据宿松县文物部门调查统计,目前,团林村的传统建筑(主要包含老屋祠堂),占全村建筑总面积的40%,仍在使用的传统建筑占70%。其中,传统建筑的90%为刘家大屋和古祠堂,至今保存也相对较好。刘家大屋、古祠堂被宿松县列为县级文物保护单位。

刘家大屋位于团林村中心,为刘氏宗族世代聚居之所,世代由刘姓子孙居住。

刘家大屋建筑面积4 500平方米,横跨了刘东、刘西、吴冲3个村民组。刘家大屋的建筑群占整个团林村建筑总面积的40%左右。刘家大屋虽为清代中期建筑,但其梁架结构保留着明显的明代建筑特征。刘家大屋在抗战时期因为遭到日本侵略者的火烧而被破坏掉一部分,但主体建筑仍然得到了较好的保存,整体建筑形状仍清晰可辨。

刘家大屋坐南朝北,大门门楼呈"八"字形,与古代衙门相似,颇具气势(图7-10,图7-11)。刘家大屋以厅堂为主轴,以弄道连接所有房间,以青砖围墙为闭合线,呈现出典型的徽派建筑特点。刘家大屋室内为砖木结构,大屋呈六进七重以中轴线对称分布,东西各三进大屋,始建者有6个儿子,每个儿子按大小一个支系住一进,称"六房"。每一进都有一条青石铺成的小巷,内外相通。从南大门到北中轴线有7重大堂、5个大厅、15开间。厅与厅之间有天井可通风透光,亦有"四水归堂"的吉祥寓意。

图7-10 团林村刘家大屋

(图片来源:《宿松周刊》2014年7月31日)

图7-11 团林村刘家大屋内部

(团林村提供)

刘家大屋最里面一重为祖宗祭祀祠堂，同时每一个支系都建有各自独立的祠堂，大门前均配有"八"字形门楼，这样建筑既能防止雨水顺墙而下溅到门上，又是一种气派的象征；青石凳、门槛、门套连成一体，历经百年而不朽。整个设计隐喻着"重门燕喜，大地皆春"，朴实无华、古色古香。屋内道路布局合理，井然有序，每一进各有一条青石铺成的小巷，西北、东北、西南、东南四方中间皆有出口。刘家大屋因聚族而居，人丁兴旺，且多木质构件，防火尤为重要，因此，进与进之间设有"封火墙"，即马头墙。排水设施一应俱全，即使是暴雨，室内也无积水与内涝。

目前，刘家大屋依旧有人住居。因翻新改造、风蚀雨淋，损毁、风化较为严重。2000—2008年，刘氏族人先后投资30多万元对祖堂、屋内的排水系统以及通往该屋的道路进行了修缮、疏通与修建；村落其他地方的桥梁及公路也进行了扩建与修建。

位于刘家大屋祠堂东北的小河上有一座古石拱桥，建于清康熙年间。桥长7米、宽3米，桥拱由长90厘米、宽35厘米、厚15厘米的弧形岩石拱成，自建成以来，一直是小河附近村民往来两岸的必经之路，至今保存完好。

团林村古树众多，在刘家大屋东面800米的杨岭山上，有一枫一樟两棵古树，树龄在360年以上，树高30米左右，主干直径一米有余，树冠直径15米以上。

（五）刘氏宗族

刘家大屋自建成以来除了供刘氏子孙居住，其中的祖宗祭祀祠堂还一直发挥着凝聚刘氏家族人心，教育子弟的功能。祖堂上设有神龛，供奉刘氏祖先，历代还专门在此设立"禁赌牌"，以此昭示刘氏子孙不得参与赌博。直到今天，刘家大屋也是刘氏宗族祭祖、教育子孙、家庭议事、调处家庭矛盾、办理红白喜事和节日志庆的场所。

（六）非物质文化遗产

团林村还是一个承载非物质文化遗产丰富的村落，比较有名的是"七点头锣鼓"，主要有铙、镲、收锣、马锣、鼓、镲垮等6种乐器。七点头锣鼓班一般由6

人组成，由6人共同打击，旋律如高山流水，高亢嘹亮，铿锵有致，优美动听，敲打的时间越长越好听，人的情绪往往也会被烘托得越来越高涨。[①] 相传刘氏家族每逢红白喜事，均召集锣鼓班，打起锣鼓渲染气氛。团林村还大力开展非遗抢救行动，目前确定了七点头锣鼓的传承人，让这项民俗活动得以继续发展（图7-12）。

图7-12 团林村的七点头锣鼓

（图片来源：《宿松周刊》2014年7月31日）

（七）村民生计与产业发展

团林村过去一直沿袭传统的农业生产，当地农民以种植水稻、茶叶、柑橘、板栗为主，近年来发展了经济果林、养殖、毛竹等产业。目前，团林村计划投资50余万元，对原有老茶园、低产茶园进行深度改造，加强土、肥、水等精细管理，改良部分品种，提高经济效益，壮大集体经济；同时，投资70多万元修通村林场公路，改善周边5个村民组的出行状况；合理开发林木资源，带动村民增收致富，促进当地经济加快发展。

（八）所获荣誉

2011年1月，团林村刘家大屋被列为宿松县文物保护单位。

2013年8月，团林村被列入第二批中国传统村落名录。

2014年8月，团林村被列入安徽省第一批传统村落名录。

2014年，团林村被列入安徽省美好乡村建设示范点。

---

① 胡劲松，孙凯华：《团林村大山深处有大屋》，《安徽日报》，2014年08月15日。

第八章
皖北平原地区
传统村落

第八章 皖北平原地区传统村落

皖北平原地区传统村落，指安徽省淮河以北，阜阳市、亳州市、淮南市、淮北市、宿州市、蚌埠市地域内的传统村落群体。皖北平原地区历史上水灾严重，特别是1938年，黄河花园口决堤，淮河、洪泽湖沿岸一片汪洋，形成了跨越豫、皖、苏3省44个县的黄泛区。受洪灾、战乱等因素影响，皖北平原地区历史遗存较少，保存至今的传统村落很少，尤其是保存完整、历史文化价值高的传统村落更是极少，甚至某些地级市成为传统村落分布的空白区。

第一节 皖北平原地区概况

皖北平原地区位于安徽省北部，东靠江苏，西接河南，北望山东。地处淮河以北、黄泛区以南，是黄河泛滥和淮河冲积形成的平原地区，其北部与黄河决口扇形地相连，南部与江淮丘岗区隔淮河相望。皖北平原地区包括阜阳市、亳州市、淮南市、淮北市、宿州市、蚌埠市6个地级市，共下辖17个市辖区、1个县级市、17个县（表8-1）。

皖北平原地区面积约占全省面积的1/3，人口约占全省总人口的1/2。皖北地区人口密度大，农业比重大，经济发展比较滞后，城镇化水平明显低于安徽省平均水平。

表8-1 皖北平原地区行政区域划分

区域	地级市	区、县（市）
皖北平原地区	阜阳市	颍州区、颍东区、颍泉区、临泉县、太和县、阜南县、颍上县、界首市
	亳州市	谯城区、涡阳县、蒙城县、利辛县
	淮南市	大通区、田家庵区、谢家集区、八公山区、潘集区、凤台县、寿县
	淮北市	杜集区、相山区、烈山区、濉溪县
	宿州市	埇桥区、砀山县、萧县、灵璧县、泗县
	蚌埠市	龙子湖区、蚌山区、禹会区、淮上区、怀远县、五河县、固镇县

皖北平原地区地貌属于淮河平原区，地势以平原为主，地势平坦，由西北微微

向东南倾斜，由淮河及其支流冲积而成，又经黄河数度南徙夺淮，加积了黄泛堆积物，海拔15~20米，仅东北部分布海拔100~300米的低山、丘陵。皖北平原地区总面积39 149平方千米，占安徽省全省土地面积的33.3%。耕地面积3 206.5万亩，占安徽省耕地面积的47.8%。

图8-1 亳州花戏楼
（图片来源：中国民族建筑网）

图8-2 亳州花戏楼牌楼
（图片来源：中国民族建筑网）

图8-3 亳州花戏楼戏台
（图片来源：中国民族建筑网）

皖北平原地区是古代兵家必争之地，在历代南北政权的争夺过程中，战乱频繁，地方政权经常更迭。由于皖北平原位于我国东部南北分界的地理区位，历来成为东、西、南、北各方文化交融之地。此外皖北平原还是古代北方人向南迁移的必经之地，皖北文化有着鲜明的南北过渡、兼容并蓄的特色。这也体现在建筑方面，著名的亳州花戏楼（图8-1至图8-3）以前是山西会馆所在，建筑风格融合了不少北方建筑元素；淮北显通寺，既有北方建筑的庄严肃穆，又有南方建筑的玲珑俊秀。[①]

皖北平原地区还有许多的地方戏曲在传统村落中广为流传，如淮上花鼓灯、淮北梆子戏、凤阳花鼓戏、凤阳双条鼓、阜阳曲剧、泗州戏等，其中著名的花鼓灯被誉为"东方芭蕾"。

阜阳市位于安徽省西北部，黄淮海平原南端，淮北平原西部。下辖颍州区、颍东区、颍泉区3个市辖区和临泉县、太和县、阜南县、颍上县4个县，代管界首市1个县级市，总面积9 775平方千米，2017年年末总人口1 070.1万人。

亳州市位于安徽省西北部，地处华北平原南端。亳州市下辖谯城区1个市辖区和涡阳县、蒙城县、利辛县3个县，总面积为8 374平方千米，2017年年末，亳州总人口650.8万人。亳州是国家历史文化名城、中国优秀旅游城市和全球最大的中药材集散中心。亳州市属平原地带，呈东南西北向斜长形，地势平坦，西北高东南低。

淮南市位于安徽省中北部，淮河中游。淮南市下辖田家庵区、潘集区、谢家集区、八公山区、大通区5个市辖区和寿县、凤台县2个县，面积5 571平方千米，2016年年末，常住人口345.6万人。淮南市以淮河为界形成两种不同的地貌类型，淮河以南为不连续的低山丘陵，属于江淮丘陵的一部分，海拔40~75米；淮河以北为地势平坦的淮北平原，地势呈西北向东南倾斜，海拔20~24米。淮南市是沿淮城市群的重要节点，是中国13个亿吨煤炭基地之一。

淮北市位于安徽省北部，地处苏豫皖三省交界处，总面积2 732平方千米，是安徽省面积最小的地级市，2017年年末总人口222.8万人。淮北市下辖相山区、杜集区、烈山区3个市辖区和濉溪县1个县。地势由西北向东南倾斜，海拔在15~40米，境内有相山、老龙脊及一些小山丘，其余为冲积平原。淮北市是中国重要的煤炭和精煤生产基地。

宿州市位于安徽省北部，淮北平原中部。宿州是安徽省历史文化名城，是楚汉

---

① 余敏辉，李磊：《皖北历史文化旅游资源开发利用刍议》，《阜阳师范学院学报（社会科学版）》2006年第1期，第120-123页。

文化、淮河文化的重要发源地，拥有中国华东地区最大的云计算数据中心。宿州市下辖埇桥区1个市辖区和砀山县、萧县、灵璧县、泗县4个县，总面积9 787平方千米，2017年年末常住总人口559.9万人。宿州市地貌大体可分为丘陵、台地、平原3类，丘陵主要集中分布在濉河以北，台地主要分布于丘陵地的四周，平原占总面积的91%，由西向东呈缓倾斜状。

蚌埠市位于安徽省北部，地处中国南北地理分界线秦岭—淮河一线，淮河中游，京沪铁路和淮南铁路交汇点，同时也是京沪高铁和京福高铁的交汇点，是国家区域中心城市、全国性综合交通枢纽城市。蚌埠市下辖蚌山区、禹会区、淮上区、龙子湖区4个市辖区和怀远县、固镇县、五河县3个县。总面积5 952平方千米，2017年年末，总人口381.25万。蚌埠市属黄淮海平原与江淮丘陵的过渡地带，大部分处于淮北平原南端，地貌以平原为主，南部散落丘陵。

第二节　皖北平原地区传统村落分布与保护

皖北平原地区缺少保存完整、历史文化价值高的传统村落，所以在中国传统村落名录中，皖北平原地区尚未有传统村落入选，也没有中国历史文化名村。

在安徽省省级传统村落名录中，皖北平原地区共有5个村落入选，仅占安徽省省级传统村落总数的1.4%。其中，仅有淮南市1个村落入选第一批省级传统村落名录；有4个村落入选第二批省级传统村落名录，亳州市3个、阜阳市1个。

从安徽省省级传统村落的县级区域分布来看，皖北平原地区有4个区县有省级传统村落分布，仅占6个地级市35个区县的11.4%。其中，亳州市谯城区2个、亳州市涡阳县1个、淮南市寿县1个，阜阳市临泉县1个。而淮北市、宿州市、蚌埠市3个地级市均没有省级以上传统村落分布（表8-2）。

表8-2　皖北平原地区被列入安徽省省级传统村落名录的传统村落

所属地区	传统村落	批次	时间
淮南市寿县（1个）	寿县隐贤镇隐贤老街	第一批	2014年8月

（续表）

所属地区	传统村落	批次	时间
亳州市谯城区（2个）	谯城区城父镇龙台庙村	第二批	2016年1月
	谯城区魏岗镇王河滩村	第二批	2016年1月
亳州市涡阳县（1个）	涡阳县青疃镇大袁村	第二批	2016年1月
阜阳市临泉县（1个）	临泉县城关镇沈丘集村	第二批	2016年1月

整体来看，皖北平原地区传统村落数量很少，级别较低，分布区域也很狭窄。

第三节　皖北平原地区传统村落的特点

皖北平原地区传统村落布局和皖南地区明显不同。村落整体布局讲究南北朝向，整体空间肌理相对横平竖直，看上去较为规整。民居建筑基本呈现一排排的整齐排列形式，道路平行于住房而设，每户宅基占地较大，建筑之间间距较大。皖北平原地区传统村落的水系一般较为完整，但受地下水位较低的影响，村落内往往呈现有沟无水或水流较小、水质较差的状态。总体而言，皖北平原地区传统村落形状较简单，空间形态单一，地形条件几乎相同，不同村落之间的景观差异较小；水系与村落布局联系不紧密，水体利用率低。①

皖北平原地区传统村落民居以合院为典型代表，主要形式为三合院和四合院。传统皖北民居采用合院的形式，可以适应皖北平原地区夏热冬冷、干燥少雨的气候特征，并且适应皖北平原的地形地貌。由于皖北与河南、山西临近，四合院更多体现了北方建筑风格，多为平房，至多不超过两层，比较低矮；墙体、屋顶厚实，防寒、防风、保暖功能强；进深较小；山墙与皖南徽派建筑的马头墙不同，而是采用与坡屋顶结合的"人"字形的硬山墙，简洁实用，成本不高。屋面一般采用坡度不大的双坡屋面；建筑材料大多因地取材，主要有夯土、青砖、毛石、木头、石灰和

---

① 姚晓洁，郭贴鸣：《皖北乡村景观要素构成与提升路径研究》，《安徽科技学院学报》2018年第32期。

瓦；外部色彩主要以灰色、黄色为主；① 为了尽可能多获得光照，民居间间距较大，朝南窗户较大。皖北民居除注重砖雕、木雕和彩绘外，其檐口和门窗也别具特色，特别是檐口部分的叠涩，强化了檐口处的水平线条，层次感更强。②

第四节　皖北平原地区代表性传统村落

隐贤老街

（一）村落概况

隐贤老街隶属于安徽省淮南市寿县隐贤镇。它是隐贤镇的一处老街，也是一座集商业、交通转运、货物集散和手工业者集居地为一体的贸易类传统村落，保存有明清时期店铺、民居、青石板街、董子读书台、孝感泉、千年古庵等遗迹。隐贤老街是皖北平原地区唯一入选第一批安徽省传统村落名录的村落，也是寿县唯一入选安徽省传统村落名录的村落。

（二）历史溯源

东汉时期，隐贤最早出现顺河街，以水运繁华。

三国时期隐贤镇称百炉镇，传说曹操为准备率军攻打东吴，在此囤积粮草，制作兵器，留下了数百座打造兵器的火炉，百炉镇因此得名。据说唐代著名才子董昭南（史称董子）中举后，到京城考进士未中，后乘舟沿淮河、淠河溯源而上，来到百炉镇隐居攻读。在京期间，董昭南曾与文学家韩愈等名士互慕其名，诗词唱和，交往深厚。韩愈在其名篇《嗟哉董生行》中云："寿州属县有安丰，唐贞元时县人董邵南隐居行义于其中。"董邵南被投闲置散，不得已走向河北三镇时，韩愈又写了《送董邵南序》，表达了对董邵南的鼓励、慰勉、惋惜和同情。董昭南隐居百炉镇后，行侠仗义，慈爱乡里，道德品行，有口皆碑，备受景仰，宋代大文豪苏东

---

①②　张塑阳:《传统与现代皖北乡村民居的特征比较》，《建筑与文化》2016 年第 12 期。

坡作《三瑞堂》盛赞董子贤德："君不见董邵南，隐居行义孝且慈。天公亦恐无人知，故令鸡狗相哺儿，又令韩老为作诗，尔来三百年，名与淮水东南驰。"后人为了纪念他便将百炉镇更名为隐贤镇，并沿用至今。

隐贤老街最早起源于集市，隐贤的集市是"露水集"，到这

图8-4　隐贤老街（图片来源：寿县生活网）

里赶集得"踏着露水"赶集，迟了集市就散了。这是适应农耕时代农民作息时间的产物。据记载，明代隐贤镇已成为江淮一带的重点商埠，不少徽商来到此置业经营，带动了小镇工商业的蓬勃发展。水运发达时，往来商船多在隐贤镇歇航过夜，故而隐贤老街的夜市十分繁华。后来随着陆路交通越来越发达，水运逐渐衰落，隐贤老街也就日渐萧条了（图8-4）。

（三）村落选址与布局

隐贤镇位于寿县县城西南53千米处，是寿县4座历史文化名镇之一。其北接张李乡，南邻六安市金安区马头镇，东接安丰镇，西与霍邱县彭塔乡的"西隐贤集"隔淠河相望。隐贤集原来有两个，都在淠河岸边。一个是寿县的东隐贤，一个是霍邱的西隐贤，隔河相望，以水为邻。古时有童谣"东隐贤，西隐贤，隐贤集街心能跑船。"生动地描述了隐贤的地理特点。

历史上的隐贤镇由于淠河的分割，曾经"鸡鸣狗吠听三县"。今天淠河仍然是寿县和霍邱县的界河。隐贤镇也因淠河而得舟楫之便，成为一座繁华的码头及寿县、霍邱两县重要的物资集散地，其南承皖西货物，北达淮水东西，商业和手工业均比较发达。"三十年河东转河西"这句话的出处就来自于隐贤，因为淠河河床较高，泥沙淤积严重，所以河床经常改道，每次改道后，一个村子原先在河的西岸，后来就可能移到东岸去了。所以才有"三十年河东转河西"一说。

隐贤老街呈"十"字布局，南北长761米，东西长473米，包括东、西、南、

北4条街。沿街为商铺,街面用青石板及灰砖铺成,街心正中的条石上,深及寸许的车辙清晰可见。4条老街的入口处建有四个城门古称"厦拉门",南门为哈德门,西门为长胜门,北门为德顺门,东门为文昌门,如今只剩下哈德门。

隐贤老街有"三街六巷"之说,"三街"为顺河街、榔头街、小街。"六巷"为水巷、日头巷、当铺巷、鲍家巷、公平巷、涂家巷等。

(四) 村落建筑与空间营造

隐贤老街的北街是4条街中最长的,是古时的商贸中心,汇集了长春、锡记、祥兴和等几家大商铺。这几家商铺资金雄厚、货物齐全,兼营批发和零售,堪称全镇商业的龙头。此外,北街上还有染坊、油坊、酒坊、香店、茶馆等。民国初年,水巷巷口旁建起一家澡堂,四乡八里的百姓都来这里洗澡。革命烈士赵策的故居就坐落于北街,为清代徽派建筑风格的四合院,现已辟为寿县爱国主义教育基地。北街的尽头为北门,名曰德顺门。此处有鱼行和小猪行,类似于今天的农贸市场,也是小商贩们云集之处,摆摊设点的、提篮叫卖的、蔬菜瓜果、风味小吃、针头线脑应有尽有。北门外有两座庙宇,即三官庙和东岳庙。辛亥革命后,此处建起一座名为"三育公学"的新式学堂,也就是今天隐贤小学的前身。

西街是四条街中最短的,过去仅有几家窑货场和推磨卖面粉的店铺。出了西门长胜门,便可望见淠河。除了南来北往的大船外,还有一只只竹排载着茶叶、板栗、竹笋、木耳等山货顺流而下,靠上码头后,由箩行(搬运工人)箩挑肩扛,把货物送往隐贤老街的一家家店铺,然后拆掉竹排,再将毛竹扛至篾匠铺卖掉。而后放排人便三五成群走进隐贤老街上的饭馆里,洗去一路风尘。当年,每晚停靠的帆船多达百余只,船上的灯火彻夜不灭,河面上的点点灯光和星光交相辉映,成为古镇一道亮丽的风景。

东街又名篾匠街,篾匠铺一家挨着一家,篾匠们编的竹床、竹椅、背篷、斗笠在周边集镇十分畅销。解放前,东街就有许多爆竹店,由于做工精良,烟花爆竹时常供不应求。东街尽头便是文昌门,门上嵌有一匾额,上书"紫气东来",系明代寿州名儒赵亘中(赵心脉)所书。东门外是一条南北走向的道路,两旁建有错落有致的房屋,开设有粮行、竹木行、棺材铺、客栈、饭馆等。这条颇有特色的小街和东街构成"T"字形,状如木柄的榔头,故名榔头街。20世纪90年代,此街经拓宽改造,即现在的南大街。

南街比西街略长,过去街上有几家有名的饭店,还有小吃店、豆腐店、糕点店、酱菜店、中药铺,还有开茶馆的、倒犁铧的、制毛笔的、巴锅修锁的、爆米花的和剃头扒耳朵的。清代曾有一金姓山西商

图 8-5 隐贤老街南首
(图片来源:六安市人民政府网)

人在此街开设一家当铺,故店铺旁一条东西向的小巷名曰当铺巷。南街还有家百年老店叶家丝店,专门生产五颜六色的丝线供妇人们绣花用,周边集镇的商家们皆来此购买丝线,曾一度带动了周边乡里养蚕业的发展(图 8-5)。

隐贤老街的街道都用青石条与青砖铺砌,青石条上印有深深的车辙,是旧时独轮车的车轮留下的痕迹。街巷两边的房屋是清一色的徽派古建筑,前为商用门面,后为居家住室,青砖墙墙面大都是用古代特有的带有花纹的青砖砌成,屋檐用紫红色木材雕制的龙首,显得威武气派。如果从隐贤老街的南面进去,可以看到街口有两块石墩,就是传说中的曾经镶刻"二十四孝图"的隐贤牌坊遗址。

泰山古庵(图 8-6)坐落于隐贤老街西南、淠河东堤西坡处,始建于唐宪宗元和十一年(816 年),现存殿宇是清道光十二年(1832 年)重修的,占地 36 亩,是隐贤古镇 36 座古庙中唯一幸存的一座,也是寿县唯一尚有佛像和丘尼的寺院,寺内供有各种大小佛像 30 尊,每年正月,四面八方游人香客,占卦求签

图 8-6 隐贤老街泰山古庵
(图片来源:六安市人民政府网)

图 8-7　隐贤庙会表演
（图片来源：寿县生活网）

应接不暇。每年正月十五都要举办泰山古庵庙会，有时还要在附近沙滩上举行灯展以及舞龙、锣鼓、花鼓灯等民间艺术表演（图 8-7）。

董子读书台位于隐贤中学校园的西北角，为当年董昭南归隐后读书的地方。因年代久远，读书台现已不存，只有"董子读书台"的古碑。

（五）所获荣誉

2014 年 8 月，隐贤老街被列入安徽省第一批省级传统村落名录。

2016 年 12 月，隐贤镇入选第三批安徽千年古镇。

图书在版编目（CIP）数据

中国传统村落记忆·安徽卷/王思明主编；李明著.
—北京：中国农业科学技术出版社，2018.10
ISBN 978-7-5116-3686-7

Ⅰ.①中… Ⅱ.①王…②李… Ⅲ.①村落—介绍—安徽 Ⅳ.①K928.5

中国版本图书馆 CIP 数据核字（2018）第 095198 号

责任编辑　朱　绯　刘　曦
责任校对　马广洋

出 版 者	中国农业科学技术出版社 北京市中关村南大街 12 号　邮编：100081
电　　话	（010）82106626（编辑室）　（010）82109702（发行部） （010）82109709（读者服务部）
传　　真	（010）82106626
网　　址	http：//www.castp.cn
发　　行	全国各地新华书店
印 刷 者	北京科信印刷有限公司
开　　本	710 mm×1 000 mm　1/16
印　　张	17.25
字　　数	290 千字
版　　次	2018 年 10 月第 1 版　2018 年 10 月第 1 次印刷
定　　价	128.00 元

版权所有·侵权必究